그리스도 의식에 이르는 열쇠 3

Master Keys to Personal Christhood

Jesus

일러두기 / 이 과정은 상승한 예수 그리스도가 가슴으로부터 직접 전하는 선물임을 분명히 하겠습니다. 지난 2,000년 동안 나는 많은 사람에게 영감을 주어 순수한 영적인 가르침을 전해 주었지만, 이 과정에서 처음으로, 지상에서 살아 있는 그리스도의 임무에 대한 진리를 완전히, 그리고 있는 그대로 제공할 것입니다. 이 과정에서 나는, 그리스도 예수 안에 있었고 지금도 있는 이 마음이 여러분 안에 있게 함으로써(빌립보서 2:5), 진정으로 아들을 영광스럽게 하는 방법을 분명하게 설명하고, 각 개인이 그리스도 의식을 성취하는 체계적인 여정을 제공할 것입니다.

그리스도 의식에 이르는 열쇠 3
ⓒ2022~, Kim Michaels

킴 마이클즈를 통해 전해진, 상승 마스터들의 메시지를 '그리스도 의식을 추구하며' 카페에서 공부하는 상승 마스터 학생들이 번역하고 디자인 및 편집을 해서 직접 이 책을 펴냈습니다. 이 책의 한국어판 저작권은 저작권자인 킴 마이클즈와 계약을 한 '그리스도 의식을 추구하며' 카페에 있습니다.
아이앰 출판사(http://cafe.naver.com/iampublish)는 '그리스도 의식을 추구하며' 카페에 의해 상승 마스터의 가르침들을 널리 알리기 위한 목적으로 설립되었으며, 2015년 9월 4일(제 2015-000075호)에 등록되었습니다. 주소는 서울시 송파구 장지동 송파파인타운 11단지 내에 있으며, 인터넷 카페는 http://cafe.naver.com/christhood입니다.

2022년 8월 15일 펴낸 책(초판 제1쇄)

번역 및 출판에 도움을 주신 분: 아이앰 편집팀
이 책은 최대한 내용의 명확한 전달에 초점을 맞추어 번역되었음을 알려드립니다.

ISBN 979-11-92409-02-3

이 도서의 국립중앙도서관 출판시도서목록(CIP)은 서지정보유통지원시스템 홈페이지(http://seoji.nl.go.kr)와 국가자료공동목록시스템 (http://seoji.nl.go.kr/kolisnet)에서 이용하실 수 있습니다.

그리스도 의식에 이르는 열쇠 3

Master Keys to Personal Christhood

Jesus

킴 마이클즈

I AM

킴 마이클즈(Kim Michaels)

1957년 덴마크 출생. 킴 마이클즈는 60여권의 책을 펴낸 저자이자 이 시대의 가장 탁월한 메신저 중의 한 사람입니다. 14개국에서 영적인 컨퍼런스와 워크샵을 이끌면서 많은 영적인 탐구자들의 상담자 역할을 해왔으며, 영적인 주제를 다루는 다수의 라디오 프로그램에 출연하기도 했습니다. 그는 다양한 영적 가르침들을 광범위하게 연구해왔으며, 의식을 고양시키는 다양한 실천 기법들을 수행했습니다. 2002년 이래로 그는 예수를 비롯한 여러 상승 마스터들의 메신저로 봉사하고 있습니다. 그는 신비주의 여정에 관한 광범위한 가르침들을 전해주었으며, 그 가르침들은 그의 웹사이트에서 무료로 제공되고 있습니다.

공식 한국어 번역 사이트 (네이버 카페)
http://cafe.naver.com/christhood
그리스도 의식을 추구하며 카페에서는 킴 마이클즈가 지난 10여 년 동안 웹사이트에 공개한 상승 마스터들의 메시지 및 기원문을 제공합니다. 누구나 가입해서 내용을 보고 공부할 수 있습니다.

매달 서울, 경기, 대전, 대구, 부산 등의 지역에서 온/오프라인 모임이, 그리고 매일 전 세계 상승 마스터 학생들이 함께 하는 공부 과정의 세계기원이 활발하게 진행되고 있으며, 같이 공부하고자 하시는 분은 누구나 참여하실 수 있습니다. 또한 매월 마지막 주 일요일에는 '성모 마리아 500 세계 기원'이 전 세계적으로 동일한 시간대에 진행됩니다. 매년 상승 마스터 컨퍼런스가 정기적으로 개최됩니다. 상세한 내용은 카페 공지 사항을 참조하시기 바랍니다.

여러분은 누구이며 왜 여기에 있습니까?

여러분은 그 이상(MORE)을 원하기 때문에 여기에 있습니다.

물질 세상은 여러분이 원하는 그 이상을 주지 못합니다.

여러분은 물질 세상이 제공하는 것 이상(MORE)을 원합니다.

그러므로 여러분은 어떻게 여러분이 구하는 것 이상(MORE)을 찾을 수 있는지를 보여줄 수 있는 스승을 찾고 있습니다. 그리고 바로 이것이 내가 여기에 봉사하러 온 이유입니다.

그래서 내가 이렇게 말하지 않았나요?
"나는 모두가 생명을 얻고 또 얻어 넘치게 하려고 왔다."

그러니 나로 하여금 여러분에게 그 이상(MORE)인 생명(LIFE)으로 이르는 길을 보여주게 하세요.

예수

각 열쇠에 따라 수행할 기원문

열쇠 1	ROS15: 영적인 위기를 극복하기 위한 대천사 미카엘의 로자리
열쇠 2	ROS10: 성모 마리아의 신의 의지 로자리
열쇠 3	INV05: 자신을 사랑하기 위한 기원
열쇠 4	INV04: 가슴을 정화하기 위한 기원
열쇠 5	ROS03: 성모 마리아의 기적의 감사 로자리
열쇠 6	ROS04: 성모 마리아의 기적의 용서 로자리
열쇠 7	ROS12: 성모 마리아의 기적의 양육 로자리
열쇠 8	ROS16: 성모 마리아의 자존감의 회복을 위한 로자리
열쇠 9	ROS07: 성모 마리아의 기적의 하나됨 로자리
열쇠 10	ROS11: 성모 마리아의 모든 곳에 존재하는 지혜 로자리
열쇠 11	INV06: 예수님의 죽음에 대한 승리 기원
열쇠 12	INV13: 의지의 창조적인 자유
열쇠 13	INV08: 과거를 초월하기 위한 기원
열쇠 14	INV06: 예수님의 죽음에 대한 승리 기원
열쇠 15	내면의 그리스도와 조율하기
열쇠 16	INV10: 영원한 현재의 기원
열쇠 17	자신의 성장 과정을 적어보고 인터넷에 공유하세요

(이 기원문들은 '그리스도 의식을 추구하며' 카페의 초월 툴박스 메뉴에서 찾아 볼 수 있습니다. 또는 전자책으로 다운로드 받아 볼 수도 있습니다.)

차례

파트 2

열쇠 13. 살아 있는 그리스도의 비폭력 · 9

열쇠 14. 하위자아를 버리고 진아(Self)를 찾기 · 75

열쇠 15. 그리스도를 진정으로 이해하기 · 121

열쇠 16. 그리스도 의식의 알파와 오메가 · 165

열쇠 17. 그리스도 의식의 여정을 초월하기 · 211

파트 3

대천사 미카엘

영적 위기를 극복할 수 있는 도구를 여러분에게 줍니다 · 239

영적인 위기를 극복하기 위한 대천사 미카엘의 로자리 · 259

성모 마리아

마음의 상태를 지휘하기 · 293

성모 마리아의 자존감 회복을 위한 로자리 · 313

열쇠 13
살아 있는 그리스도의 비폭력

이제 한 걸음 물러서서 우리가 지금까지 이룬 것을 살펴볼 때입니다. 연습을 실천해 왔다면, 여러분은 정화의 기간을 거쳤을 것입니다. 이것은 언제나 학생이 영적인 스승에게 올 때 거치는 첫 단계입니다. 스승은 새로운 학생들에게 스승의 지시를 따르지 못하게 하는 에너지, 존재, 신념과의 관계를 끊도록 요구해야 합니다. 따라서 학생은 세상의 영향에서 스스로를 보호하는 방법을 배워야 하고, 이미 자신의 존재 안에 들어와 자극하는 것들을 드러내고 놓아버리는 방법을 배워야 합니다. 학생들은 이 세상의 지배자가 와도 스승으로부터 자신을 멀어지게 할 수 있는 것이 아무것도 없는 시점으로 나아가야 합니다.

각 스승은 학생들에게 스승의 하나됨의 원(Circle of Oneness) 안에 들어갈 수 있게 하려고 자신의 과정을 규정할 권리가 있습니다. 각 스승은 그 스승의 학생이 되기를 원하는 학생을 받아들일지에 대해 자신의 기준을 설정할 권리가 있습니다. 스승이 규정한 정화 과정을 거치지 않으려는 학생들은 단지 그 스승과 맞지 않으므로, 다른 스승을 찾아야 합니다. 참된 영적인 스승은 어떤 판단도 하지 않습니다. 참된 스승은, 자신의 지시를 따르지 않는 학생들이 나쁘다거나 지옥에 떨어질 것이라고 말하지 않습니다. 그는 단지 이러한 학생이 그에게 맞지 않을 뿐이라고 말합니다. 그것은 특정한 몸(vessel)을 통해 표현되는 학생의 의식이 스승의 의식과 공명하지 않기 때문입니다. 따라서 그 스승은 그 학생을 도울 수 없습니다.

나는 상승한 예수 그리스도입니다. 성서나 이 과정 또는 다른 어떤 것이든 지구상의 어떤 표현으로도 나를 제한할 수 없습니다. 나는 많은 다양한 방법으로 나 자신을 표현할 수 있고 표현하고 있습니다. 이 과정은 내 존재의 참된 표현이지만, 유일한 것은 아닙니다. 따라서 이 과정에 공명하지 않는다면, 여러분은 참된 스승의 또 다른 표현을 찾아야만 합니다.

이 과정의 후반부인데, 내가 왜 이런 말을 할까요? 글쎄요, 아마도 여러분은 눈치채지 못했겠지만, 나는 열쇠마다 간접적으로 이것을 말했습니다. 내가 왜 그랬을까요? 왜냐하면 나는 영적인 스승으로서 모든 사람을 도울 수 있는 어떤 표현을 제시하는 것이 불가능함을 알고 있기 때문입니다. 따라서 나의 전반적인 목표는 이 과정과 다른 어떤 참된 표현 뒤에 내면의 여정이 있음을 보여주는 것입니다. 여러분 자신을 내면의 여정에 확고히 연결하고 개인적인 여정에서 다음 단계를 밟도록 도울 수 있는 스승을 찾는 것이 여러분의 주된 관심사가 되어야 합니다. 즉 다음 수준을 밟게 해줄 수 있는 스승을 계속 찾아야 합니다.

그렇지만 나에게는 또한 학생들을 테스트하는 더 미묘한 이유가 있는데, 그것이 나의 권리이자 책무입니다. 이 과정에 공명하지 않는다면 이 과정을 포기하라고 나는 여러분에게 말하고 있습니다. 그런데 나는 도대체 무엇을 하고 있을까요? 나는 여러분의 에고에게 쉽게 빠져나갈 수 있는 방법을 제시하고 있습니다! 알다시피, 에고는 여러분을 참된 여정에서 벗어나게 하여 외적인 길로 되돌아가게 하는 방법을 끊임없이 찾고 있습니다. 이제 여러분은 좀 더 명백한 영적인 독소들로부터 자신의 존재를 정화했기 때문에, 나는 여러분에게 탈출구를 제공하고 에고의 가면을 벗겨낼 기회를 주는 것입니다. 이 과정에 대한 여러분의 반응을 정직하게 바라본다면, 여러분을 다시 그 우리 속으로 끌어들이려는 에고의 시도를 실제로 감지할 수 있을 것입니다. 그리고 이것은 여러분이 진정한 자신을 에고로부터 훨씬 잘 분리하도록 도울 수 있습니다. 나는 분명히, 여러분이 "구루를 찾아 헤매는" 함정을 피할 수 있기를 바랍니다. 자신의 눈에서 들보를 보는 대신, 다음 구루야말로 자신을 위해 모든 것을 해줄 올바른 구루일 것이라고 생각하면서, 이 구루 저 구루를 찾아다니는 사람들이 있습니다. 그들은 정확하게 자신의 에고가 듣고 싶어하는 것을 들려주는 구루를 찾고 있는 것입니다.

  그렇지만 여러분에게 이 과정을 계속해야 하는지에 대해 말하는 또 다른 이유가 있습니다. 그것은 우리가 전환점에 이르렀기 때문입니다. 이 열쇠의 시작과 더불어, 이 과정은 다른 방향으로 나아갈 것입니다. 여러분은 아직 이 방향으로 나아갈 준비가 되지 않았을 수도 있고, 지금까지 배운 교훈을 통합하는 데 시간이 더 필요할 수도 있습니다. 이것에 반드시 어떤 잘못이 있는 것은 아닙니다. 사람마다 각자 걸어야 할 길이 있고 억지로 성장하려 해서는 안 되기 때문입니다. 어떤 사람들은 치유할 시간이 필요하고, 아직 이 과정의 다음 단계로 나아갈 준비가 되어 있지 않을 정도로 깊은 심리적인 상처가 있을 수 있습니다. 사실, 이 과정을 계속하기 전이나 과정을 계속하면서, 심리 치유 분야의 전문가에게 도움을 구함으로써 엄청나게 혜택을 받을 수 있는 사람들이 많습니다. 바라건대, 여러분의 개인적인 상황에 민감하게 귀를 기울이고, 자신의 상처를 치유하고 심리 안의 장애들을 꿰뚫어 보는 데 도움이 되어 줄 치유를 찾기 위해 내면의 안내를 따르세요. 그런 전문적인 치유자가 여러분의 개인적인 멘탈 박스 안에 있지 않다는 의미에서 전문가는 스승의 개인적인 확장체라고 할 수도 있습니다.

나는 모든 사람에게 맞는 과정을 만들겠다는 환상을 가지고 있지는 않습니다. 10~11개월 동안 사람들을 인도해서, 마지막에 모두 같은 수준에 이르게 하는 것은 도저히 가능하지 않습니다. 그러므로 준비되지 않았다고 느낀다면, 억지로 하려고 하지 마세요. 다른 한편, 여러분의 에고는 또한 이것을 이용해서 여러분이 준비되었다는 결정을 무한정 미루게 할 수 있음을 알고 있어야 합니다. 결국 "준비됨"은 단지 준비되었다는 결정을 내리는 것이기 때문입니다. 그것은 외부 조건의 결과로 일어나는 것이 아닙니다.

이 말에 여러분이 어떻게 반응하는지 주목하세요. 이 과정이 결과를 보장하지 않는다는 내 말에 좌절이나 분노가 느껴지나요? 그렇다면 그것은 에고로부터 온다는 사실을 알아야 합니다. 에고는 여전히 외적인 안도감을 구축하기 위해 이 과정을 이용하려고 필사적으로 노력하고 있습니다. 즉 그것은 에고 자신의 균형감과 여러분과 세상을 통제한다는 느낌을 강화하기 위해서입니다. "확실히, 이 과정이 진짜 과정이라면, 그렇게 여러 달 동안 부지런히 따라가면 당연히 나에게 어떤 지위에 대한 자격이 주어질 것이다! 그리고 만일에 내가 그것을 얻지 못한다면, 이 과정이나 스승에게 뭔가 문제가 있는 것이 틀림없다."

그런데 지난번 열쇠에서 내가 무엇을 보여주었습니까? 그리스도 의식의 여정은 기계적인 과정이 아니라는 것을 보여주었습니다. 그것은 창조적인 과정입니다! 따라서 결과를 보장할 방법이 없습니다. 창조적인 과정의 결과가 무엇인지 도대체 어떻게 규정할 수 있을까요? 모든 것은, 내가 제공하는 교훈을 여러분이 얼마나 잘 통합하고 여러분이 내면화한 것을 얼마나 잘 표현할 의지가 있는지에 달려 있습니다. 나는 단지 교훈을 제공할 수 있고, 여러분을 물가로 데려갈 수 있을 뿐입니다. 그러나 여러분에게 물을 마시게 할 수는 없습니다.

더욱이 이 여정에는 지구의 많은 학교에서 볼 수 있는 것과 같은 어떤 표준적인 결과도 없습니다. 일반 사람들의 믿음과는 달리, 심지어 상승 마스터 학생들 사이에서도 그리스도가 되는 것이 무엇을 의미하는지에 대한 기준은 없습니다. 따라서 참된 그리스도 의식 과정은 모든 학생이 표준화된 질문에 같은 답을 하도록 하는 기말고사를 보게 하는 것이 아닙니다. 내가 말했듯이, 그리스도 의식 과정은 창조적인 과정입니다. 어떻게 창조성을 표준화할 수 있을까요? 여러분을 나의 복제품으로 만드는 것은 내 목표가 아닙니다. 나의 목표는 여러분이 창조된 목적대로 독특한 개인이 되고 여러분의 독특한 재능을 이 세상에 표현하도록 돕는 것입니다. 바로 이것이 그리스도 의식이기 때문입니다.

이 열쇠와 앞으로 나올 열쇠에서 우리가 취할 새로운 방향은 무엇일까요? 자, 드디어 우리는 그리스도 의식의 여정을 걷는 데 필요한 열쇠를 여러분에게 주기 시작할 것입니다. 그것이 무엇일까요? 지금까지 내가 그리스도 의식의 여정에 필요한 열쇠들을 제공해 왔다고 생각했나요? 꼭 그렇지는 않습니다! 지금까지 나는 개인적인 성장의 여정, 즉 여러분의 의식을 높이는 길의 열쇠를 제공해 왔습니다. 그리스도 의식의 여정을 시작하기에 앞서서 여러분의 의식을 어떤 수준까지 끌어올릴 필요가 있다는 의미에서, 의식을 높이는 여정은 그리스도 의식의 여정과 한동안은 겹칩니다. 하지만, 이제 그리스도 의식의 여정은 개인적인 성장의 여정과 같지 않다는 것을 인정할 때가 되었습니다. 개인적인 성장의 여정에서 어떤 선택을 해야만 하는 지점이 오게 됩니다. 여러분은 개인적인 성장의 길을 계속 갈 수도 있고, 혹은 그리스도 의식의 여정으로 들어설 수도 있습니다. 이 열쇠에서 우리는 그 차이를 탐구할 것이며, 따라서 여러분은 정보에 입각한 선택을 할 수 있습니다.

그 차이를 한마디로 요약해 주기를 바란다면, 바로 이것입니다. 개인적인 성장의 길은 여러분의 의식을 높이는 여정입니다. 그리스도 의식의 여정은 전체 의식을 높이는 여정입니다.

* * *

지금까지 우리는 그리스도의 처음 두 가지 도전에 관해 이야기했습니다. 첫 번째 도전은, 살아 있는 그리스도를 알아보고 더 높은 의식 상태, 더 높은 형태의 생명을 얻을 수 있다는 것을 인식하는 것입니다. 두 번째 도전은, 살아 있는 그리스도가 여러분의 멘탈 박스, 필사의 정체감 너머로 여러분을 데려감으로써, 여러분이 더 높은 의식 상태에 도달하는 것을 돕도록 허용하는 것입니다. 살아 있는 그리스도에게 여러분의 멘탈 박스 너머로 여러분을 기꺼이 데려가게 하기 전에는, 실제로 그리스도 의식의 여정을 시작조차 할 수 없다는 것을 볼 수 있나요? 대신, 여러분은 살아 있는 그리스도를 이용하여 분리된 자아를 높이려고 할 것입니다. 그것은 개인적인 성장의 길입니다.

이제 그리스도의 세 번째 도전에 관해 이야기할 때입니다. 그것은 단순히 외부 스승을 따라가는 것을 넘어설 수 있다는 인식입니다. 여러분은 실제로 스승과 하나가 될 수 있으며, 그럼으로써 살아 있는 그리스도가 될 수 있습니다.

여기서 그 진전이 보입니까? 우리는 또한 분리된 자아의 측면에서 그것을 묘사할 수도 있습니다. 대부분의 사람이 영적인 죽음의 의식 상태에 갇혀 있습니다. 즉 분리된 자아의 이원적 환영에 완전히 눈이 멀어 있습니다. 그들은 자신이 분리된 자아이며, 필멸의 인간 존재라고 완전히 확신합니다. 하지만 그들은 종교적 또는 물질주의적 세계관에 근거하여 그것을 규정합니다. 그리스도의 첫 번째 도전은, 분리된 자아가 만든 세상을 초월한 실재가 있으며, 분리된 자아의 필멸의 정체감을 벗어나 더 높은 정체성을 얻을 수 있음을 인식하는 것입니다.

그리스도의 두 번째 도전은 여러분의 개인적인 분리된 자아를 구성하는 환영을 체계적으로 드러내고, 의식적으로 인지하고 보내버리는 과정을 거치는 것입니다. 이렇게 함으로써, 여러분은 점차 더 높은 이해, 더 높은 자유로움의 감각과 더 높은 자아감을 얻을 것입니다. 하지만 그렇다고 해서 반드시 분리된 자아의 기본 환영, 즉 그것이 실재인데 분리되어 있다는 환영에 의문을 제기한 것은 아닙니다. 다시 말해, 진정한 진전을 이루며 여러분의 의식을 높이는 과정을 거칠 수 있지만, 여전히 여러분 개개인이 각자의 의식을 높이고 있다는 감각을 유지합니다. 여러분은 이원적인 마음이 창조하는 많은 환영을 꿰뚫어 볼 수 있지만, 여전히 분리의 기본 환영을 보지 못할 수가 있습니다. 그리고 이것이야말로 참으로 극복하기 가장 어려운 환영입니다. 그것이 죽음을 마지막 원수라고 부르는 이유입니다.

20 그러나 그리스도께서는 죽은 자들 가운데서 다시 살아나셔서 죽었다가 부활한 첫 번째 사람이 되셨습니다.
21 죽음이 한 사람으로 말미암아 온 것처럼 죽은 자의 부활도 한 사람으로 말미암아 왔습니다.
22 아담으로 말미암아 모든 사람이 죽는 것과 마찬가지로 그리스도로 말미암아 모든 사람이 살게 될 것입니다.
23 그러나 각각 차례가 있습니다. 먼저 그리스도께서 살아나셨고 그다음에는 그리스도를 믿는 사람들이 그리스도께서 다시 오실 때 살아나게 될 것입니다.
24 그다음에는 마지막 날이 올 터인데 그때는 그리스도께서 모든 권위와 세력과 능력의 천사들을 내려놓으시고 그 나라를 아버지께 바치실 것입니다.
25 그리스도께서는 신께서 모든 원수를 그리스도의 발아래 굴복시키실 때까지 군림하셔야 합니다.
26 마지막으로 물리치실 원수는 죽음입니다. (고린도전서 15장)

내 요점은, 영적인 구도자들을 정직하게 바라본다면, 사람들을 움직이는 주된 동기 중의 하나가 더 높은 의식 상태를 얻으려는 열망이지만, 여전히 분리된 자아에 초점을 두는 방식으로 그렇게 한다는 것입니다. 앞의 몇 개 열쇠에서 말했듯이, 이것은 반드시 자만하거나 비교하는 방식으로 행해지는 것은 아닙니다. 그것은 사람들에게 여러분의 의식을 높이는 것이 개인적인 목표라는 인상을 주는 아주 미묘한 방법으로 이루어집니다. 궁극적인 목표가 어떻게 정해지든, 여러분은 모든 것을 이해하는 깨달음의 상태, 지복의 상태, 물질에 대한 통달, 그리고 신과의 하나됨을 얻으려고 추구합니다.

자, 여기에 미묘한 차이가 있습니다. 깨달음, 지복 또는 신과의 하나됨을 추구하는 것이 반드시 잘못은 아니지만, 중요한 문제는 그것을 추구하는 이유입니다. 분리된 자아로서 여러분은, 분리된 자아를 위해 그것이 바람직하다는 느낌을 가지고 그것을 추구하고 있나요? 아니면, 여러분의 동기를 더 높은 수준으로 올릴 수 있고 기꺼이 그렇게 올리려고 하는 것일까요?

그 미묘함이 보입니까? 여정을 걷기 시작할 때, 여러분은 동기가 필요합니다. 그러나 여정을 시작한 수준에서 여러분에게 동기를 부여하는 것은 필연적으로 그 시점의 여러분 의식 상태를 반영할 수밖에 없습니다. 그러면 그 의식 상태는 어떠할까요? 그것은 분리된 자아이고 여러분은 여전히 그것과 아주 많이 동일시되고 있습니다. 따라서 그 여정을 걷기 시작하려면, 그 여정이 분리된 자아에게 뭔가 가치 있는 것을 제공해 줄 것 같은 동기가 필요합니다. 그렇지 않다면 왜 그저 먹고 마시고 즐기지 않고, 굳이 왜 영적인 성장을 추구하는 어려움을 겪겠습니까? 따라서 사람들은 그 여정을 시작하기 위한 자신의 개인적인 동기를 만듭니다. 그들은 그 여정을 오르면서 더 큰 이해를 얻게 되며, 이로써 선택에 직면하게 됩니다.

문제는 사람들이 새로운 이해에 기반해서 자신의 동기를 높일 수 있는지 여부입니다. 더 높은 이해를 얻으면서, 그 여정은 여러분이 시작했을 때 추구하던 것을 주지 않는다는 것을 알게 되는 "진실의 순간"을 맞이할 것입니다. 다시 말해, 여러분은 분리된 자아를 중심으로 한 동기에서 출발했지만, 이해가 커지면서, 이 동기가 모래 위에 세워진 집이었음을 보게 됩니다. 어떤 사람들은, 아마도 외부의 스승이나 종교에 속았다고 느끼면서, 실망이나 심지어 분노를 느끼는 기간을 경험합니다. 그렇기 때문에 현대의 많은 사람이 종교 전반 또는 특정한 종교나 스승에게 불만을 가진 것을 볼 수 있습니다. 어떤 사람들은 종교나 스승을 비난하는 막다른 골목으로 들어가지만, 자신의 동기를 높이고 새로운 목표를 설정하는 사람들도 있습니다. 이 새로운 동기는 이전의 것보다는 더 높겠지만, 여전히 그 당시에 여러분이 가졌던 의식 상태를 반영하고 있습니다. 그러므로 여러분의 동기를 다듬어가는 과정은 계속될 것입니다.

어떤 사람들에게 이것은 스트레스의 원천이 되고, 그들은 각각의 주기를 슬픔이나 상실을 야기하는 충격적인 사건처럼 느끼게 됩니다. 여기서 여러분이 보았으면 하는 점은, 여러분이 자신의 관점을 바꾸면 이 고통을 극복할 수가 있다는 것입니다.

이해가 깊어짐에 따라 동기가 바뀌는 것은 그냥 자연스러운 일임을 깨닫기만 하면 됩니다. 그것에 더해, 여러분이 분리된 자아를 중심으로 한 동기에서 시작할 수밖에 없었다는 것을 이제 깨달을 수 있습니다. 분리된 자아는 영적인 여정을 걸음으로써 뭔가를 얻을 수 있다고 생각합니다. 하지만 여러분이 참된 여정을 걸을 때, 분리된 자아는 실제로 아무것도 얻지 못할 것입니다. 그 여정은 진정한 여러분이 분리된 자아와의 동일시를 극복하는 것이 전부이며, 그럼으로써 분리된 자아가 죽게 되기 때문입니다. 그래서 분리된 자아에게 다른 사람들보다 우월하다는 환영을 제공하는 거짓된 길로 빠지지 않는 한, 분리된 자아의 영향을 받는 모든 동기는 실망으로 이어질 수밖에 없음을 여러분은 깨닫게 됩니다.

이것의 역학을 깨달을 때, 여러분의 의식하는 자아는 이제 한 걸음 물러서서 전반적인 관점으로 그 과정을 바라볼 수 있습니다. 따라서 여러분은 이제 분리된 자아의 실망을 자신과 동일시하지 않기로 결정할 수 있으며, 그렇게 함으로 그 고통과 상실감을 피할 수 있습니다. 그러면 그리스도의 세 번째 도전을 숙고함으로써 더 높은 동기를 찾기 시작할 수 있습니다. 좀 더 자세히 살펴보겠습니다.

* * *

그리스도의 세 번째 도전을 이해함으로써 여러분은 어떤 동기를 부여할 수 있을까요? 자, 다시 말하지만, 그것은 여러분의 현재 의식 상태에 따라 달라질 수 있습니다. 하지만 우리는 일반적인 동기부터 시작해 보겠습니다. 여러분을 이전 열쇠들에서 설명한 정화 과정을 통과하게 함으로써 우리는 무엇을 한 것일까요? 우리는 여러분을 자석이나 중력처럼 이원성 투쟁으로 끌어당기는 힘을 감소시켰습니다. 이것은 결국 여러분의 의식하는 자아에게 이 투쟁에서 벗어날 수 있는 기회를 제공해 줍니다. 우리는, 여러분이 마음껏 집중해서 진정으로 자신이 누구인지를 깊이 생각할 수 있도록 했습니다. 따라서 그 과정은 여러분을 영적인 독립, 영적인 자유로 인도하는 과정 중 하나였다고 할 수 있습니다.

그것이 여러분의 마음에 와닿는 목표인가요? 여러분은 정말 지구상의 어떤 것에도 의존하지 않고, 자유로워지고 싶은 열망이 있나요? 그렇다면, 여러분은 그리스도의 세 번째 도전에 근거한 더 높은 동기를 개발하는 여정에 들어선 것입니다. 그리스도가 된다는 것의 의미는 무엇일까요? 그것은 물질세계의 어떤 것에도 전혀 영향을 받지 않는다는 의미입니다. 여러분은 영적으로 자급자족하게 됩니다. 즉 대부분의 사람처럼, 온전해지기 위해 물질세계의 어떤 사람이나 어떤 것이 필요하다고 더 이상 믿지 않는다는 뜻입니다. 그러므로 이 세상의 지배자가 와도 실제로 여러분 안에서 찾을 것이 아무것도 없다고 말할 수 있습니다. 여러분과 아버지는 이제 하나이기 때문입니다. 물론 내 요점은, 이런 영적인 독립 상태를 성취하는 것을 여러분의 목표로 삼으라고 제안하는 것입니다. 그러면 우리는 여러분이 영적으로 자유로워지는 데 무엇이 필요한지를 생각해 볼 수 있을 것입니다.

여러분을 살아 있는 그리스도의 참된 제자로 만드는 것이 이 과정의 한 가지 목표임은 명백합니다. 그것은 여러분이 이와 동시에 거짓된 길에 있을 수 없다는 의미입니다. 따라서 자유롭게 그리스도 의식의 여정을 따르기 위해서는, 거짓 교사들이 여러분을 참된 길에서 끌어내어 거짓된 길로 밀어 넣을 수 있는 그 어떤 갈고리(hook)도 여러분의 존재 안에 가지고 있어서는 안 됩니다. 그러므로 이 갈고리 중 좀 더 미묘한 하나를 살펴보겠습니다. 그것은 다른 누군가가 여러분에게 뭔가를 할 수 있는 힘을 가졌다는 개념입니다. 누군가 또는 어떤 외부의 세력이 여러분의 의지에 반하여 실제로 여러분에게 뭔가를 할 수 있는 힘을 가졌다는 믿음을 받아들이는 한, 여러분은 자유로울 수가 없음이 분명합니다.

반-그리스도 세력이 인류를 속여온 가장 큰 거짓말 중 하나는 누군가 또는 외부의 어떤 세력이 여러분의 의지에 반해서 여러분에게 뭔가를 할 수 있는 힘을 가지고 있다는 개념입니다. 이 거짓말은 바로 지난 열쇠에서 이야기한 환영에서 비롯된 것입니다. 즉 추락한 존재들은 그들이 신의 창조에 대한 대안을 창조할 수 있는 능력이 있고, 물질 우주가 신의 잘못을 증명하는 기회로 주어졌기 때문에, 그들을 따르도록 다른 사람들을 강요하거나 속일 수 있는 권리가 있다고 믿는 것입니다. 따라서 그들은 실제로 그들을 따르도록 여러분을 강요할 수 있는 힘이 있다는 거짓말을 계속해 왔습니다. 즉 여러분을 지배할 수 있는 실제적인 힘이 있다는 의미입니다.

이 지점에서, 여러분은 도대체 내가 무슨 말을 하고 있는지 의아해할지 모릅니다. 왜냐하면 여러분의 일상 경험으로는 여러분을 해칠 수 있는 물리적인 힘을 가진 사람들이 실제로 있기 때문입니다. 예를 들어, 내가 한 말을 사용하자면, 누군가 여러분의 한쪽 뺨을 때릴 수 있습니다. 내가 신의 유일한 아들로 간주됨에도 불구하고, 당시의 지도자들은 여전히 나에게 사형을 언도하고 십자가에 못 박을 수 있는 권력을 가지고 있었습니다. 아니, 그렇게 보였을 것입니다. 그런데 그들이 십자가에 못 박은 것은 누구였을까요? 그것은 나였을까요? 아니면 단지 내가 지구상에서 일시적으로 내 진정한 자아를 표현하는 도구로 사용했던 육체였을까요? 그것이 진정한 나였을까요? 아니면 그들의 악을 더욱 눈에 띄게 만들어 (그들이 원했다면) 그들에게 악을 초월할 수 있는 기회를 줄 수 있었던, 살아 있는 그리스도인 내가 사용했던, 단지 신기루 같은 물질적인 표현이었을까요?

나는 이전의 열쇠들에서 여러분은 육체가 아니라, 물질세계에서 여러분 자신을 표현하기 위한 일시적인 도구로 육체를 사용하는 영적인 존재임을 깨닫도록 안내해 왔습니다. 따라서 여러분이 육체 이상의 존재라면, 육체에 행해진 어떤 것이 어떻게 진정한 여러분을 해칠 수 있을까요? 물론 여러분이 자신을 육체와 동일시하고 따라서 육체에 행한 것이 여러분에게도 행한 것이라는 환영을 믿지 않는 한 말입니다. 내 십자가 사건을 본다면, 내가 자신을 육체와 동일시하지 않았음을 알 수 있습니다. 그것이 바로 내가 자신을 십자가에 못 박은 자들을 용서할 수 있었고, 육체라는 껍데기에서 진정한 자아를 분리하는 마지막 행위로서 내 유령(ghost)을 포기할 수 있었던 이유입니다. 그럼으로써 나는 이 세상의 권력이 내 몸을 죽일 수 있는 힘을 가지고 있지만, 아이앰인 진정한 존재(real Being that I AM)는 털끝 하나도 건드릴 수 없음을 보여주었습니다. 물론 여러분도 똑같이 해야 합니다. 여러분은 이 세상의 그 어떤 것도 넘어서는 존재이며, 따라서 이 세상의 어떤 힘도 진정한 여러분을 해치거나 영향을 줄 수 없음을 아는 지점에 이르러야 합니다.

성모 마리아와 마이트레야께서 설명하듯이, 모든 것은 에너지로 만들어졌으며 다양한 수준의 진동이 있습니다. 한 예로, 물질의 단단함에 대해 생각해 보겠습니다. 나무토막이 여러분의 머리에 부딪힌다면 단단하다고 느껴지겠지만, 나무로 다이아몬드를 긁어보면 아무런 영향도 없을 것입니다. 나무는 다이아몬드에 어떤 영향을 줄 수 있을 만큼 단단하지 못합니다. 음파는 순수한 에너지이며, 빌딩을 파괴할 수 있을 만큼 강력한 음파를 일으킬 수도 있습니다. 그러나 소리를 사용하여 햇빛에 영향을 주려고 하면, 아무런 성과도 얻지 못할 것입니다. 왜냐하면, 물리적인 소리는 빛보다 진동이 낮으므로 빛에 아무런 영향도 미치지 못하기 때문입니다. 내 요점은 물론, 여러분이 영적인 존재라는 것입니다. 즉 진정한 여러분은 물질 우주에서 발견되는 어떤 진동보다도 더 높은 진동 에너지로 이루어졌다는 뜻입니다. 따라서 물질 우주의 어떤 것도 실제로 여러분을 지배할 수 있는 어떤 힘을 가질 수 없다는 논리적 결과에 이릅니다. 그것은 마치 이쑤시개로 다이아몬드를 긁는 것과 같습니다.

타락한 천사들과 그들이 만들어낸 야수들은 물질 우주로 추락했습니다. 이 우주에는 네 가지 수준이 있으며, 각 수준은 특정한 범위의 주파수에서 진동하는 에너지로 만들어져 있습니다. 여러분에게는 네 하위체, 네 수준의 마음이 있으며, 각 하위체는 그에 상응하는 진동 스펙트럼 안에 존재합니다. 여러분의 육체는 분명히 물리적 진동 스펙트럼이나 물리적 옥타브 안에 존재하며, 그 스펙트럼 내의 다른 에너지에 의해 영향을 받을 수 있습니다. 따라서 육체를 가진 다른 사람들은 여러분의 몸을 해칠 수 있습니다. 그렇지만 육체가 없는 존재들은 여러분의 육체를 해칠 수 없습니다. 따라서 데몬이나 다른 어둠의 존재들이 여러분에게 육체적으로 영향을 줄 수 있다는 오래된 개념은 그야말로 사실과 동떨어져 있습니다. 그것은 다른 이들이 여러분을 지배할 수 있는 힘을 가졌다는 거짓말과 그것에서 생겨나는 두려움을 영속화하려는 목적으로 거짓 교사들이 만들어낸 개념일 뿐입니다.

감정 영역에는 어둠의 존재들이 있으며, 그들은 여러분의 감정체에 영향을 줄 수 있는 힘을 가지고 있습니다. 하지만 그렇게 하려면, 그들은 여러분의 마음을 통과해야 합니다. 따라서 여러분은 감정체가 멘탈체의 통솔을 받게 함으로써 자신을 보호할 수 있습니다. 즉 멘탈체는 감정 영역에 있는 존재들이 교묘하게 조작하는 것을 쉽게 꿰뚫어 볼 수 있기 때문입니다. 물론, 여러분의 멘탈체는 멘탈 영역에 있는 어둠의 존재들에게 영향을 받을 수 있습니다. 따라서 여러분은 또한 멘탈 영역의 거짓말을 쉽게 꿰뚫어 볼 수 있는 정체성체가 멘탈체를 통솔하도록 할 필요가 있습니다. 그리고 마지막으로, 여러분의 상위 존재, 여러분의 그리스도 자아와 아이엠 현존(I AM Presence)과 하나됨 안에 있는 여러분의 의식하는 자아로 하여금 정체성체를 통솔하도록 해야 합니다. 그러면 여러분은 자신이 이 세상의 어떤 것도 넘어서는 그 이상의 존재임을 알게 될 것입니다. 따라서 이 세상의 어떤 힘도 여러분의 의지에 반해 여러분에게 영향을 줄 수 없습니다.

* * *

다른 각도에서 이것을 살펴보겠습니다. 누가 여러분의 한쪽 뺨을 때린다고 합시다. 대부분의 사람은 자신이 해를 입었다고 느낄 것입니다. 그러나 여러분은 영적인 사람이기 때문에, 자신이 몸 이상이라는 것을 압니다. 여러분은 의식하는 자아이며, 그것은 창조주 존재의 확장체입니다. 분명히, 창조주는 물질 우주, 심지어 전체 형상 세계에서 어떤 진동보다도 위에 있으며, 이를 초월해 있습니다. 따라서 여러분 존재의 핵심은 이 세계에 있는 어떤 것에도 영향을 받을 수 없습니다.

그러나 의식하는 자아는, 적어도 그 순간에는 자신이 생각하는 바로 그것입니다. 그러므로 자신이 누구인지를 의식적으로 인식하지 않는다면, 여러분은 대부분의 사람과 마찬가지로, 자신을 육체와 동일시하고 육체로서 여길 것입니다. 이제 누군가가 여러분의 몸을 해치면, 여러분을 해친다고 믿게 될 것입니다. 그것은 결국 어떤 영향을 미칠까요? 그 결과 여러분의 몸을 해치는 사람들이 여러분을 지배하는 힘을 갖게 되지만, 그것은 단지 여러분이 그들에게 그 힘을 내어주었기 때문입니다.

내 십자가형을 다시 돌아봅시다. 종교의 권위자들이 내게 무엇을 하려고 했을까요? 외적인 관점에서 보면, 그들이 사람들을 통제하는 데 내가 위협이 되었기 때문에 그들은 나를 침묵시키려 한 것이었습니다. 그러나 실제로 있었던 일은, 타락한 천사들이 내가 이 세상에서 나의 그리스도 의식을 표현하지 못하도록 막으려 했다는 것입니다. 타락한 천사들은 그들이 물질 우주(네 수준 모두)를 소유하고 있다고 믿고 있음을 기억하세요. 따라서 어떤 형태로든 살아 있는 그리스도가 나타날 때, 그들은 극도의 위협을 느낍니다. 그래서 그들이 정말로 내게 하려고 했던 일은 내가 이 세상에서 그리스도가 되는 것을 막는 것이었습니다. 그들은 실질적으로 이렇게 말한 것입니다. "당신은 우리 세상에서 그리스도가 될 권리가 없다!"

그들은 내가 그리스도가 되는 것을 어떻게 막을 수 있었을까요? 자, 그들에게는 나를 멈출 수 있는 물리적인 힘이 없습니다. 왜냐하면 나의 의식하는 자아는 창조주 존재의 확장체이기 때문입니다. 이것이 나에게 그리스도가 될 수 있는 잠재력을 주며, 따라서 창조주가 이 세상에서 자신을 표현하는 열린 문이 될 수 있게 하는 것입니다. 하지만 내 의식하는 자아는 자신이 생각하는 바로 그것으로 존재합니다. 이는 내가 자신이 그리스도가 아니라고 믿거나 지구에서 내 그리스도 의식을 표현해서는 안 된다고 믿는다면, 그들이 나를 막을 수 있다는 의미입니다.

하지만 여러분은 여기서 핵심적인 메커니즘을 볼 수 있나요? 그들은 실제로 그 누구도 그리스도가 되지 못하도록 막을 수가 없으며, 따라서 속임수를 쓸 수밖에 없습니다. 그들은 여러분에게 그리스도가 될 능력이나 권리가 없다고 믿게 만들어야 합니다. 그러나 이것은 그들에게 실제적인 힘도 없다는 사실을 보여줍니다. 왜냐하면 그들은 오직 여러분의 자유의지를 통해서만 힘을 발휘할 수 있기 때문입니다. 그들은 여러분을 멈추게 할 수 없으므로, 여러분이 스스로 멈추게 만들어야 합니다. 왜냐하면 여러분만이 자신의 그리스도 의식을 시작하거나 멈출 수 있는 유일한 존재이기 때문입니다. 어떻게 하면 이 함정에 빠지지 않을 수 있을까요? 내가 앞에서 준 생명의 비밀을 알아야 합니다. 여러분이 잊어서는 안 되는 비밀, 그 비밀은…

지구에서 그리스도가 될 수 있다는 것을 인정하고 받아들여야 하는 그리스도의 세 번째 도전과 이것이 어떻게 연결되어 있는지 보이기 시작하나요? 이 도전에 대응하려면 여러분이 반-그리스도 세력들로부터 영향을 받지 않을 것임을 보여주어야 합니다. 그들은 여러분이 자신의 그리스도 의식을 표현하는 것을 막기 위해 그들이 생각할 수 있는 무슨 일이든 할 것이기 때문입니다. 여기에는 여러분이 이 세상을 떠난 후에 그리스도가 되는 것은 괜찮다고 믿게 만드는 일을 비롯해서, 여러분이 이 세상에서 그리스도가 되지 못하게 막을 수 있는 모든 일이 포함됩니다.

그러면 누가 살아 있는 그리스도일까요? 살아 있는 그리스도는 죽음의 의식에 갇힌 사람들을 자유롭게 풀어주는 열린 문입니다! 그리고 영적인 영역에서는 모든 존재가 죽음의 의식을 초월했습니다. 그렇지 않으면 그들은 그곳에 있지 않을 것입니다. 그러므로 영적인 영역에서는 살아 있는 그리스도가 필요하지 않습니다. 즉 이 세상을 떠난 후에 그리스도가 되는 것은 아무런 의미가 없습니다. 여러분은 이 세상에 있는 동안 그리스도가 되어야 합니다. 나는 이것을 보여주고 다른 사람들이 내가 한 것보다 더 큰 일을 할 수 있는 토대를 마련하기 위해 지구에 왔습니다. 그러므로 그리스도의 세 번째 도전은, 반-그리스도의 세력들이 여러분을 지배할 수 있는 어떤 힘도 가지고 있지 않다는 내면의 앎이 절대적으로 받아들여질 때까지, 그들에게 맞서야 한다는 의미입니다. 내면에서 그것을 해야 하지만, 실제로 이것을 겉으로 드러낼 필요는 없습니다. 그리스도의 세 번째 도전은 여전히 주로 자신 안에 변화를 가져오는 데 초점을 두고 있습니다.

* * *

여러분은 누구입니까? 여러분은 의식하는 자아입니다! 의식하는 자아는 누구일까요? 여러분은 자신이 생각하는 그대로의 존재이며, 자신이 누구라고 생각하느냐에 따라, 여러분의 정체감에 맞춰 지구에서 행동할 것입니다. 만일 자신이 이 세상의 조건에 제한되는 인간이라고 생각한다면, 여러분은 인간처럼 행동할 것입니다. 따라서 여러분은 반-그리스도 세력들이 만든 이원성 환영에 사람들 대부분이 눈멀어 있는 현재의 상황에 도전하지 못할 것입니다. 이 세력들은, 여러분이 인간적인 정체성을 죽게 하고 자신이 진정으로 누구인지 인식하는 새로운 정체성으로 다시 태어나지 못하게 막음으로써 현상을 유지하려고 그들이 할 수 있는 모든 일을 다 할 것입니다. 그러나 다시 말하지만, 그들은 여러분이 실제 자신보다 못하다고 생각하게 하고, 여러분이 이 세상에서 그리스도가 될 수 없다고 생각하게 함으로써만 그렇게 할 수 있습니다.

그렇다면 그리스도 의식의 여정에서 핵심은 결국 무엇일까요? 그것은 여러분의 정체감을 바꾸는 것이며, 그래서 여러분 자신을 이 세상에 있는 어느 것과도 동일시하지 않는 것입니다. 가장 명백한 예는, 말할 것도 없이, 육체입니다. 육체는 물질적 옥타브의 에너지로 만들어졌기 때문에, 이 옥타브의 세력이 그것을 지배할 수 있습니다. 여러분이 자신을 물질적인 몸이라고 여긴다면, 이 세력이 여러분을 지배한다고 믿게 될 것이고, 그 세력을 뛰어넘을 수 있다는 생각을 하지 못하거나 그런 시도를 두려워할 것입니다. 그러므로 여러분은 현재 대중의식에 의해 규정되어 있는 것처럼, 온갖 실용적인 목적을 위한 인간일 뿐인 것입니다.

개인적인 성장의 여정은 어떤 지점에서는 그리스도 의식의 여정에서 벗어날 수밖에 없다는 내 말을 더 깊은 관점으로 바라볼 수 있을까요? 여러분은 반-그리스도 세력의 기본적인 환영을 실제로 보지 않으면서도, 의식을 확장하고 삶의 영적인 측면에 대한 더 큰 이해를 얻을 수 있습니다. 많은 종교인과 영성인이 더 높은 이해를 얻었지만, 물질세계를 떠난 후에 그들에게 어떤 일이 일어날지에 대한 전반적인 관심을 가지고 있습니다. 사실 대부분의 그리스도교인은 그리스도가 될 수 없고 감히 되려는 시도도 하면 안 된다고 생각하도록 속아 왔습니다. 그들은 나를 따른다고 주장하지만, 나를 본보기로 따르지 않습니다. 내 요점은 사람들이 개인적인 성장과 더 높은 의식을 얻는 것에만 초점을 맞추고 있을 수 있다는 것입니다. 세상에서 물러나거나 이 세상을 떠난 이후에, 그리고 남아 있는 이번 생애 동안 그렇게 할 수도 있습니다. 그러나 그것은 그리스도 의식의 여정이 아닙니다.

그런데 이제 충분한 이해에 도달하게 되면, 그리스도가 될 수 있는 잠재력을 의식적으로 인정할 준비가 된 지점에 이를 수 있습니다. 만일 이렇게 하려고 하지 않는다면, 그 사람은 계속 개인적인 성장의 길로 가게 될 것입니다. 이것은 여전히 약간의 진보로 이어질 수는 있지만, 생명흐름이 마지막에 영적인 세계로 상승할 자격을 얻게 해 주지는 못합니다. 그 이유는 나중에 설명하겠습니다.

그러나 어떤 사람이 이 세상에서 실제로 그리스도가 될 잠재력을 인식한다면, 그 사람은 진정한 그리스도 의식의 여정을 시작하게 됩니다. 이 지점이야말로 극적인 전환이며, 여러분은 개인적인 성장이라는 여정을 영원히 초월하게 됩니다.

이런 전환을 하고 그리스도 의식의 여정을 시작하려면 과연 무엇이 필요할까요? 그것은 중대한 결정과 함께 시작됩니다. 내가 앞에서 말한 대로, 여러분은 자기자신과 자신의 성장에 대해 전적으로 완전한 책임을 받아들여야만 합니다. 이것이 정확히 무슨 의미일까요? 그것은 이 열쇠에서 배운 논리적인 결과를 여러분이 인지하고 받아들여야 한다는 의미입니다. 여러분은 이제 이렇게 말해야 합니다. "누구도 내게 아무것도 하지 않았다!"

이 말의 근거는 무엇일까요? 여러분 존재의 핵심은 의식하는 자아이며, 자신이 생각하는 그대로의 존재라는 인식입니다. 따라서 누군가가 여러분에게 뭔가를 할 수 있는 유일한 방법은, 여러분이 자신의 정체성이라고 여기는 것에 영향을 미치는 것입니다. 여러분이 자신을 몸과 동일시한다면, 다른 누군가가 여러분의 몸에 어떤 행동을 함으로써 여러분에게 뭔가를 할 수 있습니다. 그러나 실제로 여러분의 정체감을 바꿀 수 있는 존재는 오직 여러분뿐입니다. 따라서 여러분의 정체감에 대한 궁극적인 책임은 여러분에게 있습니다. 여러분은 자신을 영적인 존재보다 더 못한 존재라고 생각함으로써 그 책임을 소홀히 할 수도 있습니다. 그러면 여러분 자신의 외부에 있는 세력에게 (에고 역시 여러분의 진정한 자아의 외부에 있습니다) 여러분을 어떻게 볼지를 바꿀 수 있는 힘을 주게 됩니다. 그리고 이런 세력들은 여러분이 자신의 외부에 힘을 투사함으로써 그들에게 힘을 주는 정도까지만, 여러분을 지배할 힘을 발휘할 수 있습니다.

다시 말해, 여러분이 자신에 대해 전적으로 완전히 책임을 질 때는, 어떤 외부의 세력도 실제로 여러분을 지배할 힘이 없으며, 따라서 그 누구도 여러분에게 아무것도 하지 않았음을 알게 됩니다. 내 말을 다시 한번 살펴보겠습니다.

> 육신은 죽여도 영혼은 죽이지 못하는 사람들을 두려워하지 말고 영혼과 육신을 아울러 지옥에 던져 파멸시킬 수 있는 분을 두려워하여라. (마태 10:28)

전통적으로 그리스도교인들은 이 말을, 영혼을 파괴할 힘을 가진 것처럼 보이는 악마를 두려워해야 한다는 의미로 해석했습니다. 그러나 내가 여기서 알려주는 것은 여러분을 지배할 수 있는 유일한 존재는 바로 여러분 자신이라는 것입니다. 따라서 "영혼과 육신을 아울러 지옥에 던져 파멸시킬 수 있는 존재"는 의식하는 자아를 가리킵니다. 의식하는 자아만이 여러분의 정체성을 필멸의 존재라는 정체성으로 바꿀 힘이 있기 때문입니다. 그리고 오직 필멸의 존재만이 자신의 상위 존재와 다시 결합하기를 거절함으로써 지옥에 던져질 수 있습니다. 악마는 여러분을 지옥에 내던질 수 없습니다. 오직 여러분만이 그렇게 할 수 있습니다.

* * *

그 점을 더 명확하게 하기 위해서, 고타마 붓다께서 2007-8년 새해 컨퍼런스에서 전해준 구술을 일부 인용하겠습니다.

거짓 계층(hierarchy)에 대한 이해

그러므로 사랑하는 이들이여, 이 행성에 육화가 허락된 일정 비율의 생명흐름이 있고, 그들은 멘탈 영역과 감정 영역에 있는 생명흐름들과 함께 우리가 거짓 계층이라고 부르는 계층을 형성한다는 사실에 대해 말했습니다. 자, 여러분, 이들이 바로, 내가 앞에서 말했던 이전의 많은 황금시대 문명을 파괴한 그 세력입니다.

그러므로 영적인 사람인 여러분 다수가, 거짓 계층에 대한 심판을 요청하거나 디크리를 할 필요성을 보는 단계를 거쳤습니다. 이 심판은 행성의 발전뿐만 아니라 여러분 자신의 개인적인 성장에서도 필요한 단계였습니다. 그러나 사랑하는 이들이여, 여러분 중 많은 사람이, 앞서 말한 대로, 마지막 남은 이원성 의식의 아주 미묘한 잔재로부터 여러분 자신을 진정으로 해방시킬 준비가 된 지점에 도달했습니다. 그래서 지구에 육화하는 모든 생명흐름을 위해 실제로 영적인 균형을 잡아주는 세계의 주(the Lord of the World)로서, 나는 우리가 지금까지 발표한 것을 넘어서는 가르침을 주기로 결정했습니다.

따라서 사랑하는 이들이여, 이제 여러분에게 약간의 사고(思考) 실험, 상상력 연습을 해보도록 하겠습니다. 사랑하는 이들이여, 반지를 찾아서 그것을 창조 지점으로 다시 가져와야 하는 작은 호빗 프로도에 관한, 최근 유행했던 책이나 영화(반지의 제왕)에 나오는 이미지로 시작할 수 있습니다. 프로도는 그렇게 하면서, 우주에 퍼져 있고 중심점에서 쏟아져 나오는 듯한 이 어둠의 세력들과 싸워야 합니다. 그 중심점에는 아마도 사악한 황제나 마법사가 있으며, 그 세력뿐만 아니라 그의 명령을 행하고 그의 통제를 받는 수백만의 오크나 다른 존재들을 지배하고 있습니다.

하지만 사랑하는 여러분, 이 이야기를 약간 비틀어보겠습니다. 자, 사랑하는 이들이여, 여러분이 세상을 바라보니, 세상의 평화와 번영을 파괴하는 데 몰두하는 것처럼 보이는 사람들이 있다고 상상해 보세요. 그리고 더 깊이 보면 그들이 특정한 의식 상태에 있으므로 이 일에 전념하고 있다는 것을 알게 됩니다. 사랑하는 이들이여, 보다시피, 그들은 기본적으로 두려우므로 이 의식 상태에 있는 것입니다. 그들은 특정한 행동 방침을 추구하지 않으면, 그들이 상상할 수 있는 최악의 일인 영원한 지옥 불에 떨어질 것 같은 어떤 재앙이 그들에게 닥칠까 두려워합니다.

그러므로 지옥에 가는 것에 대한 두려움 때문에, 신의 이름으로 다른 사람들을 죽이라고 명령하는 자들의 말을 거역하지 못하고 두려워합니다. 따라서 지구에는 특정한 계층구조가 있다는 것을 알 수 있습니다. 과거의 사례에서 볼 수 있듯이, 특정한 종교의 지도자들, 심지어 그리스도교의 교황과 같은 최고의 지도자조차 그 아래 사람들에게 다른 종교의 구성원들과 전쟁을 하라고 명령을 했습니다. 그들은 신의 이름으로 다른 인간들을 죽이면서, 동시에 그것은 "살인하지 말라."라는 명령을 준 사랑의 신이었다고 주장했습니다. 그런데 그 신은 그의 유일한 아들을 지구에 보냈으며, 이 아들은 다른 뺨을 돌려대고 이웃을 자신처럼 사랑하라는 계명을 그들에게 주었습니다.

그러나 어찌 되었든, 그 논리는 만일 신의 이름으로 죽인다면, 그래서 아무런 방해 없이 다른 종교인들에게 그들의 종교를 전파할 수 있게 만든다면, 이 지구에 닥칠지도 모르는 지옥 불을 피할 수 있다는 것입니다. 그러므로 사랑하는 이들이여, 지구적인 계층구조가 있지만, 여러분이 영적인 사람으로서 더 깊이 보게 되면, 지구상에서 춤을 추는 꼭두각시들의 끈을 실제로 움직이는 비물질적인 계층이 있음을 알게 됩니다. 교황이나 황제같이 큰 권력을 가진 것처럼 보이는 사람들조차도 배후에 있는 더 큰 세력의 요구를 들어주고 있는 로봇들에 지나지 않습니다.

* * *

그러므로 여러분은 물질세계 너머에 어떤 세력이 있다는 사실을 알아차릴 수 있을 것입니다. 처음에는 이 세력들에 대해 약간의 두려움을 느낄 수도 있습니다. 사랑하는 이들이여, 여러분은 지구상에 어둠의 계층이 있으므로 더 높은 영역인 비(非)물질계에 더 크고 더 강력한 계층이 있어서, 이 거짓 계층이 그들의 영향력 안에 이끌려온 자들을 지배할 수 있는 무제한의 힘, 또는 거의 무한한 힘을 가졌다고 생각할지도 모릅니다.

사랑하는 이들이여, 물론 이런 생각은, 상승 마스터 학생들을 포함한 지구의 다양한 종교인이 이 거짓 계층으로부터 영향을 받고 있다는 커다란 두려움을 일으켰습니다. 그래서 여러분은 거짓 계층의 영향을 받는 것에 대한 두려움 때문에, 자신의 의식을 순수하게 유지하겠다고 너무 마음을 쓰게 되어, 자신도 모르는 사이에 여러분의 존재를 통해 흐르는 생명의 강의 흐름을 닫아버립니다. 또한 거짓 계층에 자신을 여는 것에 대한 두려움 때문에, 자신의 창조적인 능력을 실험할 때 아주 조심해야 한다고 생각해서, 여러분 스스로 창조성을 차단해 버립니다.

그래서 사랑하는 이들이여, "악은 보지 않고, 악은 듣지도 않으며" "모르는 것이 복"이라는 수준을 넘어선 많은 영적인 사람이 이 어둠의 세력들이 존재한다고 믿게 되었습니다. 그리고 실제로 어둠의 세력들이 있습니다. 나는 결코 그것을 부정하지 않습니다. 내가 여기서 여러분에게 주고 싶은 이미지는, 사랑하는 이들이여, 실제로 계층구조로 조직화된 거짓 계층, 또는 어둠의 계층이 있다는 것입니다. 따라서 지구를 보면, 이 사악한 세력에 의해 움직이는 사람들이 있다는 것을 알 수 있습니다. 그들은 그 세력에 의해 완전히 눈이 멀어 그들 중 일부는, 예를 들면, 연쇄살인범이 됩니다.

그러나 좀 더 조직화된 형태도 있으며, 어떤 지점에서는 전체 사회가 거짓 계층의 마법에 빠질 수도 있습니다. 그래서 그들은 이제 다른 사회의 구성원들을 죽이려고 자신들의 힘을 합치게 됩니다. 이것에 대한 명백한 예를 들자면, 독일의 나치 세력을 그 현대적인 예로 볼 수 있습니다. 그러나 좀 더 자세히 살펴보면, 많은 사회가 이러한 요소들을 가지고 있다는 것을 알 수 있습니다. 심지어 현대의 미국에도 높은 권력의 지위에 있는 특정한 사람들이 있으며, 그들은 이 거짓 계층의 마법에 빠져서 행성 규모의 전쟁과 갈등을 촉발하는 도구가 되고 있습니다.

그러나 사랑하는 이들이여, 여러분이 지구상에 있는 이 사람들, 즉 거짓 계층에 의해 눈이 멀거나 사로잡혀 있는 사람들 너머를 볼 때, 그들 너머에는 비물질적 거짓 계층이 있음을 알 수 있습니다. 그리고 여러분은 그것을 악령, 데몬, 유령, 영체 등 여러분이 그것을 부르고 싶은 어떤 것으로든 생각할 수 있습니다. 그러나 여기서 주된 이미지는, 이원성 의식에 완전히 눈이 멀어서 어떤 형태의 어둠을 표현하는 데 완전히 초점을 두고 전념하며, 심지어 이것이 어떤 더 위대한 선을 위한 것이라고 믿는 존재들이 있다는 것입니다.

그러므로 사랑하는 이들이여, 이 거짓 계층구조 또는 어둠의 계층구조를 피라미드로 본다면, 가장 낮은 층에 물리적 구현이 있고 그 위에 다른 수준이 있습니다. 그 위에 또 다른 수준이 있으며, 이런 식으로 모든 것이 피라미드 꼭대기를 향해 이어져 있습니다. 그리고 알다시피, 사랑하는 이들이여, 물론 피라미드는 한 지점에서 끝납니다. 따라서 악마나 사탄이나 루시퍼, 또는 다양한 문화와 종교에서 뭐라고 부르든, 여러분은 어둠의 계층구조 피라미드 꼭대기에 그 존재가 있다는 대중적인 이미지를 이미 가지고 있습니다.

* * *

그러나 사랑하는 이들이여, 이제 우리가 어둠의 세력들이 뚫고 들어올 수 없도록 대천사 미카엘의 완전한 무장을 갖춰 입고, 모르도(Mordor)의 심연, 어둠의 심연으로 여행하는 프로도처럼 여행을 떠난다고 상상해 보세요. 이제 우리는 거짓 계층, 어둠의 세력들의 다양한 층을 통과하며 여행을 합니다. 우리는 피라미드의 꼭대기인 정점을 향해 점점 더 높이 올라갑니다.

그리고 점점 더 가까이 가면서, 프로도가 모르도로 향하는 여정에서 만났던 것처럼, 우리는 어둠의 다양한 현현을 만나게 됩니다. 우리는 물론, 맨 꼭대기에 올라가면, 어둠의 최종 사원, 이 어둠의 계층구조에서 가장 위에 있는 어둠의 군주가 있는 마지막 건물을 찾을 수 있으리라 예상합니다. 그리고 실제로, 사랑하는 이들이여, 더 깊은 어둠의 층들을 뚫고 들어가면서, 우리는 그런 사원을 보게 됩니다. 그것은 지구에서 상상할 수 있는 형상, 용, 괴물 석상 등 온갖 종류의 사악하거나 험악한 모습으로 지어진 구조물입니다.

그런데 사랑하는 이들이여, 이 사원에 다다르게 되면서, 우리는 뭔가 특이한 것을 보게 됩니다. 사원을 숭배하는 존재들이 사원 주위를 둘러싸고 있지만, 그 존재들은 사원에 들어가는 것을 너무 두려워해서 결코 그곳으로 들어가지 않습니다. 그들은 언제나 바깥에 머뭅니다. 그러나 우리는 이 존재들이, 말하자면 어둠의 사원 바깥에 있는 우리 위치에서 볼 수 있는 어둠의 계층구조에서 최상위 층을 형성하고 있음을 볼 수 있습니다. 그리고 그들은 심한 최면 상태에 빠져 있어서, 어둠의 군주가 그들에게 주었다고 믿는 특정한 아이디어를 조장하거나 영속화하는 데 매우 집중하고 있습니다. 하지만, 우리는 이 존재 중 누구도 어둠의 군주를 본 적이 없으며, 실제로 어둠의 지배자로부터 철학이나 매트릭스를 받은 적도 없다는 것을 깨닫게 됩니다.

 사랑하는 이들이여, 그들은 그것이 먼 옛날, 그들의 조상들에게 주어졌다고 믿으며, 단지 과거에 주어졌다고 생각되는 지침을 계속 수행하고 있을 뿐입니다. 그리고 그들은 그 지침을 피라미드의 다음 수준에 있는, 그들 아래에 있는 자들에게 전수합니다. 따라서 그들 아래에 있는 자들은 자신들의 지배자가 준 지침을 맹목적으로 수행하고, 그것이 어둠의 군주로부터 직접 왔다고 믿으며, 이런 식으로 피라미드의 아래층들로 내려갑니다. 이제 사랑하는 이들이여, 우리는 여정에서, 소위 가장 상층에 있는 어둠의 존재들을 만나게 됩니다. 그리고 그들이 비록 그들 아래에 있는 자들에게 큰 힘을 행사하지만, 그들의 추종자들이 보는 것처럼 강력한 존재라기보다는, 실제로 그들은 두려움 때문에 움직이고 있음을 알게 됩니다.

 우리는 그들을 꿰뚫어 보고 그들이 두려움에 의해 움직이기 때문에 속이 빈 껍데기일 뿐임을 알 수 있습니다. 그리고 두려움 속에서, 그들은 실제로 어둠의 군주가 내린 지침이라고 믿는 것들을 기계적으로 수행합니다. 그들은 어둠의 군주가 신의 대척점(counterpoint)이며 따라서 신만큼 강력하다고 믿지만, 사랑하는 이들이여, 그들은 실제로 이것에 대한 증거를 갖고 있지 않습니다. 왜냐하면 그들은 어둠의 군주를 본 적이 없기 때문입니다. 그래서 그들의 두려움을 보게 될 때, 다시 말하지만, 우리는 사실 대천사 미카엘의 완전한 무장으로 보호받고 있으므로, 이렇게 말합니다. "어쩌면 우리는 그들이 하기 두려워하는 것을 해야 할지도 몰라, 아마도 우리가 사원 안으로 들어가서, 신만큼 강력하다고 여겨지는 이 어둠의 군주를 살펴봐야 할 것 같아."

사랑하는 이들이여, 우리는 이제 용기를 내어 사원 문을 통과하면 거대한 홀을 만나게 되고, 그 홀의 끝에 거대한 왕좌가 있는 것을 봅니다. 하지만 놀랍게도 그 왕좌에는 아무도 앉아 있지 않고, 작은 쥐 한 마리가 있을 뿐입니다. 사랑하는 이들이여, 그 쥐는 먹이를 찾아서 어둠의 사원으로 몰래 들어왔지만 아무것도 찾을 수 없었고, 우리가 오는 소리를 듣자마자 빠르게 도망갑니다. 그렇게 우리는 어둠의 왕좌 앞에 서 있습니다. 사랑하는 이들이여, 어둠의 군주는 없다는 생각이 갑자기 떠오릅니다!

* * *

 어둠의 군주는 없었습니다! 신의 대척점이면서 신만큼 강력한 악한 존재는 있었던 적이 없습니다. 보다시피, 사랑하는 이들이여, 우리가 순간적으로 깨달은 것은, 어둠의 계층구조 여러 층 모두가 완전히 환영을 숭배하고 있다는 것입니다. 사랑하는 이들이여, 그들은 존재하지 않는 뭔가를, 실재하지 않는 뭔가를 숭배하고 있습니다. 따라서 우리는 뭔가 아주 심오한 것을 알게 됩니다.

 피라미드의 낮은 층에 있는 존재들은 위에 있는 존재들이 자신들을 지배할 힘을 가졌다고 믿기 때문에, 위에 있는 자들에게 불복종하는 것을 두려워합니다. 그리고 이것은 어느 정도 사실입니다. 여러분이 낮은 수준에 있을 때, 여러분 위에 있는 자들은 여러분에게 사용할 수 있는 일종의 흑마술과 같은 힘을 가지고 있기 때문입니다.

 그러나 우리는 또한 전체 계층이 사원의 바깥에 있는 존재들의 가장 높은 수준까지 이어지는 것을 볼 수 있고, 그 존재들은 사원 안에 있다고 생각되는 어둠의 군주를 숭배하고 있다는 것을 알 수 있습니다. 하지만 그들이 그렇게 하는 이유는, 어둠의 군주가 거기에 있고, 그 군주가 실제로 자신들을 지배할 수 있는 실질적인 힘을 가지고 있어서, 그의 명령을 따르지 않으면 자신들을 파괴할 것이라고 믿기 때문입니다. 그러나 비록 계층구조에서 그들 아래에 있는 모든 존재를 지배할 힘을 가지고 있다 하더라도 그들은 사실 가장 불쌍한 존재라는 것을 알 수 있습니다. 그들은 자신의 위에 있는 어둠의 군주가 그들을 지배할 수 있는 힘을 가지고 있다고 생각하기 때문입니다. 그러나 어둠의 군주는 존재하지 않고 사원은 비어 있으므로, 그들을 지배할 수 없으며, 따라서 존재하지 않는 어둠의 군주가 하는 명령을 따르지 않더라도 아무도 그들을 파괴할 수 없습니다.

사랑하는 이들이여, 따라서 불현듯 우리는 지구에서, 또는 멘탈 영역이나 감정 영역에서 힘을 가진 것처럼 보이는 이러한 거짓 계층이 사실은 실질적인 힘이 없다는 것을 알게 됩니다. 그것은 모두 환영일 뿐입니다. 실재하는 존재가 어둠이 진짜라는 환영에 빠져 어둠의 실체를 긍정함으로써 어둠에 힘을 주지 않는 한, 실재가 아닌 것은 실재를 지배할 수가 없습니다.

그러므로 사랑하는 이들이여, 갑자기 우리는 어둠의 위계 구조에서 낮은 계층에 있는 존재들이 자신의 에너지를 환영에게 먹이로 주고 있다는 것을 깨닫게 됩니다. 그렇게 함으로써, 그들은 자신의 에너지를 거짓 매트릭스에 보내고, 그에 따라 피라미드의 바로 위의 계층에 있는 자들이 그들을 통제하는 데 사용할 수 있는 힘을 만들도록 그들 자신의 에너지를 제공하고 있습니다.

다시 말해, 통제되고 있는 자들은 그들을 통제하는 자들에게 스스로 자신의 에너지를 주고 있는 것입니다. 따라서 통제당하는 자들이 지배자들에게 에너지를 공급하는 것을 중단하면, 지배자들에게서 그들을 통제하는 힘을 빼앗을 것입니다. 그리고 피라미드의 각 단계에서 이것이 되풀이되는 것을 볼 때, 전 세계의 많은 신화에서 볼 수 있듯이, 어둠의 군주 바로 아래에 있는 자들이 어둠의 군주로부터 직접 힘을 받는 것이 실제로 사실이 아님을 알 수 있습니다.

여러분도 알다시피, 어둠의 군주는 없습니다. 그렇다면 그들 위에 아무것도 없이 비어 있을 때, 피라미드의 꼭대기 층에 있는 자들이 어떻게 힘을 받을 수 있겠습니까? 그리고 여러분은 이제 거짓 계층의 상부구조 전체를 먹여 살리고 있는 것이 어둠의 군주가 아님을 알 수 있습니다. 그들을 먹여 살리는 것은 그들의 아래에 있는 자들로, 그 아래는 완전히 빛이 없는 것이 아니라 여전히 어느 정도 실재가 있는, 그들 안에 어느 정도 빛이 있는, 육화 중인 인간에게까지 이어집니다. 그러니 환영을 통해 이 빛을 오용하도록 속아 넘어간 존재들이, 어둠의 존재들이 이루는 전체 상부구조와 거짓 계층을 먹여 살리고 있는 것입니다.

그래서 갑자기 우리는, 악이 실재가 아니며, 어둠에 의해 만들어진 환영을 사람들이 실재라고 믿고 그들의 빛을 오용함으로써 어둠에 힘을 주지 않는 한, 악의 겉모습이 인간을 지배할 실제적인 힘이 없다는 것을 알게 됩니다.

* * *

사랑하는 이들이여, 이제 여러분 같은 영적인 사람 중 많은 이들이,

내가 준 이 진리를 온전히 통합할 준비가 된 바로 그 지점에 있습니다. 그 단계를 밟을 준비가 된 이곳은, 마침내 여러분이 이원성 세력들로부터 완전히 벗어난 곳입니다. 그곳은 사랑하는 이들이여, 이 세상의 지배자가 와도 여러분에게서 아무것도 발견할 것이 없는 지점입니다. 따라서 그는 여러분의 빛을 어둠에 공급해주는 부정적인 반응을 하도록 여러분에게 강요할 수가 없습니다.

여러분은 한 걸음만 내디디면 자신을 자유롭게 할 수 있는 바로 그 지점에 와 있습니다. 따라서 여러분은 붓다처럼 나무 아래 앉아 이 세상의 세력들인 마라(Mara)의 데몬들을 대면할 수 있습니다. 그러나 그들이 아무리 여러분을 공격하고 유혹하려 하더라도, 여러분 안에는 그들의 환영에 힘을 실어줄 수 있는 아무런 집착도 없습니다. 왜냐하면, 여러분은 환영을 꿰뚫어 보며, 따라서 실재가 아닌 모든 것을 여러분 스스로 끊임없이 내려놓음으로써 흔들리지 않기 때문입니다.

그리고 사랑하는 이들이여, 여러분 중 다수가 의식의 다이얼을 조금만 돌리면 어둡고 악한 모든 것이 완전히 비실재임을 볼 수 있는 비전이 갑자기 열리게 되는 지점에 있다는 것을 알고 있나요? 그러나 사랑하는 이들이여, 이것이 지구에서 그 어둠을 즉각적으로 제거하지는 못할 것입니다. 자유의지의 법칙으로 인해 여전히 많은 사람이 어둠의 환영을 믿고 있기 때문입니다. 하지만 그 환영을 극복하는 데는 중요한 두 가지 측면이 있습니다.

무엇보다 먼저, 여러분은 이원성의 인력과 거짓 계층에 대한 두려움에서 자유로워집니다. 여러분은 붓다의 무한한 평화, 그리스도의 무한한 평화, 신성한 어머니의 무한한 평화, 신성한 아버지의 무한한 평화, 성령의 무한한 평화에 정박하게 됩니다. 그리고 그 평화에 정박하게 되면, 여러분은 지구를 위해 균형을 잡아주는 전적으로 새로운 단계로 올라갈 수 있습니다. 그래서 여전히 이원성에 눈이 멀어 사악한 군주와 어둠의 계층구조에서 그들 위에 있는 자들의 명령에 따라야 한다고 생각하는 사람들에 대해 균형을 잡는 역할을 할 수 있습니다. 사람들은 이들을 종종 어둠의 계층으로 보지 않고, 자신의 종교나 자신의 정치 세력의 계층으로 보게 됩니다. 또한, 사람들은 신이나 궁극적인 명분을 위해 일한다고 생각하지만, 지구에서 여러분이 가지고 있는 어떤 환영이든, 그것은 어둠의 세력들에게 복종하고 에너지를 주도록 사람들을 속이기 위해 고안된 것입니다.

어둠의 군주가 없다는 것을 깨닫는다면, 사랑하는 이들이여, 그것이야말로 여러분이 어둠의 세력들에 대항하여 균형을 이루는 방법입니다. 어둠의 세력들은 어떤 실재도 없지만, 여러분은 너무나 많은 형제자매가 어둠이 실재하고, 어둠이 그들을 실제로 지배할 수 있다는 환영에 여전히 눈이 멀어 있음을 깨닫게 됩니다. 따라서 여러분은 아직도 그 환영을 놓아버릴 준비가 되지 않은 사람이 많다는 사실을 알고 있습니다.

사랑하는 이들이여, 왜 그들은 준비가 되지 않았을까요? 그들은 어둠을 살펴볼 준비가 되어 있지 않기 때문입니다. 그들이 좋은 목적을 위해 싸우고 있다고 믿으면서 이원성 투쟁에 참여하고 있다면, 그들은 실제로 어둠의 계층구조를 위해 일하고 있다는 것을 인정할 준비가 되어 있지 않습니다. 그들은 그 상처를 치유하는 데 몇 생애가 필요할 만큼 후회와 자책을 느낄 것이기 때문에, 그것을 인정하기를 두려워합니다. 그리고 싸움은 결코 빛의 계층구조에서는 올 수 없다는 것을 기꺼이 인정하는 사람들조차, 어둠의 위계 끝까지 올라가 마침내 꼭대기에는 아무것도 없는 것을 보고, 따라서 그들이 아무런 힘도 가질 수 없다는 것을 자세히 살펴보기를 여전히 두려워하고 있습니다.

그래서 여러분은 나머지 인류에게 성숙해지고 용기를 낼 수 있는 시간을 더 주는 균형을 유지할 일정한 비율의 사람이 필요하다는 것을 알 수 있습니다. 그러면 그들이 어둠을 볼 수 있고 그것이 무엇인지 알게 되어서 그들의 자유의지로 그것을 포기하게 됩니다. 그리고 여러분은 어둠에 눈먼 사람들이 지구의 황금시대 구현을 방해하는 폭력의 부정적인 나선으로 떨어지지 않도록 균형을 잡아줄 수 있는 사람들이 필요하다는 것을 알 수 있습니다. [인용 끝]

* * *

이 가르침을 추가한 첫 번째 목적은 여러분이 자유의지를 통해 그것에게 힘을 주지 않으면, 어떤 외부 세력도 진정한 여러분을 지배할 수 없다는 것을 여러분이 마침내 받아들이도록 돕기 위한 것입니다. 그렇게 하기로 결정해야만, 여러분이 그것에 힘을 주지 않고 놓아버릴 수 있습니다. 외부의 세력이 여러분의 결정에 영향을 미칠 수 있지만, 오직 여러분만이 결정을 내릴 수가 있습니다. 즉, 여러분은 자신이 준 힘을 되찾아올 수 있는 능력을 절대 잃을 수 없다는 의미입니다. 어떻게 하면 여러분이 준 힘을 되찾을 수 있을까요? 이전의 결정을 무효로 만들 수 있는 새로운 결정을 내림으로써, 여러분이 힘을 준 과정을 되돌릴 수 있습니다.

문제는 물론, 여러분이 힘을 내주는 결정은 언제나, 무엇이 일어나고 있는지 완전히 이해하지 못한 채 일어난다는 것입니다. 그것은 무지에 기반을 두고 있습니다. 따라서 이전의 결정을 무력화하는 새로운 결정을 내릴 수 있는 유일한 방법은 무지를 극복하는 것입니다. 여러분은 무의식적으로 힘을 내주기로 결정할 수 있지만, 의식적인 결정을 하지 않으면 그것을 되찾을 수가 없습니다. 그러나 여러분이 그렇게 할 수 있는 온전한 능력과 권위를 가지고 있으며, 이 세상의 어떤 세력도 여러분을 막을 수 없다는 것을 깨닫게 되면, 그 결정을 내리기가 훨씬 쉬워집니다.

어둠의 세력들은 언제나 사람들에게 두려움을 일으키려 한다는 사실을 알 수 있습니다. 하지만 물리적인 힘으로 사람들을 통제할 수 있다면 왜 두려움을 통해서 사람들을 통제해야 할까요? 즉, 두려움을 통해 사람들을 통제하는 전술은 그들에게 물리적인 힘이 없다는 증거입니다.

또 다른 목적은 이 세상에는 일시적으로 어둠의 세력들이 있지만, 거기에는 신의 실재가 없다는 사실을 여러분이 알 수 있도록 돕는 것입니다. 이것이 바로 창조주 존재의 확장체로서 실재가 있는 의식하는 자아에 대해, 그들이 아무런 힘이 없는 이유입니다. 따라서 반-그리스도 세력은 물질세계에 일시적으로 존재하지만, 단지 사람들이 자신의 생명 에너지를 그들에게 계속 공급해 주기 때문에 존재할 수 있습니다. 만일 인류가 내일이라도 에너지 오용을 중단한다면, 어둠의 세력들은 영적인 영역에서 빛을 받을 능력이 없어서 빠르게 쇠퇴할 것입니다.

이것은, 그리스도의 제자로서 여러분이 이 어둠의 세력들에게 여러분의 생명 에너지를 먹이로 줄 수 없다는 피할 수 없는 결론에 이르게 합니다. 이것은 이 세력으로부터 완전히 영적인 자유를 얻는 것을 삶의 절대적인 우선순위로 삼아야 한다는 뜻입니다. 어떻게 그렇게 할 수 있을까요? 그것은 삶에서 그리고 특정한 상황에 이원적인 방법이나 폭력적인 방법으로 반응하는 모든 경향을 극복하는 것입니다. 그러려면 붓다가 말한 무집착(non-attachment)을 성취해야 합니다. 여러분이 그리스도의 제자라면 피할 수 없는 이 목표를 달성하는 데 도움이 될 몇 가지 가르침을 주겠습니다.

* * *

우리는 이미, 자유의지의 중요성을 이해하면, 다른 사람들의 구원에 대한 책임에서 자유로워질 수 있다는 사실에 대해 이야기했습니다. 우리는 우주 거울에 대해 이야기했고, 물질 우주는 기본적으로 자기의식을 지닌 존재들에게 그들이 원하는 경험을 제공하도록 설계된 장치라고 말했습니다. 그런데 이것의 가장 중요한 측면에 대해 다시 살펴보겠습니다.

우주는 여러분의 의식 안에 있는 것을 물리적인 환경으로 그려낼 것입니다. 그 결과 대부분의 사람은 자신의 믿음이 우주에 의해 확인되었으므로 그 믿음이 틀림없는 사실이라고 생각합니다. 예를 들면, 지구에는 삶을 투쟁으로 보게 하는 심리적인 분열 상태에 있는 사람이 많습니다. 그들은 투쟁을 경험하기를 바라는 잠재의식적 메시지를 내보내고 있으며, 우주 거울은 충실하게 그들의 삶을 투쟁으로 만들어 주는 환경을 마련해 줄 수밖에 없습니다. 그러면 사람들은 이것을, 삶은 정말로 투쟁임을 확인해 주는 것으로 봅니다. 이것은 우주가 폐쇄된 고리, 즉 딜레마가 될 가능성이 있다는 의미입니다.

사람들이 보내는 것을 우주가 단순히 비춰준다는 사실을 이해하지 못하면, 그들은 현재 삶의 형태에 대한 대안이 있다는 것을 볼 수가 없습니다. 그들은 삶이 투쟁이라 해도 이것은 스스로 만들어낸 조건이며, 우주는 기꺼이 더 즐거운 이미지를 비춰줄 수도 있다는 것을 볼 수 없습니다. 그들은 무한정 투쟁을 계속하는 것 외에는 다른 선택을 할 수 없다고 생각합니다. 그들은 투쟁에 갇혀서 빠져나갈 길이 없다고 느낍니다. 그러면 이 자기-강화 나선은 계속될 수밖에 없으며, 사람들이 너무 지쳐서 마침내 싸워야 할 필요성을 포기하고 기꺼이 스스로를 변화시킴으로써 더 나은 방법을 찾기 시작할 때까지, 투쟁은 더 심해질 수밖에 없습니다. 이것은 정말 고난의 학교입니다. 사람들이 지쳐서 마침내 포기할 때까지 고난이 점점 더 심해질 수밖에 없기 때문입니다.

살아 있는 그리스도의 역할은 무엇일까요? 그것은 지구상의 특정한 문화에 육화해서 현재의 조건들에 실제로 대안이 있고, 어떤 조건이든 인간의 조건에서 벗어날 방법이 있음을 직접 보여주는 것입니다. 살아 있는 그리스도는 먼저 일련의 제한적인 조건에서 태어나서, 자신도 그 문화의 다른 사람들과 같다는 것을 보여줌으로써 그것을 예증합니다. 그래서 나는 나 자신을 "신의 아들"이 아니라 "사람의 아들"이라고 불렀던 것입니다. 그런 다음 살아 있는 그리스도는 자신이 그 조건들을 뛰어넘을 수 있다는 것을 보여줌으로써, 다른 사람들이 따를 수 있는 본보기가 되기를 바랍니다.

우리는 이제 이전의 생에서 어느 정도 그리스도 의식을 성취하고, 제한적인 조건들을 어떻게 뛰어넘을 수 있는지 사람들에게 보여주기 위하여 자발적으로 그런 조건에 육화한 생명흐름들이 있다는 것을 알 수 있습니다. 여기에는 특정한 문화권에 육화하는 것뿐만 아니라, 다양한 장애를 가지고 태어나는 것, 가난한 집안에 태어나는 것, 신체적인 질병이나 다른 어떤 형태의 제한적인 조건을 가지고 태어나는 것도 포함됩니다. 다시 말해, 어떤 제한적인 상황에서든 그 한계를 뛰어넘는 방법을 보여주기 위하여 자발적으로 그런 제한을 가지고 육화한 사람들이 있습니다. 여러분은 이 과정에 관심이 있으므로, 이러한 생명흐름 중 하나일 가능성이 큽니다.

그렇다면 여러분의 임무를 성취하려면 무엇이 필요할 것일까요? 자, 여러분은 자신이 태어난 한계를 어떻게 극복할 수 있는지를 보여주어야 합니다. 그리고 그것은 여러분의 마음에 있는 이러한 한계에서 스스로 벗어나는 것으로 시작해야 합니다. 이것은 다양한 방법으로 해석될 수 있습니다. 예를 들면, 어떤 사람은 신체적인 장애가 있을 수도 있지만, 반드시 휠체어를 벗어나야만 하는 것은 아닙니다. 그러한 장애가 있더라도, 그것이 개인의 그리스도 의식을 추구하고 표현하는 것을 막을 수 없음을 보여주기 위해서일 수도 있습니다. 다시 말해, 살아 있는 그리스도의 임무는 사람들의 멘탈 박스에 도전하는 것입니다. 이것은 흔히 주어진 환경에서 대부분의 사람이 하고 싶어하는 것을 하지 않음으로써 이루어집니다. 살아 있는 그리스도의 임무는 지구상의 어떠한 조건에도 상관없이 여러분이 그리스도가 될 수 있음을 보여주는 것입니다. 예를 들면, 내가 십자가에 못 박히지 않고 벗어날 기회가 있었지만 그렇게 하지 않았다는 것을 경전을 보면 알 수 있습니다.

이렇게 개인적으로 극복한 것을 보여주는 일을 넘어, 모든 그리스도 존재에게 동일한 하나의 전반적인 목표가 있습니다. 그것은 모든 상황에서 이원적인 투쟁을 넘어설 수 있으며, 이원적인 의식 상태에 대한 대안이 있음을 보여주는 것입니다. 물론 여러분은 반드시 이원성 의식에서 벗어나야 합니다. 그리고 이것은 오직 전적인 무집착, 완전한 비폭력을 통해서만 이루어질 수 있습니다.

* * *

이제 우리는 여러 시대에 걸쳐 많은 진지한 영적인 구도자를 혼란스럽게 만들었던 지점에 이르렀습니다. 사실, 이 지점이 많은 사람에게 자신의 그리스도 의식을 표현하지 못하게 하고, 그들을 속여서 이원성 투쟁을 계속하도록 했습니다.

그리스도 존재로서, 여러분은 조건들을 개선하고 그것을 넘어서기 위해 여기에 있다는 내면의 감각을 가지고 있습니다. 하지만 이것은, 현재의 조건이 신이 지구를 위해 원했던 것이 아니라고 쉽게 추론할 수 있다는 의미입니다. 신은 절대로 지구상의 사람들이 현재의 고통을 경험하기를 바라지 않았으므로, 어떤 의미에서 이것은 맞는 말입니다. 그러나 또 다른 의미에서, 공동창조자들이 자유의지에 따라 원하는 어떤 경험이든 스스로 창조하고 그들이 충분할 때까지 실컷 그 경험을 계속하도록 하는 것이야말로 신의 가장 높은 의지입니다. 그러므로 신과 상승 호스트는 무시하거나, 판단하거나, 또는 분노하면서 지구를 내려다보고 있지 않습니다. 널리 퍼져 있는, 분노하고 판단하는 신의 이미지와는 달리, 신은 사람들이 현재의 한계를 넘어서기를 바랄 뿐입니다. 신은 사람들이 자유롭게 신이 되기를 바랍니다.

하지만 이것을 이해하지 못한다면, 지구의 현재 상황을 보면서 좌절, 두려움 및 분노의 감정을 일으키는 판단하는 마음의 틀에 빠져들기 쉽습니다. 그러면 여러분은 그렇게 제한적인 감정에 채색된 방식으로 지구를 개선하려는 순수한 욕망에 따라 행동하기가 매우 쉬워집니다. 따라서 투쟁을 계속하게 됩니다.

이 함정을 어떻게 피할 수 있을까요? 여러분의 관점을 바꾸면 됩니다! 좌절감, 분노 또는 불공정한 느낌의 이면에 무엇이 있을까요? 그것은 일종의 비-수용(non-acceptance)이라 할 수 있습니다. 여러분은 현재의 조건들을 받아들이지 않고 있으며, 따라서 그것들에 맞서 투쟁하고 있는 것입니다.

이 지점에서, 여러분은 "나는 현재의 조건들을 개선하기 위하여 여기에 있다고 생각했다. 그렇다면 그것은 그 조건들을 받아들이지 말아야 한다는 의미가 아닌가? 즉, 내가 현재의 조건을 받아들인다면, 그것들을 개선하고 싶은 욕구가 왜 필요할까?"라고 생각할지 모릅니다. 이것은 이해할 수 있는 반응이지만, 이제는 이원적인 논리를 넘어서 보고 분별력을 높임으로써 그것을 극복할 때입니다. 현재의 조건들을 온전히 받아들이기 전에는 결코 그것들을 바꿀 수 없다는 것을 이해해야만 합니다.

모든 인간적인 한계의 근본적인 원인이 뭐라고 말했습니까? 그것은 반대되는 두 극성을 근본적으로 구분하는 이원성 의식입니다. 그러므로 현재의 조건을 수용함에 있어서, 두 개의 이원적인 반대되는 반응이 있습니다. 하나는, 현재의 상황이 자연의 법칙이나 신의 뜻에 의해 일어난 것으로 받아들이고, 따라서 그들은 그것을 넘어서기 위해 아무것도 할 수 없다고 생각합니다. 다른 반응은, 현재 상황이 고통을 가져오므로, 이것이 잘못되었다고 생각하는 것입니다. 따라서 누군가가 이것을 초래했을 것이며, 일을 바로잡기 위해서는 그들을 파괴해야 합니다. 이원적 마음은 언제나 옳고 그름의 반대가 있는 이원적 척도에 따라 모든 것을 판단합니다.

이 두 반응은 모두 현재 상황의 원인이 되는 이원적인 투쟁을 영속시킬 뿐이라는 것을 알 수 있나요? 즉, 현재 상황을 바꿀 수 없는 것이라고 받아들이든, 아니면 그러한 조건들의 외적인 원인과 싸우든, 그것들은 이원적인 투쟁을 영속시킬 뿐입니다. 언제나 그렇듯이, 이원적인 마음에 갇힌 사람들은 이 두 반응에 대한 대안을 찾지 못할 것입니다. 하지만, 그리스도의 중도(Middle Way)는 무엇일까요? 그것은 현재의 조건들을 실제 있는 그대로 온전히 수용하는 것입니다.

현재의 조건들은, 인간이 자유의지를 가지고 있으며 자신이 선택하는 어떤 경험이든 창조할 권리가 있다는 것이 신의 의지라는 의미에서, 신의 뜻입니다. 우주는 여러분이 내보내는 것을 다시 되돌려주도록 설계되었다는 의미에서, 현재의 조건들은 자연법칙의 결과입니다. 현재의 조건들은 그것들을 초래한 누군가에 의한 결과이지만, 그 사람이나 세력을 제거한다고 해서 현재의 조건들이 바로잡히지는 않습니다. 그 이유는 그 세력과 사람들이 생명의 강에 맞서서 투쟁함으로써 현재 상황을 만들어냈기 때문입니다. 여러분이 그들과 싸운다면, 여러분은 또한 생명의 강과도 투쟁하는 것이며, 이것은 강으로부터의 분리라는 첫 문제를 결코 바로잡을 수 없습니다.

여기서 내 요점은, 그리스도의 처음 두 도전을 통과하지 않았을 때, 사람들은 생각해 보지도 않고 현재의 조건들을 절대적인 한계로 받아들인다는 것입니다. 이 처음 두 가지 입문을 통과한 사람들은 더 이상 그렇게 하지 않습니다. 그런데도, 그들은 현재 조건들의 원인으로 생각되는 것과의 싸움에 쉽사리 빠져들 수 있습니다. 이것이 그리스도의 세 번째 도전을 실패하게 만듭니다. 이 도전을 이겨내기 위해서, 사람들은 자신이 원하는 어떤 경험이든 창조할 수 있는 자유의지가 있으므로 현재의 상황은 실제로 신에 의해 허용된 것임을 먼저 받아들여야 합니다. 따라서 현재의 조건들은, 사람들이 신으로부터 받은 자유의지를 행사한 결과입니다.

결론적으로, 살아 있는 그리스도는 사람들이 현재의 조건들을 만들어낸 것이 잘못되었다고 판단하기 위해 여기에 있는 것이 아닙니다. 내 말을 주의 깊게 살펴보세요.

> 신이 아들을 세상에 보내신 것은 세상을 단죄하시려는 것이 아니라 아들을 시켜 구원하시려는 것이다. (요한 3:17)

그리스도는 겉모습에 근거하여 판단하지 않으며, 이는 그리스도가 현재 상황을 궁극적인 실재라고 판단하지 않는다는 의미입니다. 그리스도는 현재 상황이 단순히 마터 빛 위에 일시적으로 투사된 것일 뿐이며, 내가 병듦의 투사를 건강함의 투사로 겹치게 하자마자 병든 자가 치유되었을 때 보여준 것처럼, 빛은 즉각적으로 더 나은 조건들을 그려낼 수 있다는 것을 알고 있습니다.

그러나 이것은 그리스도가 사람들을 강요하거나 그들의 조건을 바꾸기 위해 여기에 있는 것이 아니라는 의미입니다. 내가 십자가 위에서 흘린 피로 사람들의 죗값을 치름으로써 그들을 구원하러 왔다는 것은, 정통 그리스도 교회가 조장한 거짓말입니다. 나는 사람들을 위해 세상을 바꾸러 온 것이 아닙니다. 나는 지금의 상황이 바뀔 수 없다고 생각하게 만든 폐쇄된 고리를 벗어나도록 사람들을 돕기 위해서 왔습니다. 다시 말해, 살아 있는 그리스도는 지구의 현재 상황이 사람들의 현재 의식 상태를 드러내고 있다는 것을 알고 있습니다. 그것은 영화 스크린의 이미지보다 더 실제적이거나 영속적이지 않으며, 마터 빛 위에 투사된 것일 뿐입니다. 따라서 현재의 조건들을 바꾸는 방법은 폐쇄된 고리 같은 사람들의 현재 의식 상태에 대안이 있음을 보여주는 것입니다. 즉 이원적인 의식 상태에 대안이 있다는 것입니다. 그리고 임계수치의 사람들이 자신의 멘탈 박스를 확장할 때, 그들은 마터 빛 위에 다른 이미지를 투사할 것이고, 따라서 외적인 상황은 자동으로 변할 것입니다. 다시 말해, 살아 있는 그리스도는 결과에 눈이 멀지 않고 근본적인 원인, 즉 이원성 의식에 초점을 맞춥니다. 이것은 이원성에 갇힌 사람들과 극명하게 대비가 되는데, 그들은 결과에 초점을 맞추며 따라서 다른 사람들과 싸워야 한다고 생각합니다.

살아 있는 그리스도는 행성 지구가 학교임을 알고 있으며, 사람들은 마터 빛이 자신들의 의식을 그대로 구현하는 것을 보면서 배우게 됩니다. 살아 있는 그리스도는 사람들이 자발적이고 의식적으로 자신의 의식을 바꿈으로써 외적인 상황을 바꿀 수 있다는 것을, 경험을 통해 배우도록 돕는 것에 중점을 둡니다. 만일 살아 있는 그리스도가 사람들을 위해 모든 일을 다 하면 그들은 어떻게 배울 수 있으며, 그러면 행성 지구의 목적이 어떻게 성취될까요?

다시 말해, 살아 있는 그리스도가 지구상의 조건들을 바꾼다면, 그것은 실제로 지구의 목적인 사람들이 배우는 과정을 방해하는 것입니다. 이것을 이해할 때, 사람들을 강요하는 것은 비록 그것이 사람들의 선을 위한 것이거나 큰 명분을 위한 것처럼 보일지라도, 그것은 단지 전형적인 반-그리스도의 표현임을 알 수 있습니다. 지구가 존재하는 궁극적인 목적은 의식의 성장이며, 그것은 강요될 수 없습니다. 왜냐하면 그것은 내면에서 나와야 하는 창조적인 과정이기 때문입니다. 살아 있는 그리스도는 단지 본보기가 됨으로써 이 과정을 용이하게 하려고 합니다.

이것을 보게 될 때, 여러분은 모든 좌절, 모든 조바심, 모든 불공정한 느낌을 극복할 수 있습니다. 여러분은 그것들이 마터 빛에 대한 일시적이고 비실제적인 투사이며, 눈 깜짝할 사이에 바뀔 수 있다는 것을 받아들입니다. 따라서 실재가 아닌 것은 실재에 전혀 영향을 줄 수 없음을 알고 있으므로, 여러분은 현재의 조건들에 갇혀 있다고 느끼거나 두려워하지 않습니다. 그 대신, 여러분은 사람들이 자신의 눈에서 들보를 제거하도록 도와주려고 합니다. 그래서 그들은 자유롭게 더 높은 비전을 "보고" 그것을 마터 빛 위에 투사하게 됩니다. 단일한 (그리스도의) 눈으로 볼 때, 지구 전체가 빛으로 가득 차게 될 것입니다. 그것은 빛으로 만들어졌기 때문입니다.

살아 있는 그리스도는 삶의 궁극적인 목적이 자기의식의 성장이라고 생각합니다. 따라서 살아 있는 그리스도는 현재의 조건들이 사람들의 자기의식을 성장하도록 돕는 완벽한 도구라는 것을 받아들입니다. 이것은, 현재 상황이 자신의 현재 의식 상태를 드러내고 있음을 알 수 있도록 사람들을 돕는 것입니다. 그들이 현재 상황을 좋아하지 않는다면, 먼저 자신의 의식을 바꾸는 것부터 시작해야 하며, 그러면 물질 우주는 필연적으로 (그들의 의식과) 동일한 것을 반사해줄 것입니다. 여기에서 말하는 핵심이 보입니까? 현재 상황에 맞서 싸우는 대신, 여러분은 이제 그것을 완벽한 가르침의 도구로 사용할 수 있습니다. 먼저 신의 나라와 신의 의(righteousness)를 구할 때, 이 모든 것이 여러분에게 더해질 것입니다. 그리고 여러분이 다른 사람들도 그렇게 하도록 도울 때, 지구에 신의 나라를 이룰 수 있는 임계수치의 사람들이 점차 세워질 것입니다.

* * *

여러분을 좌절하게 하고, 외부의 조건에 맞서 싸우게 하는 원인은 무엇일까요? 그것은 갇혀 있다고 느끼기 때문인데, 그렇다면 왜 갇혀 있다고 느낄까요? 그것은 여러분이 바꿀 수 없는 조건들에 맞서야 한다고 생각하기 때문입니다. 살아 있는 그리스도가 되려면, 갇혀 있고 무력하다는 이 느낌을 완전히 극복해야 합니다. 어떻게 하면 이렇게 할 수 있을까요?

그것은 자유의지에 대한 전적인 존중에서 시작됩니다. 이것을 통해 여러분은 조건을 바꾸기 위해 여기 있는 것이 아니라, 다른 사람들이 그들의 의식을 바꾸도록 돕기 위해 여기에 있다는 것을 알 수 있습니다. 그러면 조건이 바뀔 것입니다. 그리고 그들의 자유의지를 존중할 때, 그 조건들을 바꾸는 것을 여러분의 일로 보지 않을 것이기 때문에, 여러분은 현재 상황을 바꿀 힘이 없다고 느끼지 않을 것입니다. 따라서 여러분은 바꿀 힘이 없는 조건들에 맞서야 한다는 느낌을 내려놓을 수 있습니다. 여러분은 현재 상황을 바꿀 힘을 원하지 않을 것입니다. 그리스도의 대리자로서 여러분은 다른 사람들의 자유의지를 지배하고 싶은 마음이 없기 때문입니다.

이 진리를 깨닫고 통합할 때, 여러분은 이원성 의식이 창조한 가장 끈질긴 환영 중의 하나, 즉 과거가 현재와 미래를 지배할 수 있다는 환영에 도전할 수가 있습니다. 사람들은 왜 갇혀 있다고 느낄까요? 왜냐하면, 그들은 과거에 범한 실수가 지금도 여전히 자신에게 영향을 줄 수 있으며, 따라서 자신의 미래에도 영향을 미칠 것이라고 생각하기 때문입니다. 과거에 했던 것을 바꿀 수가 없으므로, 사람들은 현재 느끼는 고통을 피할 수 없고 앞으로도 계속 더 많은 고통을 피할 수 없다고 생각합니다. 이것이야말로 영원한 지옥의 개념입니다.

그런데 여기서 작용하는 심리적 메커니즘은 무엇일까요? 갇혀 있다고 느낄 때, 여러분은 현재의 조건들을 원망하게 됩니다. 여러분은 그런 조건들과 그리고 과거에서 비롯된 변할 수 없는 원인처럼 보이는 것들에 맞서 싸우고 있습니다. 따라서 여러분은 우주 거울에 투쟁을 투사합니다. 그렇다면 그 거울은 무엇을 반사해 돌려주게 될까요? 다시 말해, 뭔가에 맞서서 투쟁할 때, 여러분의 마음속에서 그것이 현실이 되게 하는 것입니다. 그리고 이것은 그 투쟁에 여러분의 생명 에너지를 제공함으로써 그것을 강화한다는 의미입니다. 흔히 말하듯이, 여러분이 저항하면 그것은 지속됩니다.

사실은 과거, 현재 또는 미래와 같은 것은 없다는 것입니다. 시간의 감각은 분리의 환영에서 비롯된 하나의 환영입니다. 오직 분리된 자아만이 시간을 믿을 수 있습니다. 의식하는 자아는 창조주 존재의 확장체입니다. 여러분은 창조주가 시간의 제약을 받는다고 정말로 믿는 것은 아니겠지요? 창조주는 영원한 현재(NOW)에 존재합니다. 하지만 이것은 사람들이 이 순간이라고 부르는 것과 같지 않습니다.

다른 각도에서 이것을 살펴보겠습니다. 당연히, 여러분은 과거에 지금 보기에 여러분 자신과 다른 사람들을 제한하는 뭔가를 했습니다.

그렇지만, 실제로는 언제 이것을 했습니까? 여러분은 과거에 그것을 한 것이 아니라, 그 당시 현재에서 그것을 한 것입니다. 이것이 왜 중요할까요? 자, 다시 영화관 비유로 돌아가 보겠습니다. 영화 화면에서 보이는 것은 필름 스트립에서 투사된 이미지입니다. 그 이미지는 매 초마다 여러 번 바뀌는 개별적인 그림들로 이루어져 있으므로, 영구적이지 않습니다. 내 요점은 어느 때이든 화면에서 보이는 것은 단지 그 특정한 순간에 투사된 이미지라는 것입니다. 그 이미지는 영원하지 않습니다. 물론, 각 필름 스트립에 동일한 이미지가 있을 수 있습니다. 즉 화면 위의 이미지가 오랫동안 바뀌지 않을 수도 있습니다. 그렇지만, 필름 스트립의 이미지가 바뀐다면 화면은 즉시 다른 이미지를 보여주게 됩니다.

실제 삶에서 필름 스트립은 무엇과 같을까요? 그것은 여러분의 마음입니다! 마음속의 이미지를 바꾸면 영화 화면의 이미지, 즉 삶이라는 화면의 이미지 또한 바뀔 것이라는 뜻입니다. 여기서 내가 무슨 말을 하는지 알겠습니까? 분리된 자아는 분리가 실제라고 믿으며, 분리는 과거, 현재 그리고 미래를 분리시킵니다. 따라서 분리된 마음에는 과거의 실수가 현재에 영향을 미치고, 미래에도 계속 영향을 줄 것처럼 보입니다. 마치 현재의 조건들이 과거에 만들어졌고 계속 이어지는 것처럼 생각됩니다. 그리고 과거를 바꿀 수 없는 것 같아서, 외부의 조건들도 바꿀 수 없다고 생각됩니다. 실제로, 조건들은 지금 만들어지는 것이며, 따라서 그것들은 또한 지금 바뀔 수 있습니다.

어떤 주어진 순간에 경험하는 조건들은, 그 순간 여러분이 마음의 네 수준에서 가지고 있는 이미지가 마터 빛 위에 투사된 결과입니다. 그 이미지를 바꾸면, 마터 빛은 즉시 다른 이미지를 반사해서 되돌려

줄 것입니다.

과거가 어떻게 현재에 영향을 줄까요? 과거에 저지른 실수가 의식 안에 남아 자기 이미지에 영향을 주도록 허용할 때만, 그 이미지를 마터 빛 위에 계속 투사하게 됩니다. 여러분이 진정으로 마음속에서 이미지를 바꾸는 순간, 마터 빛은 즉각 새로운 이미지를 반사해서 비출 것입니다. 물론, 여기서 문제는 표면적인 마음의 수준에서는 단순히 자기 이미지를 바꿀 수가 없다는 것입니다. 여러분은 감정, 멘탈, 정체성 수준까지 전부 거슬러 올라가야 합니다. 새로운 자기 이미지가 마음의 모든 수준에서 실재일 때만, 그 이미지가 외부로 구현되는 것을 보게 될 것입니다.

시간은 매우 극복하기 어려운 환영이라는 것을 나도 알고 있습니다. 그러나 여러분은 적어도 의식하는 자아는 창조주 존재의 확장체이며, 따라서 시간을 초월할 수밖에 없다는 것을 알 수 있나요? 여러분은 자신이 생각하는 그대로의 존재이지만, 그것은 여러분이 언제 자신이라 생각하는 존재일까요? 지금 이 순간에만 그렇게 할 수 있습니다. 지금 여러분이 생각하는 것은 지금에만 존재하는 것입니다. 여러분은 과거에 만들어진 자기 이미지를 반복할 수도 있지만, 과거는 사라졌고, 따라서 그 이미지도 이미 사라졌습니다. 여러분의 마음이 현재에서 실제로 과거의 이미지를 재현하지 않는 한, 그것은 실제가 아니어서 현재에 아무런 영향을 줄 수 없습니다.

마음이 필름 스트립과 같다는 의미를 알겠나요? 매초마다 여러 번 이미지가 삶의 화면 위에 투사됩니다. 여러분의 마음은 언제든지 그 이미지를 바꿀 힘이 있습니다. 그러나 마음을 바꾸지 않으면, 여러분은 같은 이미지를 계속 투사할 것입니다. 즉 여러분은 과거로부터 현재로 이미지를 끌어올 것입니다. 그러면 우주 거울은 여러분에게 동일한 조건을 되돌려줄 수밖에 없습니다. 컴퓨터 관련 분야에서 말하듯이, "(여러분 마음의 눈에) 보이는 대로 출력(현실에 표현)이 되는 것입니다!"

여기서 피할 수 없는 결론이 보입니까? 가장 끈질긴 환영 중의 하나가 세상이 일종의 영원성을 가진다는 것, 즉 지속적으로 존재한다는 것입니다. 세상은 물질 주파수 스펙트럼에서 작동하도록 설계되었기 때문에 감각이 제공하는 환영입니다. 감각은 대비와 변화를 발견하도록 설계되었기 때문에 점진적인 움직임을 쉽게 간과할 수 있습니다. 이 때문에 실제로 영화는 일련의 정지된 이미지들이지만, 영화를 보면서 연속적인 움직임을 보고 있다고 속는 것입니다. 옛날 영화는 매초 보이는 이미지 수가 적었기 때문에, 사람들의 움직임이 어색하게 보였다는 것을 알 수 있습니다. 현대 영화에서는 더 이상 그렇지 않습니다. 현대 영화에서는 아주 많은 이미지를 보여주기 때문에, 눈은 개별적인 이미지 사이의 틈을 감지할 수 없으며, 그것들을 연속적인 움직임으로 보게 됩니다. 여러분의 의식하는 마음 또한 이런 방식으로 물질 우주가 지속적으로 존재한다고 여기도록 속게 되는 것입니다.

물질 우주는 영원하지 않고 지속적으로 존재하지 않는다는 것이 분명한 현실입니다. 물질 우주 전체는 마터 빛이란 화면 위에 투영된 것이며, 마치 필름 스트립이 영화 화면 위에 이미지를 투영하듯이, 의식하는 마음은 마터 빛 위에 그 이미지를 매초 여러 번 반복해서 투영하고 있습니다. 지구의 기본적인 이미지를 투영하고 있는 영적인 존재들이 있지만, 그 이미지 위에 육화한 사람들이 그들 자신의 이미지를 투영하고 있으며, 이것이 한계와 투쟁과 고통이 있는 현재 조건들을 만듭니다. 그러나 사람들이 마음속 이미지를 바꾸기만 하면 이 이미지들은 즉각 바뀔 수 있습니다.

살아 있는 그리스도의 대리자로서, 여러분은 과거가 현재와 미래에 영향을 준다는 환영을 극복해야만 합니다. 여러분은 시간의 환영을 극복하고, 모든 것은 바로 지금 사람들의 마음속에 있는 이미지에 의해 창조되는 것임을 깨달아야 합니다. 따라서 여러분은 마음속의 이미지를 바꿈으로써 무엇이든 바꿀 수 있습니다. 그리고 여기서 지극히 중요한 것을 깨닫게 됩니다. 실제로 언제 여러분은 마음속의 이미지를 바꿀 수 있을까요? 지금(NOW), 이 순간에만 바꿀 수 있습니다.

잘 알다시피 과거는 돌이킬 수 없으므로, 과거를 바꿀 수는 없습니다. 마찬가지로, 미래도 바꿀 수 없습니다. 그것은 아직 도래하지 않았고, 따라서 여러분이 어떻게 할 수가 없기 때문입니다. 여러분이 뭔가 할 수 있는 것은 지금뿐입니다. 하지만, 지금 과거를 보는 방법을 바꾸면 실제로 과거를 바꿀 수 있습니다. 과거에 만들어낸 자기 이미지를 바꾸면, 여러분은 우주 거울에 투영하는 이미지를 바꾸게 되고, 그러면 미래에 반사되어 돌아오는 것이 바뀔 것입니다. 그러면 여러분은 과거를 초월한 것이며, 과거는 더 이상 여러분을 지배할 수 없습니다.

내 요점은, 그리스도의 세 번째 도전을 이겨내고 여러분이 실세로 지구에서 살아 있는 그리스도가 되려면, 먼저 지구상의 어떤 조건이 여러분을 지배할 수 있는 힘을 갖고 있다는 환영을 극복해야만 한다는 것입니다. 그리고 여기에는 과거, 현재 그리고 미래의 조건이 포함됩니다. 이것은 여러분이 더 이상 실재가 아닌 자기 이미지에 집착하여 과거에 힘을 주지 않는 한, 과거가 현재를 지배할 수 없다는 사실을 내면화함으로써 시작됩니다. 그러므로 자기 이미지가 오래전에 만들어졌고 많은 생에 걸쳐 강화되었더라도, 여러분에게는 여전히 그 이미지를 즉시 바꿀 수 있는 잠재력이 있습니다. 그러므로 바로 지금(NOW) 그 이미지를 바꾸겠다고 결정해야 합니다!

* * *

 이제 우리는 여러분을 그리스도 의식의 여정으로 인도하거나 개인적인 성장의 여정으로 인도할 중요한 지점에 이르렀습니다. 마이트레야께서 아주 상세히 설명하듯이, 지구상의 근본적인 문제는 분리의 환영입니다. 이로 인해 대부분의 사람이 영적인 스승으로부터 자신을 분리하게 되었습니다. 그런데 이러한 분리를 일으키는 것은 무엇일까요? 학생이 결정적인 순간을 맞이해서, 스승의 지시에 따르지 않았다는 것을 깨달을 때 시작됩니다. 이제 문제는, 학생이 스승에게 돌아가 잘못을 고백할지, 아니면 스승과 거리를 둘지입니다.

 학생이 분리와 이원성에 눈이 멀수록, 스승에게서 멀어지는 대응을 할 경향이 더 클 것입니다. 자신과 스승 사이에 간격이 있을 때만, 스승에게 자신의 잘못을 숨길 수 있다는 환영을 믿을 수 있습니다. 역설적으로, 이런 반응은 가장 성실한 학생, 즉 가장 열심히 스승을 기쁘게 해주려고 하는 학생들로부터 나오는 경우가 많습니다. 그들은 스승을 실망하게 할까 봐, 도저히 잘못을 시인할 수가 없습니다. 그래서 그들은 물러나고, 이로써 과거, 현재 그리고 미래 사이에 분리가 있다는 환영에 빠져들게 됩니다. 스승에게서 물러남으로써 자신의 잘못을 바로잡을 수 있는 시간을 얻을 수 있다는 착각이 생겨납니다. 그들은 현재를 통해 과거의 잘못을 보상할 수 있으며, 그리고 언젠가는 스승에게 되돌아가서 마치 실수를 한 적이 없었던 것처럼 원래 상태대로 자신을 나타낼 수 있다고 생각할 수 있습니다.

이것은 개인적인 성장의 여정입니다. 즉 스승과 함께하지 않고 자신의 길을 걷고 싶어 한다는 의미입니다. 그것은 효과가 있을까요? 그렇기도 하고 그렇지 않기도 합니다! 이원성 의식의 깊은 곳으로 삶의 계단을 내려가기로 결정을 한 사람은 바로 여러분이었습니다. 여러분이 아래로 내려가는 모든 결정을 내렸으며, 따라서 이론적으로 모든 결정을 "되돌려서" 다시 올라갈 수 있습니다. 문제는, 지금까지 거의 가능한 모든 각도에서 설명했듯이, 이원성 의식은 폐쇄된 고리, 즉 자기-충족적인 예언이 된다는 것입니다. 마터 빛은 여러분이 내보내는 것을 반사해서 돌려주기 때문에, 삶이 투쟁이라는 믿음이 옳음을 확인해 주는 것처럼 보입니다. 따라서 대부분의 사람에게 투쟁을 일으키는 것이 바로 투쟁 의식임을 보지 못하게 합니다.

그렇다면 폐쇄된 고리를 어떻게 끊을 수 있을까요? 여러분의 멘탈 박스 너머에 있는 뭔가에 접촉해야만 그렇게 할 수 있습니다. 그 "뭔가"가 영적인 스승이며, 그 스승은 언제나 여러분이 자신의 환영을 넘어서는 데 도움이 될 수 있는 자극을 주면서 여러분에게 다가가려고 노력합니다. 이러한 자극을 받아서 여러분은 계단 위로 한 걸음 더 올라갈 수 있습니다. 그러나 이원성에 눈먼 사람들은 그 자극이 실제로 스승에게서 왔다고 인정하지 않을 것이며, 어떤 사람들은 스스로 그것을 생각해냈다고 믿을 것입니다. 이것이 사람들을 그들 자신의 노력에 따라 진전을 이루고 있다고 생각하는, 개인적인 성장의 여정으로 들어가도록 만듭니다. 이것은 효과가 있을 수 있지만, 여러분을 일정한 수준까지만 데려갈 수 있습니다. 언젠가는 분기점에, 즉 한계에 다다를 것입니다.

여러분이 알다시피, 참된 여정은 하나됨의 여정입니다. 이 길은 궁극적으로 여러분의 개체적이고 국소적인 자아를 보편적인 자아, 즉 여러분의 창조주와 하나됨으로 인도합니다. 그러나 지구상의 어떤 사람도 한 번의 거대한 발걸음으로 도약할 수는 없습니다. 따라서 하나됨의 여정은 영적인 계층구조의 다음 수준에 있는 영적인 존재들, 즉 인류의 영적인 스승 역할을 하는 상승 호스트와 하나가 되는 것으로 시작됩니다. 이것은 전통적인 방법이며, 솔직히 말해 하나됨의 여정에서 성장할 수 있는 유일한 방법입니다. 여러분도 알다시피, 영적인 영역에서는 모든 존재가 하나이기 때문에, 여러분이 나와 하나됨을 이루든 신과 하나됨을 이루든 그것은 같은 것입니다. 나와 나의 아버지는 하나이기 때문입니다. 더욱이, 여러분의 상위 존재가 상승 호스트 구성원으로부터 나왔기 때문에 여러분은 실제로 상승 호스트의 확장체입니다. 그러나 분리의 환영으로 인해 이것을 잊어버렸고, 그렇기 때문에 분리를 넘어서는 유일한 방법은 다시 한번 여러분의 진정한 근원을 받아들여 존재의 사슬(Chain of Being)과 하나가 되는 것입니다.

거짓 교사들은 그 길에 대해 많은 설명을 하며, 굳이 스승과 하나됨에 도달할 필요는 없으며, 여러분이 직접 신의 나라로 들어갈 수 있는 자격을 얻을 때까지 여러분의 분리된 자아를 계속 높여갈 수 있다고 주장해 왔습니다. 이런 식으로, 그들은 외적인 길, 개인적인 성장의 여정을 만들어 왔습니다. 사람들이 여전히 이원성 의식에 의해 눈이 멀어서 참된 스승으로부터 자극을 받고 있다는 것을 알 수 없는 단계가 있습니다. 이것은 개인적인 성장의 길이 아직 여러분을 그리스도 의식으로 인도하고 있는 단계입니다. 그러다가 학생이 살아 있는 그리스도를 알아보고, 그리스도가 자신을 가장 근원적인 이원적 환영 너머로 데려가도록 기꺼이 허용하는 시점이 찾아옵니다. 학생은 이제 스승을 온전히 받아들일 준비가 되어 있으며, 이 여정은 스승과 하나가 되고 육화한 스승이 되어 가는 과정이라는 것을 알게 됩니다. 그렇다면 문제는 학생이 이렇게 할지, 아니면 학생이 여전히 자신과 스승 간에 거리를 유지하고 싶어하는지에 달려 있게 됩니다.

이 과정은 이제 여러분이 자신과 스승인 나 사이의 거리를 마침내 완전하게 극복할 준비가 되었는지를 결정해야 하는 지점에 이르렀습니다! 여러분이 기꺼이 나와 하나되기를 원하지 않는다면, 나는 더 이상 여러분을 데리고 갈 수가 없습니다. 따라서 여러분은 과거의 실수를 나에게 계속 숨길지, 아니면 그러한 실수들에 근거한 여러분의 자기 이미지를 떠나보낼 수 있도록 내가 돕기를 바라는지 결정을 해야 합니다.

이것이 무엇을 의미하는지 알겠습니까? 과거에 여러분이 할 수 있었던 모든 실수는 분리의 환영에서 생겨난 이원성 의식의 결과였습니다. 내가 설명하려고 했듯이, 여러분은 문제를 일으킨 것과 동일한 의식 상태로는 그 문제를 극복할 수가 없습니다. 여러분이 이원성 의식에 의해 만들어진 한 가지 문제를 극복할 수 있을지 모르지만, 이원성 의식은 즉시 더 교묘하게 위장된 또 다른 문제를 만들어낼 것입니다. 그래서 분리의 환영을 극복하는 유일한 방법은 하나됨의 여정, 즉 여러분의 현재 수준에서 창조주까지 이어지는 우주적 계층구조에서 여러분 위에 있는 스승과 하나가 되는 여정입니다. 신과 하나가 된 존재들의 계층구조를 거치지 않고서는 신에게 갈 수 있는 방법이 없습니다. 그 이유는 여러분의 생명흐름이 계층구조에서 여러분 위에 있는 존재들로부터 나왔기 때문입니다.

* * *

여러분과 스승 사이의 거리는 실제로 여러분과 실재 사이의 거리입니다. 스승은 신과 하나이며 모든 생명과 하나이기 때문입니다. 즉 모든 생명은 하나(ONE)이며, 그것이 궁극적인 실재입니다. 여러분이 여러분 위에 있는 모든 생명과 하나가 되고, 여러분의 수준에서 모든 생명을 상승시키고자 할 때, 여러분은 신이 여러분을 통해 일할 수 있는 열린 문이 됩니다. 이것은 대부분의 사람에게 기적으로 보이는 것을 신이 여러분을 통해 즉시 구현할 수 있다는 의미입니다. 여러분이 모든 생명과 하나일 때, 마터 빛이 여러분의 분리되지 않은 마음, 즉 오로지 모두를 높이려는 마음으로 투사하는 것을 즉시 물질로 나타내는 데 어떻게 실패할 수 있을까요? 이제 우리는, '나를 믿는 자는 내가 했던 일을 하게 될 것이며, 내가 아버지께 갔기 때문에 더 큰 일도 할 수 있다.'라는 내 말에 대해 더 깊은 관점을 얻게 됩니다.

"나를 믿는 것"은 나와 하나가 되는 것에 대한 은유입니다. 여러분이 나와 하나가 되면, 여러분은 혼자서 행동하는 것이 아닙니다. 여러분은 나와 하나이며, 내 공동창조 능력의 추진력과 하나입니다. 따라서 여러분의 추진력에 나의 추진력이 합쳐지게 됩니다. 그리고 나는 이미 상승했기 때문에 여러분보다 추진력이 더 큽니다. 따라서 우리의 합쳐진 추진력으로, 여러분 혼자서 할 수 있는 것이나 내가 육화했을 때 할 수 있던 것보다 더 큰 일을 할 수가 있습니다. 어쨌든 피할 수 없는 요구 사항은 나와의 하나됨입니다. 여러분은 이런 하나됨을 이루지 못하는 동안에도, 여전히 공동창조할 수 있습니다. 하지만 창조적인 자극이 물질 우주의 네 층을 통해 순환하면서, 각 층에 있는 대중의식과 여러분 자신의 잠재의식으로부터 간섭을 받기 때문에, 시간 지연 현상을 겪게 될 것입니다. 그러나 여러분이 나와 하나가 되면, 그러한 지연 현상 없이 즉시 구현이 됩니다.

그리스도 의식은 실재와 하나이며, 그래서 즉각적인 구현에 열려 있습니다. 대부분의 사람에게는 자연의 법칙을 거스르는 것으로 보이지만, 이것은 실제로 기적이 아닙니다. 하지만 기본적으로 자연의 법칙은 우주 거울에 이원적인 이미지를 투사함으로써 자신의 한계를 만들고 있다는 것을 기억하세요! 따라서 이원적인 의식을 넘어서면, 여러분은 그 의식에 의해 만들어진 "자연의 법칙"에 더 이상 얽매이지 않게 됩니다.

여러분은 어떻게 나와 하나가 될 수 있을까요? 그 방법은 오직 여러분 자신과 실재와의 거리를 극복하는 것뿐입니다! 그리고 그것은 여러분이 숨을 수 있다거나, 자신의 실수를 내게 숨김으로써 이익을 얻을 수 있다는 믿음을 기꺼이 버려야 한다는 의미입니다. 나는 여러분이 이미 저질렀을 수도 있는 어떠한 실수에 대해서도 여러분을 비난할 의도가 없습니다. 나는 단지 모든 다른 실수가 생겨나게 하는 한 가지 실수, 즉 신의 어떤 부분이 신과 분리될 수 있다는 환영을 극복하도록 돕는 데에만 관심이 있습니다.

그러므로 여러분의 세계관을 실재, 즉 아이앰인 실재(the reality

that I AM)와 기꺼이 비교해 보세요. 여러분의 현재 세계관은 국소적이며 따라서 제한적이라는 것을 인정하세요. 그런 다음, 그 세계관을 떠나보내세요. 여러분이 그것을 붙잡고 있는 동안에는, 그것을 마터 빛 위에 계속 겹쳐 놓게 됩니다. 그러면 우주는 그것을 여러분에게 다시 반사해야 합니다. 이것이야말로 여러분이 과거를 붙들고 있고 그것을 벗어날 수 없는 이유입니다. 다음 구절을 주의 깊게 생각해 보세요.

21 제자 중 한 사람이 와서 "주님, 먼저 집에 가서 아버지 장례를 치르게 해주십시오" 하고 청했다.
22 그러나 예수께서는 "죽은 자들의 장례는 죽은 자들에게 맡겨 두고 너는 나를 따르라." 하고 말씀하셨다. (마태 8장)

21 그 제자를 본 베드로가 "주님, 저 사람은 어떻게 되겠습니까?" 하고 예수께 물었다.
22 예수께서는 이렇게 말씀하셨다. "내가 돌아올 때까지 그가 살아 있기를 내가 바란다고 한들 그것이 너와 무슨 상관이 있느냐? 너는 나를 따르라."(요한 21장)

* * *

살아 있는 그리스도의 비폭력을 확실하게 이해하기 위하여 이 열쇠를 요약해 보겠습니다. 다음 진술을 보겠습니다.

32 내 어린 양떼들아, 조금도 무서워하지 마라. 너희 아버지께서는 하늘나라를 너희에게 기꺼이 주시기로 하셨다. (누가 12:32)

이 간단한 진술에 생명을 이해하는 열쇠가 포함되어 있습니다. 풍요로운 생명의 나라를 여러분에게 주는 것은 신에게 참으로 큰 기쁨입니다. 그러나 그것을 받기 위해서는 신과 하나가 되어야 합니다. 하나됨으로부터 자신을 분리하고 생명의 강 밖으로 나간다면, 어떻게 그 나라를 받을 수 있을까요? 강 바깥에 있으면서 여전히 강물에 젖어 있을 수는 없는 것입니다.

지구에서의 삶이 투쟁이 된 이유는 사람들이 생명의 강 밖으로 나왔기 때문입니다. 그래서 신의 풍요로운 생명의 나라가 현재 지구상에 실현되지 못하고 있는 것입니다. 그 대신 사람들은 이원성 의식에 눈이 멀어 신의 나라를 거부하게 되었습니다. 사람들은 왜 신께서 그들에게 무상으로 주는 것을 거부할까요? 그들은 두 개의 반대 극성이 있는 이원성에 빠져 있기 때문입니다. 그래서 사람들은 신이 그들에게 풍요로운 삶을 무상으로 주신다는 것을 단순히 받아들일 수가 없습니다. 왜냐하면 그들은 무언가를 얻으려면 힘으로 빼앗는 것이 유일한 방법이라고 생각하기 때문입니다. 그들은 신이 그들에게 자유롭게 주는 것을 얻기 위해 투쟁해야 하거나, 아니면 그것이 영원히 그들이 미치지 못하는 곳에 있다고 믿고 스스로 체념해야 한다고 생각합니다. 그리고 그들은 생명의 강으로부터 분리되었기 때문에, 다음 인용에 표현된 것처럼, 모든 것을 위해 투쟁해야만 합니다.

13 야훼 신께서 여자에게 물으셨다. "어쩌다가 이런 일을 했느냐?"

여자도 핑계를 대었다. "뱀에게 속아서 따먹었습니다."
16 그리고 여자에게는 이렇게 말씀하셨다. "너는 아기를 낳을 때 몹시 고생하리라. 고생하지 않고는 아기를 낳지 못하리라. 남편을 마음대로 주무르고 싶겠지만, 도리어 남편의 손아귀에 들리라."
17 그리고 아담에게는 이렇게 말씀하셨다. "너는 아내의 말에 넘어가 따먹지 말라고 내가 일찍이 일러둔 나무 열매를 따먹었으니, 땅 또한 너 때문에 저주를 받으리라. 너는 죽도록 고생해야 먹고 살리라.
18 들에서 나는 곡식을 먹어야 할 터인데, 땅은 가시덤불과 엉겅퀴를 내리라.
19 너는, 흙에서 난 몸이니 흙으로 돌아가기까지 이마에 땀을 흘려야 낟알을 얻어 먹으리라. 너는 먼지이니 먼지로 돌아가리라."(창세기 3장)

   이 인용이, 사람들이 이원성에 빠져 생명의 강에서 스스로를 분리하고, 모든 것을 얻기 위해 고군분투하게 된 과정을 비유적으로 묘사하고 있다는 것을 알 수 있나요? 그들이 하나됨의 원(Circle of Oneness) 안에 머물러 있다면 신께서 그들에게 자유롭게 그냥 주었을 모든 것을, 이제는 힘으로 취해야만 하는 것입니다. 다음 인용을 보겠습니다.

   12 "세례 요한 때부터 지금까지 폭력적인 사람들이 힘으로 하늘나라를 가지려고 한다. 그리고 폭력을 쓰는 사람들이 하늘나라를 빼앗으려고 합니다."(마태 11:12)

어떤 사람들은 자만심에서 이 구절이 실제로 힘으로 하늘나라에 들어갈 수 있음을 의미한다고 생각합니다. 그러나 진정한 의미는 하늘나라가 원하는 대로 지구상에 이루어지지 않기 때문에 하늘나라가 안타까워하고 있다는 것입니다. 그런데 그것이 왜 이루어지지 않을까요? 너무나 많은 사람이 이원성에 갇혀서 신이 그들에게 무상으로 주는 것을 강제로 취하려고 하기 때문입니다.

신이 무상으로 준다는 것을 더 깊이 이해한다면, 그것이 모든 사람에게 풍요로운 생명을 주기 위한 것임을 알 수 있습니다. 그러나 현재 지구상에는 모든 사람이 풍요한 것을 원하지 않는 어떤 생명흐름들이 있습니다. 그들은 대부분의 사람보다 더 많은 것을 가지고 싶어 하는데, 다른 사람들부터 강제로 빼앗아 오는 불균형한 체계에서만 그렇게 할 수 있습니다. 분명히, 그러한 특권층 엘리트는 하늘나라에 존재할 수가 없습니다. 그래서 엘리트들은 지구에 있는 사람들이 아버지의 왕국을 물려받는 것을 원하지 않는 것입니다. 바로 이런 이유로 거짓 교사들은, 아담과 이브로 인해 인류가 투쟁하도록 저주받았다는 거짓말을 해서 사람들이 풍요를 거부하게 만들고, 이원성에 갇혀 있도록 만듭니다.

살아 있는 그리스도는 지구에서의 유일한 문제는 거짓 교사들에 의해 영속화된 이원성 의식임을 알고 있습니다. 그러나 살아 있는 그리스도는 자신이 이원성의 세력을 파괴하기 위하여 이곳에 있는 것이 아님도 알고 있습니다. 살아 있는 그리스도는 선과 악의 서사적인 싸움에서 이기기 위해 이곳에 있는 것이 아닙니다. 왜냐하면 그것은 이원적인 싸움이며, 그러한 전투로는 결코 이원성을 제거할 수가 없기 때문입니다. 살아 있는 그리스도는 이 전투가 힘(force)을 사용하는 것에 근거를 두고 있으며 힘을 통해서는 그것을 극복할 수 없음을 알고 있습니다. 따라서 살아 있는 그리스도는 결코 힘을 사용하지 않고, 그리스도의 하나됨 안에서 현존하며 모든 분열 앞에서 그 하나됨을 표현할 권리를 주장할 뿐입니다.

  살아 있는 그리스도는 에고만이 힘을 사용하는 것을 알고 있습니다. 생명의 강에서 분리된 자아만이 힘을 사용할 필요가 있기 때문입니다. 율법학자들과 바리새인들이 내가 그들을 반대했다고 보았던 것처럼, 살아 있는 그리스도가 거짓된 교사들을 반대하는 것처럼 보이지만, 실제로는 그 누구도 반대하지 않습니다. 그는 단지 그 자신으로 존재하고 진정한 자신을 표현할 뿐입니다. 그런데 살아 있는 그리스도는 누구일까요? 나는 길이요, 진리요 그리고 생명입니다.

  이것은 자신들의 이원적 체계를 보존하기를 원하는 사람들에게는 위협이 될 수밖에 없습니다. 따라서 그들은 여러분을 그들과의 이원적 투쟁으로 끌어들이기 위해 가능한 모든 일을 다할 것입니다. 만일 그것이 효과가 없다면, 그들은 여러분을 침묵시키기 위하여 있는 힘을 다해 무엇이든 할 것입니다. 하지만 여러분은 이것을 꿰뚫어 보고, 그들이 놓은 덫을 모두 피해야 합니다.

  살아 있는 그리스도로서, 여러분은 생명의 강에서 벗어나 있을 때만, 무언가를 힘으로 얻을 필요가 생긴다는 것을 알고 있습니다. 여러분은 이원적인 환경 안에서만 그런 힘이 존재한다는 것도 알고 있습니다. 왜냐하면 두 개의 반대되는 극성이 있는 경우에만, 한 극성이 다른 극성에 대해 힘을 사용할 필요가 있기 때문입니다. 모든 힘에는 같은 크기의 반대되는 힘이 있기 때문에, 어떤 힘을 사용하든 작용과 반작용의 법칙이 일어난다는 것도 여러분은 알고 있습니다. 따라서 지구에서 선의를 가진 사람들이 주장하듯이 이원적인 투쟁이 궁극적인 승리로 이어질 수 있는 것이 결코 아님을 알 수 있습니다. (그들은 궁극적인 전투에 승리하고 지구에 신의 나라를 가져올 그들의 종교를 우월한 종교로 세우기 위해서 힘을 사용할 필요가 있다고 생각하지만 말입니다.)

그러므로 살아 있는 그리스도는 이원적 투쟁에서 승리하기 위하여 이곳에 있는 것이 아닙니다. 그래서 나는 전사들의 왕이 되기를 거부했고, 어떤 사람들이 나에게 원했던 것처럼 로마 제국에 대항하는 반란에서 이스라엘을 이끌지 않았던 것입니다. 살아 있는 그리스도는 이원성 의식에 대안이 있음을 보여줌으로써, 무의미한 이원적 투쟁으로부터 사람들을 일깨우기 위하여 이곳에 있습니다. 그렇게 함으로써, 여러분은 투쟁을 계속하는 것과 신의 나라를 받는 것 사이에서 사람들이 실제적인 선택을 하게 만듭니다. 그들이 이원성에 눈이 멀어 투쟁에 대한 대안이 없다고 생각할 때는 이런 선택을 할 수가 없습니다.

예를 들어, 어떤 문명의 전체 구성원이 지표면 아래 있는 어두운 동굴 안에서 수백 년 동안 살아왔다고 상상해 보세요. 그들은 빛을 결코 본 적이 없고 어두운 바깥에는 아무것도 없다고 생각합니다. 이제 여러분이 그 문명으로 파견되어 그들을 환영에서 깨어나게 하고, 어두운 동굴 밖에 무언가가 있다는 것을, 즉 빛의 세상을 볼 수 있도록 도와야 합니다. 그런데 어떻게 그런 일을 할 수 있을까요? 어둠은 실체가 아니므로, 여러분은 어둠과 싸울 수가 없습니다. 여러분은 그들의 기본적 세계관이 잘못되었다고 설득하고, 그들이 여러분의 세계관을 받아들이도록 그들을 바꾸려 할 수 있습니다. 하지만, 그들이 빛을 본 적이 없으므로 이것은 매우 어려울 것입니다. 따라서 여러분은 결국 그들의 현재 신념 체계를 파괴하려는 이원적인 투쟁으로 빠져버리기 쉽습니다.

그렇다면 가능한 해결책이 하나 있는데 그것은 무엇일까요? 여러분은 어둠에 대한 대안이 있다는 것을 사람들이 경험하도록 도와야 합니다. 그러면 어떻게 그렇게 할 수 있을까요? 손전등을 꺼내어 불을 켜는 것입니다! 어둠 속에 빛을 비추는 순간, 사람들은 어둠에 대한 대안이 있음을 부정할 수 없게 됩니다. 즉 어둠만 존재한다고 계속 믿는 것이 불가능해집니다.

여러분을 빛을 가진 유일한 사람으로 높이는 것과 같은 다양한 방법을 사용하여, 사람들은 여전히 빛 속으로 걸어가는 것을 거부할 수 있습니다. 하지만 적어도 여러분은 그들에게 하나의 선택권을 주었고, 그것이 바로 여러분이 여기에 있는 유일한 이유입니다. 그러므로 살아 있는 그리스도로서, 여러분은 내면의 빛을 밝혀 그 빛이 빛나게 하고, 다른 사람들에게 이원성의 어둠에 대한 대안을 먼저 볼 수 있는 기회를 주며, 그런 다음 그들 역시 내면에 빛을 가지고 있다는 것을 발견하게 해주려고 여기에 있는 것입니다.

그러므로 살아 있는 그리스도의 비폭력성은 비록 어둠이 그것을 이해하지 못한다 할지라도, 어둠 속에서 빛나는 빛이 되는 것입니다. 이원적인 투쟁에서 벗어나 여러분의 빛을 비추는 것이 여러분이 할 일입니다. 내가 했던 말을 살펴보겠습니다.

> 예수께서는 사람들에게 또 말씀하셨다. "나는 세상의 빛이다. 나를 따라오는 사람은 어둠 속을 걷지 않고 생명의 빛을 얻을 것이다."(요한 8:12)

내가 이 세상에 있는 동안은 내가 세상의 빛이다."(요한 9:5)

너희는 세상의 빛이라. 산 위에 있는 마을은 드러나기 마련이다. (마태 5:14)

너희도 이처럼 너희의 빛을 사람들 앞에 비추어, 그들이 너희의 착한 행실을 보고, 하늘에 계신 아버지를 찬양하게 하여라."(마태 5:16)

열쇠 13을 위한 연습

이 열쇠의 연습으로, 'INV08: 과거를 초월하기 위한 기원(the Invocation for Rising above the Past)'을 33일 집중 기도 동안 매일 낭송하기 바랍니다. 기원문을 낭송한 후에, 여러분의 가슴에 집중하면서 다음의 화두를 명상해 보세요. 아마 여러분도 알겠지만, 선불교의 스승들은 화두를 가르침의 도구로 사용하고 있습니다. 그것은 분석적인 마음을 무력화하여 "아하 경험"을 얻을 수 있도록 고안된, 겉으로는 모순되거나 말이 안 되게 보이는 진술입니다. 이 열쇠의 화두는 다음과 같습니다.

지금 이 순간, 자신을 의식하고 있는 "여러분"은 누구입니까?

열쇠 14
하위자아를 버리고 진아(Self)를 찾기

구루의 역설이라 불리는 것에 관해 이야기하면서 이 열쇠를 시작하겠습니다. 내가 설명했듯이, 일단 여러분이 이원성 의식에 빠지면, 여러분의 의식하는 자아는 사실상 스스로 만든 멘탈 박스 안에 들어가게 되고, 틀 바깥이 존재한다는 사실을 잊어버립니다. 의식하는 자아가 실제로 그 틀을 발견하지 못한다고 말할 수도 있습니다. 의식하는 자아는 그 틀 밖에 있는 어떤 것과도 접촉한 적이 없으므로, 자신이 틀 안에 있다는 것을 볼 수 있게 도울 수 있는 (틀 밖에 있는 존재가 지닌) 감각이 없습니다. 천년 전으로 거슬러 올라가면, 서로 단절된 채로 살았던 여러 문화가 있었나는 것을 알 수 있습니다. 가가이 문화권은 자신의 문화가 유일하다고 생각했고 다른 문화와 접촉하지 않았기 때문에, 그들과 전혀 다른 문화에서 사는 것도 가능함을 알 수 있는, 우리가 가진 것과 같은 감각이 없었습니다.

내가 말한 대로, 문제는 의식하는 자아가 국소적인 세계관에 집착하게 되면서 자신이 보편적인 마음에서 출발했다는 사실을 잊어버린다는 것입니다. 그래서 특별한 곳에 초점을 맞추는 동안에도 전체적인 관점에 연결할 수 있는 능력이 자신에게 있다는 것을 잊어버린 채, 국소적인 관점에 빠져들게 됩니다. 생명흐름들이 이 함정에서 벗어나는 것을 돕기 위하여, 상승 호스트인 우리는 사람들에게 개인이나 전체 문화가 만들어낸 멘탈 박스 밖에 무언가가 있다는 것을 보여주려고 지구로 스승들을 보냅니다. 그러므로 영적인 성장의 근간은 여러분의 개인적인 멘탈 박스 밖에 있는 스승이나 구루와 접촉하는 것입니다. 스승은 여러분이 그 틀 바깥에 실제로 어떤 것이 있다는 것을 볼 수 있도록, 자신이 가진 것과 동일한 감각을 줄 수 있습니다. 따라서 여러분의 의식하는 자아는 그 틀 속에 계속 갇혀 있을 필요가 없게 됩니다.

하지만 다른 것들과 마찬가지로, 구루와의 상호 작용은 여러분의 현재 의식 상태에 의해 매우 큰 영향을 받게 됩니다. 여러분의 분리된 자아는 실제로 구루에게 어떤 고정된 이미지를 투사하고, 구루가 그 이미지에 맞춰 살아가기를 요구합니다. 만일 구루가 그렇게 하지 않으면, 에고는 그를 가짜 구루라고 판단하거나, 아니면 그 사람이 (여러분을 우월하게 보이도록 만들 수 있는) 여러분의 구루가 될 자격이 있다는 것을 부인합니다. 이것이, 많은 영적인 구도자가 에고의 역학을 볼 수 없었기 때문에 빠져들었던 함정입니다.

에고는 이원성에 기반을 두고 있습니다. 이 말은 에고가 삶에 대한 접근 방식에 일관성이 없음을 보려고 하지 않으므로, 벗어날 수 없는 내재된 모순을 가지고 있다는 의미입니다. 그러나 의식하는 자아는 이 모순을 바라볼 수 있으며, 실제로 이것은 사람들이 성장하는 주요한 방법이기도 합니다. 그들은 자신의 관점에 일관성이 없음을 보고 더 높은 이해를 찾기 시작합니다. 간음한 여인에게 돌을 던지려 했던 사람들에게 내가 어떻게 대처했는지에 대한 이야기를 살펴보겠습니다. 그들은 에고로 인해 눈이 멀었지만, 내가 죄 없는 자가 먼저 돌을 던지라고 했을 때, 자신들의 접근 태도의 불일치를 깨닫고 물러갔던 것입니다(요한 8:7).

에고가 어떤 구루에게 접근하는 방식에 따라 만들어지는 역설은 다음과 같습니다. 에고는 자신의 우월감을 세우는 방식을 찾고 있으므로, 그 사회의 규범에 따라서 어떤 지위를 가진 것처럼 보이는 구루를 찾고 싶어 합니다. 에고는 외적인 길만 보고 있으므로, 만일 능력이나 지위가 뛰어난 구루를 따른다면 구루가 뭔가를 해줄 수 있다고 느낍니다. 이것이 바로 정통 그리스도교에서 나를 절대적으로 유일무이한 개인으로 내세운 이유입니다. 마치 전능한 신에게 과거, 현재, 미래에 인류가 저지른 모든 죄를 용서할 수 있는 힘을 지닌 오직 하나의 아들이 있는 것처럼, 그 하나뿐인 신의 아들이라는 지위에 나를 올려놓은 것입니다. 역설적으로 이것은 여러분에게 안정감을 주어, 구원을 위해 여러분이 외면을 바라보게 만듭니다. 다시 말해, 에고는 여러분을 구원받을 수 없는 상황에 놓이게 합니다. 따라서 에고의 기대가 먼저 산산조각 나야만, 진정한 여러분이 참된 구원의 길을 찾을 수 있는 기회가 생깁니다.

이렇게 궁극적인 구루를 찾는 또 다른 측면은, 신실한 영적인 학생들 다수가 궁극적인 구루가 아닌 다른 사람들로부터는 배울 수 없다고 생각한다는 것입니다. 이것은 특히 오랫동안 그 길을 걸어왔고 영적인 조직이나 사회에서 어떤 지위를 얻은 사람들에게 해당됩니다.

그런 사람들은 종종 영적 자만심의 미묘한 함정에 빠져들어, 그들이 스스로 만든 체계 안에서 그들보다 아래에 있는 사람들에게는 배울 수 없다고 생각합니다. 그러나 내가 설명한 대로, 유일한 참된 스승은 그리스도이며, 그리스도는 여러 모습으로 변장을 하고 나타날 수 있습니다. 그리고 이것이 바로, 구루가 설령 개미의 모습으로 나타나더라도 그 뒤를 따라야 한다고 마스터 모어가 말한 이유입니다. 많은 경우, 우리는 초라한 행색으로 보이는 누군가를 보내서 학생들을 시험합니다. 그래서 구루가 어떤 변장을 했더라도 상관없이, 학생이 기꺼이 진리를 경청할지를 알 수 있습니다. 내가 말한 대로, 여러분이 가장 보잘것없는 사람 중 한 사람에게 행한 것이, 바로 나에게 한 것입니다. 다시 말하지만, 내 요점은 구루에 대한 여러분의 개념이 구루를 따르지 못하게 막을 수 있다는 사실입니다. 따라서 "궁극적인 구루"에 대한 여러분의 고정된 이미지가 산산조각 난 후에야, 여러분이 진정으로 그리스도 의식의 여정에 들어설 수 있습니다. 문제는 에고의 기대가 산산조각 날 때, 의식하는 자아가 반응하는 방식입니다.

그 역설을 볼 수 있습니까? 거짓 구루는 에고의 기대를 사용하여 여러분을 구루에게 더 단단히 묶어 놓을 것입니다. 이는 에고의 기대와 우월감을 위협하는 것이 아니라, 오히려 확인해 준다는 의미입니다. 그러나 참된 구루는 의식하는 자아를 자유롭게 하는 목표를 가지고 있으므로, 진정한 구루는 여러분 에고의 기대와 우월감을 반드시 박살 내야 합니다. 그리고 그런 과정에서, 의식하는 자아가 에고와의 동일시로부터 자신을 분리할 수 없다면, 참된 구루는 에고의 이원적인 기대에 부응하지 못하기 때문에 거짓된 구루이거나 무능한 구루임이 틀림없다는 에고의 추론을 믿게 될 위험을 감수해야만 합니다. 다시 한번 말하지만, 이러한 딜레마는 의식하는 자아가 자신의 무지를 극복해야만 깨질 수 있습니다.

구루를 우상으로 만드는 것의 진짜 문제는 무엇일까요? 우상이란 에고가 창조해서 무오류의 위치로 올려놓은 정신적인 이미지입니다. 이에 대해 절대로 의심하지 않기 때문에 그것은 각인된 이미지가 되어버립니다. 여기서 한 가지 문제는 어떠한 인간도 완벽함에 대한 에고의 욕망에 부응할 수 없다는 사실입니다. 그래서 지구상의 어떠한 구루도 결국은 여러분의 에고에 근거한 기대에 맞추는 데 실패할 것입니다. 이로 인해 종종 사람들은 구루에게 화를 내거나 영적인 여정에 대해 낙심하게 되는데, 이것이야말로 거짓된 교사들이 원하는 것입니다. 그런데 구루가 여러분의 기대에 부응하지 못했다고, 어떻게 화를 낼 수 있을까요? 그것은 단지 여러분이 스스로 책임지기를 거부하기 때문입니다! 그러므로 여러분은 자신의 힘으로 구원을 보장할 수 없다고 생각하고, 구루가 여러분을 위해 책임을 질 것이라는 이미지를 투사합니다. 그 환영이 깨졌을 때, 여러분은 속았다고 느끼지만, 그 환영은 단지 여러분이 책임지는 것을 막을 뿐입니다. 낙심하는 것도 마찬가지입니다. 여러분은 성장에 대한 자신의 권한을 내어주고 구루가 여러분을 위해 그것을 해줄 것이라는 환영을 믿는 것입니다. 이런 기대가 깨지면, 여러분은 낙심하면서 여정을 포기하게 됩니다.

* * *

또 다른 문제는 어떤 참된 구루도 에고에 기반한 이원적 환영에 부응할 수 없다는 것입니다. 그래서 그러한 기대는 종종 사람들이 참된 구루를 따라가지 못하게 막고, 많은 거짓 구루가 제시하는 외적인 길로 그들을 이끌게 됩니다. 우상 숭배는 반드시 극복해야 하는 영적인 독소라는 것이 내 요점입니다. 우상은 실제로 여러분과 참된 신 사이에 들어서서, 여러분이 하나됨 안에서만 찾을 수 있는 자유를 얻지 못하도록 방해하는 역할을 합니다. 따라서 여러분의 에고가 우상을 세워 놓았다면, 그 우상을 무너뜨려야만 의식하는 자아가 자유로워질 수 있습니다. 많은 경우에, 사람들의 에고는 실제로 그들의 우상을 파괴하기도 합니다. 왜냐하면 에고는 이원적이기 때문에, 그 사람에게서 어떤 잘못도 보지 않다가, 그의 모든 것이 잘못되었다고 보는 쪽으로 쉽게 전환될 수 있습니다. 이것이 심리학을 공부하는 학생이라면 누구나 쉽게 관찰할 수 있는 사랑-증오 관계의 기초입니다.

사실 여러분이 구루를 우상화하는 것을 멈출 때만, 구루와의 참된 관계를 발전시킬 수 있습니다. 즉, 구루가 여러분의 분리된 자아를 높여 주기를 기대하는 것이 아니라, 진정한 여러분이 분리된 자아를 초월할 수 있도록 도와주기를 기대해야 합니다. 에고는 언제나 자신의 기대가 그대로 유지되는 한, 그 구루를 우월하다고 봅니다. 기대가 무너질 때, 에고는 외적인 현실보다는 에고의 내부 분열을 반영하는 온갖 종류의 부정적인 이미지를 그 구루에게 투사하여, 구루를 끌어내리고 거짓된 구루로 치부합니다. 그래서 에고는 언제나 구루와 우월감-열등감의 상호 작용을 하게 됩니다. "참된" 구루는 언제나 우월한 존재로 보이지만, "낙오된" 구루는 언제나 열등한 존재로 보일 것입니다.

참된 구루와의 최상의 관계는 동등한 관계이거나, 아니면 우월감-열등감의 역학을 만들어 내는 가치 판단이 사라진 관계입니다. 내 존재의 핵심은 창조주 존재의 확장체인 의식하는 자아입니다. 여러분 존재의 핵심도 의식하는 자아이며, 그 역시 창조주의 확장체입니다. 창조주는 무한하므로 무한의 확장체가 가진 가치나 지위를 무한의 또 다른 확장체와 비교하는 것은 의미가 없습니다. 여러분과 나는 둘 다 같은 신의 확장체입니다. 여기서 하나가 다른 것보다 우월하다는 것은 의미가 없습니다.

나는 여러분에게 우월하게 보이기를 바라지 않습니다. 여러분이 나를 우월하다고 보는 한, 여러분은 항상 여러분과 나 사이에서 어떤 차이, 간격을 볼 것입니다. 왜 그런지 알겠습니까? 우월감이란 분리되어 있을 때만 존재할 수 있습니다. 그럴 때만 두 개의 분리된 개체를 비교할 수 있기 때문입니다. 하나됨 안에서는 비교할 수 없으므로 열등감과 우월감은 아무런 의미가 없습니다.

나는 참된 영적인 스승입니다. 그것은 내가 하나됨의 여정을 가르친다는 의미입니다. 여러분은 오직 나와 하나됨으로써 내 가르침을 따를 수 있습니다. 에고의 열등감-우월감의 안경을 통해 나에 대한 관점이 걸러진다면, 나와 하나가 될 수가 없습니다. 내가 그리스도 의식을 이르렀을 때 "나와 내 아버지는 하나다."라고 말했듯이, 스승으로서 나는 "나와 내 학생(여러분)은 하나다."라고 말하고 싶습니다. 즉 여러분이 "나와 내 아버지(나의 스승)는 하나다."라고 말할 수 있는 지점에 이르기를 요구하는 것입니다.

미묘한 점을 주의 깊게 살펴보겠습니다. 에고는 이원성 의식을 통해 어떤 것이든 왜곡할 수 있습니다. 따라서, 내가 우리가 동등하다고 말할 때, 그것 역시 사람들의 에고에 의해, 만일 우리가 동등하다면 내 말을 들을 필요가 없다고 생각하도록 오용될 수 있습니다. 사실,

여러분과 나는 본질적인 가치에 있어서 동등합니다. 그러나 여러분은 자신의 잠재력을 완전히 깨닫지도 받아들이지도 못하고 있는 반면, 나는 잠재력을 완전히 깨닫고 받아들였습니다. 그러므로 나는 현재 스승으로 봉사하고 있습니다. 즉 나는 여러분의 멘탈 박스를 넘어서는 통찰력을 가지고 있으며, 따라서 여러분이 에고 너머를 보기 위해서는 내가 필요하다는 의미입니다. 여러분은 나를 여러분의 에고와 이 세상의 가짜 스승들보다 더 높은 권위로 여길 필요가 있습니다. 그래야 그들이 그 반대로 이야기하더라도 여러분은 내 말을 들을 것입니다.

우리는 또한 여러분의 에고가 나와 동등하지 않다고 말할 수 있습니다. 비록 여러분의 에고는 나와 동등하다거나 심지어 나보다 우월하다고 생각할 수도 있지만 말입니다. 하지만 여러분의 의식하는 자아는 내가 에고나 가짜 스승들보다는 정말 더 큰 통찰력을 가지고 있다는 것을 알아야 합니다. 그러므로 내가 여러분의 에고가 듣기 원하는 것 이상의 것을 여러분에게 말할 때, 주의를 기울여야 합니다. 또한, 여러분이 나와 하나가 되는 것이 여러분에게 장점이 되는 이유는 내가 덜 제한된 관점을 가지고 있기 때문이며, 이것이 여러분이 현재의 관점을 넘어갈 수 있는 유일한 방법이라고 말할 수 있습니다. 요점이 보입니까? 분리는 분열에 근거하고 있으므로, 분리를 극복하는 유일한 방법은 이원성 너머에 있는 존재와 하나가 되는 것입니다. 분리된 존재로서 정체감을 유지하고 있는 동안에는 이원성을 극복할 수가 없습니다.

분명히, 스승과 하나가 된다는 것은 여러분이 나를 스승으로 보는 것을 멈춰야 한다는 의미입니다. 왜냐하면, 학생-스승 관계는 학생과 스승 사이에 거리가 있다는 것을 나타내기 때문입니다.

* * *

어떻게 하면 나와 여러분이 하나됨의 감각에 실제로 도달할 수 있을까요? 음, 이원적인 세계관에 내포된 또 다른 환영에 의문을 제기함으로써 그렇게 할 수 있습니다. 여러분은 아마 내가 영적인 여정에 대한 여러분의 환영에 의문을 제기하는 과정을 거치도록 여러분을 안내하고 있다는 것을 알게 될 것입니다. 여러분이 영적인 여정에 대한 에고 중심의 관점에 의문을 제기하지 않는다면, 여러분은 개인적인 성장의 여정에서 그리스도 의식의 여정으로 이동할 수 없기 때문입니다.

나는 이원성 의식에 완전히 눈이 먼 사람들은 물질계 너머에 있는 것을 볼 수 없으므로, 그들은 이원적인 마음의 멘탈 박스 너머에 있는 어떤 것도 이해할 수 없다고 말했습니다. 그 단계를 넘어설 수 있는 유일한 방법은 이원성 바깥에 있는 존재들에 조율하는 것입니다. 그것은 영적인 계층구조와 조율한다는 의미입니다. 우리는 세상의 종교나 영적인 전통에서 많은 이름으로 불렸지만, 중요한 점은 우리가 이원성 너머로 상승했으므로, 이원성 너머로 사람들을 인도할 수 있다는 것입니다. 그러나 사람들이 처음으로 우리와 접촉할 때, 그들은 다시 자신들의 이원적인 이미지들을 우리에게 투사할 것입니다. 그리고 다시 한번 말하지만, 에고는 어떤 것이라도, 심지어 영적인 계층구조가 있다는 사실조차 분리의 환영을 강화하는 데 이용할 수 있습니다.

영적인 계층구조의 이미지는 무엇을 의미할까요? 글쎄요, 여러분이 분리된 자아를 통해서 보게 될 때, 그것을 선형적인 방식으로만 볼 수 있습니다. 과학 이전의 시대에, 사람들은 하늘나라와 신이 물리적인 지구 위에 있다는 관점에서 이것을 생각했습니다. 그래서 만일 높은 곳으로 올라간다면, 빠르게 하늘나라에 들어갈 것이라고 여겼습니다. 요즈음 시대의 영적인 구도자들은 좀 더 수준 높은 관점을 가지고 있지만, 여전히 선형적인 마음으로 보는 경향이 있습니다. 예를 들어, 여러분은 자신을 낮은 수준에 있는 존재로 보고, 신은 지구에서 보는 것보다 훨씬 높고 더 순수한 진동 수준의, 여러분보다 훨씬 높은 곳에 있는 존재로 볼 수 있습니다. 이것은 신이 영적인 계층구조의 맨 위에 있고, 따라서 그 최고 수준으로 올라가야만 신을 발견할 수 있다는 착각을 불러일으킵니다. 그것은 여러분이 있는 곳에서 신을 찾을 수 없다는 의미이므로, 여러분이 신으로부터 분리되어 있다는 이원적 환영을 강화할 수 있습니다.

내가 2,000년 전에 설명하려고 했고, 이 책에서 설명하고 있듯이, 외면에서 신을 찾는 것을 멈추고, 신을 발견할 수 있는 유일한 장소인 자신의 내면에서 신을 찾기 시작해야만, 여러분은 신의 나라에 들어갈 것입니다. 그러므로 여러분은 선형적인 계단을 올라가야만 신을 발견할 수 있고, 미래의 언젠가 다른 장소에 있을 때만 신을 경험할 수 있다는 환영을 극복해야 합니다. 신은 영원한 현재(NOW)에 존재합니다. 그것은, 여러분이 신을 경험하는 그때가 언제든 현재(NOW)라고 할 수 있다는 의미입니다. 여러분은 그 현재(NOW)에서만 신을 경험할 것입니다.

하지만 에고와 관련된 모든 것에는 항상 두 개의 극성이 있습니다.

하나는 여러분이 있는 곳에 있는 신을 부정하는 것이고, 다른 하나는 영적인 계층구조를 거치지 않아도 신과 접촉할 수 있다고 생각하는 것입니다. 다시 말해, 여러분과 신 사이에 아무것도 없으므로 신과 직접 접촉할 수 있다고 생각합니다. 이로 인해 일부 사람에게 극단적인 형태로 에고의 우월감이 나타나게 되었습니다. 그들은 특별한 소명을 위해 최고의 신에게 선택받았고, 그들만이 신과 직접 접촉할 수 있으며, 그들 위에 있는 영적인 스승이 필요하지 않거나, 심지어 그들이 그것을 어떤 형태로 인식하든 자신을 우월한 신이 육화한 존재라고 생각합니다.

여기에서 미묘한 점이 보입니까? 한편으로는 여러분이 있는 곳에 있는 신을 부정해서는 안 되지만 (그것은 열등감입니다), 다른 한편으로는 오직 여러분이 있는 곳에만 신이 존재한다는 에고의 환영에 사로잡혀서도 안 됩니다. 그것은 에고의 우월감을 키우기 위해 신을 이용하는 것입니다. 언제나 그렇듯이, 여러분은 중도(Middle Way)를 찾아야만 합니다. 여기에서 중도는 무엇일까요? 그것은 여러분이 자기 내면에서 정말로 신을 발견할 수 있지만, 여러분 안에서 발견하는 것은 여전히 신에 대한 제한적인 관점이라는 것을 알아차리는 것입니다. 즉, 여러분의 의식하는 자아는 창조주 존재의 개체화이지만, 그것은 국소적인 자아감에 초점을 맞추고 있습니다. 여러분의 의식하는 자아는 신의 존재의 확장체이기 때문에, 여러분은 내면으로 들어가서 창조주 존재의 충만함이 여러분 안에 있는 것처럼 느껴지는 경험을 할 수 있습니다. 이는 매우 중요한 경험이며, 일단 한번 그것을 경험하고 나면, 다시는 에고의 환영에 완전히 눈이 멀 수 없습니다. 왜냐하면, 여러분은 이제 분리된 자아가 전부라는 것을 결코 믿을 수 없게 되기 때문입니다.

그러나 사람들을 혼란스럽게 할 수 있는 것은 여러분이 내면에서 신을 경험할 때, 특히 대비가 더 크게 보이는 더 낮은 수준의 여정에서는, 그 경험이 너무 압도적이어서 여러분이 신의 충만함을 경험했다고 생각할 수 있다는 것입니다. 하지만 여러분이 경험한 것은 여러분의 의식하는 자아의 제한된 관점에서 본 창조주의 존재일 뿐입니다. 왜냐하면 그것이 여러분이 어떤 것을 볼 수 있는 유일한 관점이기 때문입니다!

얼마간의 숙고가 필요할지 모르지만, 이것에 대해 생각해 보는 것은 중요합니다. 여러분은 지금 국소적인 관점을 가지고 있습니다. 그 관점이 얼마나 제한적인지는 여러분의 현재 자아감에 달렸지만, 여러분이 여전히 지구상에 육화해 있다는 바로 그 사실이 여러분이 분리된 자아를 완전히 초월하지 못했음을 증명합니다. 이것은 단지 그 사실을 있는 그대로 보여주고 있습니다.

의식하는 자아는 창조주 존재의 확장체이기 때문에, 신 의식의 충만함으로 성장할 가능성이 있습니다. 어떻게 그렇게 할 수 있을까요? 국소적인 관점을 확장함으로써 더 많은 것을 포용할 수 있을 때만 그렇게 할 수 있습니다. 그러면 어떻게 이렇게 할 수 있을까요? 영적인 계층구조에서 그 위에 있는 존재들과 하나가 됨으로써 그렇게 할 수 있습니다. 다시 말하면, 여러분이 모든 것과, 생명의 강과, 그들의 근원과 하나됨을 이룬 존재들과 분리되어 있으면서, 여러분의 자아감을 확장하는 것은 불가능합니다. 만일 여러분이 상승 호스트와 하나가 되지 않고 하위자아를 확장하려 한다면, 심지어 우리의 존재나 실재를 부인하면서 그렇게 하고 있는 사람들처럼, 여러분은 단지 분리된 자아만을 확장하게 될 것입니다.

  이것에 대한 한 예가, 많은 사람이 신비적이고 영적인 경험을 하면서도, 그들이 지닌 기존의 신념이나 종교를 확인하는 데 그것들을 사용한다는 것입니다. 예를 들면, 어떤 이들은 보통 사람들보다 더 깊은 경험을 한 사람으로서 그리스도교의 신비주의자들에 대해 이야기하지만, 그들의 경험은 모두 그리스도교의 신념 체계, 심지어는 특별한 교회의 신념 체계를 뒷받침하거나 그것에 동조하는 일을 했습니다. 내가 이 책을 통해 말한 대로, 살아 있는 그리스도의 역할은 인간이 만든 모든 멘탈 박스 너머로 사람들을 인도하는 것입니다. 그러나 여러분이 신비적인 여정을 처음 접할 때, 에고가 여러분의 신비 경험 위에 교묘한 방법으로 덮개를 씌우는 것을 허용하기가 아주 쉽습니다. 참된 신비 경험은 패러다임을 완전히 깨뜨릴 수 있습니다. 그러므로 종종 미성숙한 학생들은 안정감을 되찾기 위해 그것을 기존의 신념 체계에 맞추려는 유혹을 느끼게 됩니다. 물론, 성숙한 학생은 이것을 극복하고 인간이 만든 모든 신념 체계를 뛰어넘겠지만, 다른 사람들을 도울 수 있도록 여전히 체계 안에서 그것을 표현할 것입니다.

* * *

  이것은 아주 미묘하므로, 여러분에게 또 다른 관점을 주겠습니다. 나는 창조주가 무한한 존재(the Infinite)라고 말했습니다. 무한한 존재는 나뉠 수 없는 것이기에 무한한 신은 자신을 형상으로 표현할 수 없고, 형상 속에 담아 표현할 수도 없습니다. 그러나 무한한 창조주가 무언가를 창조하기 위해서는, 분화되어 형상을 취할 수 있는 존재로 자신을 표현해야 합니다. 신을 음과 양, 남성과 여성과 같은 두 가지 극성으로 보는 전통적인 관점을 참고해서 이것을 생각해 볼 수 있습니다. 이것이 선형적인 관점이긴 하지만, 논의의 목적을 위해 고려해 볼 가치가 있습니다.

그래서 우리는 무한한 창조주가 아버지 신(God the Father)이면서, 동시에 어떤 형상이라도 취할 수 있는 마터 빛을 창조함으로써 자신을 어머니 신(God the Mother)으로 표현한다고 말할 수 있습니다. 여러분의 의식하는 자아는 창조주 존재의 확장체이지만, 형상 세계로 들어가도록 창조되었기 때문에, 여러분은 실제로 신의 어머니 측면으로부터 창조된 것입니다. 여러분은 아버지 신과 하나가 될 잠재력이 있지만, 이것은 궁극적인 자기-초월을 통해서만 이루어집니다. 그리고 그것은 여러분이 지구상에 있는 동안에는 일어날 수가 없습니다.

그래서 여러분이 내면으로 들어가 신의 현존(God's Presence)의 신비로운 경험을 할 때, 여러분이 경험하는 것은 실제로는 어머니 신입니다. 그것은 무한한 신의 전부가 아니라 무한한 신이 표현된 것입니다. 그 이유는 여러분이 국소적인 관점으로 세상을 보고 있는 동안에는, 무한한 신을 볼 수 없기 때문입니다. 여러분은 오직 신의 표현만을 볼 수 있으며, 모든 표현은 어머니 신의 영역에서 나타나는 것입니다. 노자의 도덕경(道德經)의 구절(역주: 道可道 非常道, 도라고 일컬을 수 있는 도는 영원한 도가 아니다)을 좀 쉽게 표현해 보면, 인지할 수 있는 신은 실재하는 신이 아닙니다.

물론 이번 논의에서 나의 목표는, 여러분이 지금 있는 곳에서 최고 신이라는 반대 극단으로 뛰어들지 않으면서도, 지금 있는 그곳에서 신을 부정하는 극단을 극복할 수 있도록 돕는 것입니다. 여러분이 무소부재한 신의 보편적인 관점과 하나되기 위해 나아가는 신의 부분적인 표현임을 알게 되는 중도를 발견해야 합니다. 이것이 여러분을 그리스도 의식의 여정으로 인도할 것입니다. 그것은 실제로 어떤 우월한 위치를 추구하지 않으면서도, 현재의 국소적인 관점을 초월하면서 무한히 계속 나아가는 여정입니다.

요점이 보입니까? 여러분이 있는 곳에서 신을 부인하는 것은, 분리된 존재라는 여러분의 자아감을 입증하는 것입니다. 그러나 여러분이 절대적인 신의 화신이며 여러분만이 육화한 신이라고 생각하는 것도, 여러분의 정체성이 분리된 존재임을 입증하는 것입니다. 한 가지 환영은 어느 누구도 신이 아니라고 말하지만, 다른 환영은 자신 외에는 그 누구도 신이 아니라고 말합니다. 이와는 대조적으로, 그리스도 마음은 모든 존재를 창조주의 확장체로 봅니다. 따라서 살아 있는 그리스도는 모든 생명체를 끌어내리거나 자신만을 높이려고 하는 대신, 모든 생명체를 높이려고 합니다.

* * *

에고는 항상 여러분을 우월한 위치로 높이는 방법을 찾고 있습니다. 여러분이 알고 있는 영적인 구도자들을 솔직하게 살펴보면, 그중 많은 사람이 여전히 특별한 존재가 되려고 하는 이 게임에 갇혀 있음을 알 수 있습니다. 사람들은 점성학이나 전생, 특별한 구루와의 상호 관계, 심령술사의 조언, 영적인 존재들에 대한 경험 등, 여러 방법을 통해 이러한 것을 추구하고 있습니다.

다른 한편, 에고가 하는 모든 것은 진정한 신의 속성에 대한 왜곡입니다. 이 경우 그 근원은 신이 주신 여러분의 진정한 개성을 확장하고 표현하려는 순수한 열망입니다. 이것이 바로 여러분이 여기에 존재하는 이유입니다. 즉 여러분의 개성을 배가하고 자아를 통달하여 그것을 통해 지구를 다스리는 것입니다. 그러나 이것이 에고의 두려움으로 채색될 때, 그것은 다른 사람들로부터 자신을 분리하거나, 아니면 오히려 다른 사람들 위로 자신을 높이려는 욕구로 나타나게 됩니다. 에고의 두려움은 자존감의 부족으로 이어지며, 그것을 보상하는 방법은 다른 사람들과 비교하여 자신을 높이는 것입니다. 그렇게 되면, 우상 숭배나 자아-숭배로 이어집니다. 이것은 한 개인을 누구도 따라갈 수 없는 특별한 존재로 여기는 것입니다.

그에 반해서, 살아 있는 그리스도는 자신이 창조주 존재의 확장체이며 독특하고 개성적인 표현임을 알고 있습니다. 따라서 두려움도 없고, 비교하거나 가치 판단을 할 필요도 없습니다. 이것은 여러분에게는 다른 사람들보다 더 나아야 한다는 욕망이 없다는 의미이며, 이것이 여러분으로 하여금 자유롭게 자신의 그리스도 의식을 표현하게 해줍니다. 여러분은 자신의 개성을 표현하고자 하고 사람들에게 그들의 현재 멘탈 박스와 세계관을 넘어서는 무언가를 보여주고 싶어 합니다. 하지만 여러분이 그렇게 하는 것은, 한 사람이 할 수 있는 것은 모든 사람이 할 수 있음을 보여줌으로써 그들이 따를 수 있는 본보기가 되기 위해서입니다.

이것이 영적인 자유입니다. 그것은 모든 것이 신의 확장체이며 따라서 모든 것이 신의 몸(the Body of God)의 일부라는 참된 지식에서 비롯된 의식, 즉 모든 사람이 동등하다는 의식에서 나옵니다. 사람들이 자기자신에 대해 이런 것을 알게 되면, 그들은 내가 2,000년 전에 세우려고 했고, 초기에 나를 따르던 사람 중 일부가 한동안 실제로 이루었던 참된 공동체, 곧 그리스도 공동체를 형성하기 위해 함께 모일 수 있습니다. 이 시대에도 그것이 재현될 수 있기를 희망합니다.

그러나 생명과 하나라는 이러한 상태에 도달하기 위해서, 여러분은 에고가 쌓아온 거짓된 개성을 뒤로하고 떠나야 합니다. 다시 말하지만, 이 개성은 신이 주신 개성에 기반한 것이지만, 분리의 환영과 그것이 만든 두려움에 의해 채색되어 왔습니다. 에고는 사랑이 아니라 두려움에서 나오는 개성을 표현함으로써, 모든 것을 왜곡합니다. 따라서 여러분은 두려움을 뛰어넘어 여러분의 영적인 개성을 받아들여야 합니다. 그것은 다른 사람들과 경쟁하지 않고, 모든 생명을 높이기 위해 모든 생명과의 하나됨을 추구하는 것입니다.

잘못된 개성은, 여러분이 아주 특별하므로 지구에서 다른 누구도 할 수 없고 여러분만이 해야만 하는 무언가가 있다고 믿기를 원합니다. 그리고 그 무언가는 신의 계획이나 지구의 구원에 아주 중요한 것이거나, 또는 여러분의 개인적인 에고의 기호에 맞는 것이어야 합니다. 사실 다른 누구도 할 수 없는 일이 있지만, 그것은 여러분의 에고를 영광스럽게 하는 것이 아닙니다. 그것은 독특하고 영적인 존재인, 진정한 여러분이 되는 것입니다.

그 존재를 드러내려면, 여러분은 자신의 기대들을 살펴보고, 그것들이 모두 비실재이며 분리에 기초한 무지에서 나왔다는 것을 깨달아야 합니다. 내가 말했듯이, 모든 기대는 무지의 궁극적인 형태인 분리에서 생겨납니다. 무지는 두려움으로 이어지고, 두려움은 통제하려는 욕망으로 이어집니다. 따라서, 만일 에고를 포기한다면 신이 아낌없이 줄 것을, 에고는 통제를 통해 이루어야 한다고 생각합니다. 여러분에게 그 나라를 주는 것은 신의 참된 기쁨입니다. 하지만 그것을 받기 위해서는, 신이 주는 것을 받아들여 생명의 강 흐름 속에 있을 수 있도록, 여러분은 무지를 극복해야 합니다. 그 나라 안에 있어야만 신의 나라를 받을 수 있고, 그것은 신의 나라에서 여러분이 분리될 수 있다는 환영을 극복할 것을 요구합니다.

  이 메커니즘을 이해하겠습니까? 무지는 두려움을 불러일으키고, 이는 통제의 필요성으로 이어져 여러분이 통제를 추구하게 함으로써 과잉 보상을 하게 만듭니다. 여러분은 모든 것에 대한 정신적인 이미지를 만들어 놓고, 현실을 그 정신적인 이미지에 맞추려고 강요함으로써 통제를 하려고 합니다. 더 많이 과잉 보상할수록 생명의 강에서 더 멀리 벗어나게 되어, 실제로 신이 여러분에게 주는 것을 거부하게 됩니다. 따라서 무지를 극복해야만 에고의 헛됨을 볼 수 있게 되어 그것을 보내버리고, 생명의 강 속으로 뛰어들 수 있습니다. 여러분은 자신의 기대가 스승과 여정을 통제하려는 욕망에서 생겨난다는 것을 인정해야 합니다. 그것은 원래 타락한 천사들로부터 시작된, 궁극적으로 신을 통제하고자 하는 욕망이었습니다. 이것은 반드시 제거되어야 합니다! 다른 사람들과 비교하여 분리된 자아를 높이려고 하는 한, 여러분은 그리스도 의식의 여정을 시작조차 할 수 없습니다. 또한, 여러분의 정신적인 이미지를 여전히 붙잡고, 전체 우주, 다른 사람들, 그리고 신을 그 이미지로 형성된 멘탈 박스에 맞추려고 하는 한, 여러분은 그 여정을 시작할 수 없습니다.

  생명의 강은 신의 능력이요, 사랑이며 지혜입니다. 그것은 흐르기를 원하며, 생명의 강은 오직 모든 생명의 이익을 위해 흐릅니다. 따라서 여러분이 분리된 자아를 높이기 위해서 능력이나 지혜나 사랑을 가지려고 한다면, 그 흐름을 차단하게 됩니다. 힘으로 더 많이 취하려고 할수록, 대항하는 힘(counter-force)을 더 많이 만들게 됩니다. 즉 여러분의 행동이 반작용을 만들어 내고, 이것은 여러분이 모든 생명과의 하나됨에 가까이 가지 못하게 막을 것입니다.

비록 에고와 거짓된 교사들이 강제로 하늘나라를 취할 수 있는 온갖 방법을 발견했다고 주장하지만, 사실 "그 체계를 무너뜨릴" 방법은 없습니다. 단순한 사실은, 모든 생명의 성장을 향해 나아가는 것을 멈추게 할 조건이 없을 때만, 즉 분리된 자아 대신에 더 큰 자아가 되는 경우에만, 여러분은 조건 없는 사랑을 받을 수 있습니다. 에고가 그 자신의 생명의 흐름을 높이려는 조건들을 만든다는 것을 여러분은 알고 있나요? 생명의 강은, 그런 시도가 아무리 교묘하다 해도 그것을 모두 꿰뚫어 보기 때문에, 여러분은 아무런 성과를 얻지 못할 것입니다. 나는 그런 지름길을, 즉 자신을 다른 사람들과 구분할 수 있는 특별한 힘을 갖게 하는 방법을 찾는 데 수많은 생애를 보낸 사람들을 보았습니다. 어떤 사람들은 심지어 그들의 마음으로 물질을 조작할 수 있는 특정한 능력을 개발하기도 했습니다. 그것은 사람들의 마음을 읽을 수 있는 영적 분별력이 없는 사람들에게는 깊은 인상을 줄 수 있습니다. 그러나 그런 사람들은 실제로 하늘나라에 가까워진 것이 아닙니다. 왜냐하면 그들은 그리스도 의식의 여정을 시작조차 못했기 때문입니다.

어떤 것도, 절대로 그 어떤 것도 신이나 상승 호스트를 속일 수 없음을 마침내 깨닫게 될 때, 그것은 커다란 해방감을 줍니다. 따라서 신이나 여러분의 참된 스승에게 숨길 수 있는 것은 아무것도 없습니다. 다른 사람에게 숨길 수 있는 것은 신에게도 숨길 수 있다는 거짓말을 얼마나 많은 사람이 계속 믿고 있는지 나에게는 놀라울 따름입니다. 이런 환영의 어리석음을 깨닫는 것은 놀라운 자유를 가져다줍니다. 그것을 깨닫게 될 때, 여러분은 과거의 실수를 스승에게 숨기려고 하는 것이 정말로 의미가 없다는 것을 알게 됩니다. 숨기려고 할 때 여러분과 스승 사이에 거리가 생기게 되며, 이 거리는 여러분이 그리스도 의식의 참된 여정, 즉 하나됨의 여정에 들어가는 것을 방해할 것입니다. 하나됨 안에는 거리가 있을 수 없습니다. 거리가 있으면 하나가 될 수 없기 때문입니다.

* * *

이제는 과학의 세계, 특히 고전 물리학을 살펴보도록 하겠습니다. 아이작 뉴턴은 운동의 세 가지 법칙을 공식화했으며, 그중 세 번째가 '작용과 반작용의 법칙'입니다. 이 법칙은 일반적으로 각각의 힘(작용)에 대해 같은 크기의 반대되는 힘(반작용)이 있다는 의미로 이해됩니다. 그러나 이 힘들이 반드시 같은 "물체"에 작용하는 것은 아니며, 그 이유를 이해하는 것이 중요합니다.

여러분이 몸을 움직일 때, 몸은 힘, 즉 하나의 작용을 만들어냅니다. 그러면 같은 크기의 반대되는 힘(반작용)이 있을 것입니다. 그러나 만일 이 두 가지 힘이 여러분의 몸에 작용한다면, 여러분은 움직일 수 없을 것입니다. 반작용이 작용을 상쇄해서, 여러분은 가만히 서 있을 것입니다. 여러분이 물질 우주에서 어떤 일을 할 수 있는 이유는 이 우주가 여러분이 국소적인 규모로 행동할 수 있도록 설계되어 있기 때문입니다. 여러분은 즉각적인 환경 안에서 행동할 수 있으며 특별한 결과를 낳는 결정적인 힘처럼 보이는 것을 발생시킬 수 있습니다. 그러나 뉴턴의 법칙에 따르면, 이것은 우주의 다른 부분에서 반작용이 일어나도록 우주가 허용함으로써 여러분의 행동을 보상하기 때문에 가능합니다.

 내가 여기에서 말하고 있는 뉴턴 법칙의 영적인 해석은 우주에서 발생하는 힘의 총량은 일정하다는 것입니다. 모든 작용에는 반대되는 반작용이 있으며, 이것은 거대한 우주적 규모에서 항상 균형을 이룬다는 의미입니다. 우주는 전체적으로 균형을 이루고 있습니다. 그러나 아주 작은 규모에서는, 반대되는 반작용이 없는 것처럼 보이도록 작동할 수 있으며, 이것은 결정적인 결과처럼 보이는 것을 만들어낸다는 의미입니다. 여러분은 A 지점에서 B 지점으로 몸을 움직일 수 있습니다.

 그러나 이러한 부분적인 작용들은, 어딘가 다른 곳에서 반작용이 일어나는 것을 허용함으로써 우주가 보상을 하고 있다는 의미에서 (우주적인 규모나 지구적인 수준에서 여러분의 행동이 만들어낸 힘을 흡수합니다), 어떤 대가를 지불하고 있는 것입니다. 따라서 한 장소에서 행해진 여러분의 행동이 다른 곳에서 불균형을 만듭니다. 동양의 종교에서는 이것을 카르마(업)라고 부르는데, 우리는 이제 좀 더 깊은 이해를 할 수 있습니다.

 카르마는 처벌의 한 형태가 아닙니다. 카르마는 단지 제한되고 불균형한 작용에 대한 우주의 반작용입니다. 여러분이 모두를 높이려고 하는 대신 분리된 자아의 이익을 목표로 행동을 할 때, 우주는 그 반작용을 어딘가 다른 곳으로 이동시켜, 여러분이 그렇게 할 수 있도록 합니다. 그래서 여러분의 행동이 즉시 상쇄되지 않는 것입니다. 이것이, 여러분이 모두를 높이는 것이 아닌 제한된 자아를 높이려는 행동을 실제로 취할 수 있는 유일한 방식입니다. 하지만 이 카르마는 여러분에 의해 만들어진 것이므로 여러분의 책임입니다. 따라서 여러분이 불균형을 만들어낸 국소적인 영역에서 균형을 회복해야만, 물질 우주에서 영구적으로 상승할 수 있습니다. 여러분이 지구에서 카르마를 만든다면, 여러분의 행동으로 균형을 회복할 때까지 지구에 다시 육화하면서 그 카르마의 균형을 잡아야만 합니다.

그래서 여기에서 볼 수 있는 것은, 사람들이 분리의 환영에 눈이 멀게 되면 그들의 모든 행동은 에고와 분리된 자아에 의해 동기가 부여된다는 것입니다. 따라서 그들은 다른 분리된 자아들에 비해 자신의 분리된 자아를 높이는 것을 목표로 합니다. 그러한 자기중심적인 행동은 불가피하게 우주에 불균형을 만들어낼 것이고, 여러분에게 속한 카르마가 생기게 됩니다. 이제, 이러한 카르마의 균형을 잡으면 지구에서 벗어나 상승할 수 있다고 믿는 상승 마스터 학생들이 있습니다. 그러나 이것은 아직 카르마를 완전하게 이해하지 못한 것입니다.

지구에서 상승하게 하는 요건 중의 하나가 여기에서 여러분이 만든 카르마의 균형을 잡아야 한다는 것은 맞는 말입니다. 그러나, 여러분은 카르마를 만들고, 카르마의 균형을 잡고, 그런 다음 떠나기 위해 여기에 온 것이 아닙니다. 여러분은 신의 공동창조자가 되어서 지구를 신의 나라로 구현하는 것을 돕기 위해 이곳에 왔습니다. 다시 말해, 여러분은 지구를 높이려는 중요한 일을 하기 위해 이곳에 왔으며, 여러분이 그런 기여를 하기 전에는 자유롭게 상승할 수 없습니다.

이것은 내가 방금 말한 것과 모순되는 것처럼 보일 수도 있지만, 그것을 정확하게 이해한다면 그렇지 않음을 알 수 있습니다. 여러분도 알다시피, 물질 우주는 일부 물질주의 과학자들과 많은 종교인이 상상하고 있는 것처럼, 정적인 곳으로 창조되지 않았습니다. 우주는 자기의식을 지닌 존재들에게 영적인 성장을 위한 발판을 제공하기 위해 창조되었습니다. 따라서 마이트레야께서 설명하듯이, 그것은 전체 우주가 상승하여 영적인 영역의 일부가 될 때까지, 빛의 정교함과 강도가 더 높아진다는 의미입니다. 여러분의 빛을 비추고, 아이앰 현존의 빛이 여러분의 하위 존재를 통해 빛나게 함으로써, 그 빛이 의식하는 자아와 함께 모두를 높이는 방식이 되게 함으로써, 여러분은 이 과정에서 개별적인 공헌을 하게 됩니다.

"사람은 할 수 없지만, 신에게는 가능하다. 신은 모든 것을 하실 수 있다."라는 내 말을 곰곰이 생각해 보세요. 평범한 사람들의 능력을 뛰어넘는 것으로 보이는 이른바 기적들을 내가 어떻게 만들어냈는지 생각해 보세요. 여러분이 이원성에 빠져 있을 때, 실제로 여러분은 작용-반작용의 구체 안에서 행동하는 것에 국한됩니다. 여러분은 이기적인 행동을 할 수 있지만, 반작용이 항상 그것들에 맞설 것입니다. 이것은 여러분이 실제로 생명의 강에 대항하고 있으므로 여러분의 창조 능력이 제한되고 있다는 의미입니다. 따라서 분리 의식을 가진 "사람에게는" 많은 것이 불가능합니다.

하지만 여러분이 분리의 환영을 넘어설 때, 모든 생명의 하나됨을 봅니다. 그러므로 여러분은 진정으로 여러분의 자아를 높이는 것, 즉 하나됨에 기반한 자아를 높이는 것이 모두를 높이는 것임을 알 수 있습니다. 내가 말한 대로, "여러분이 나의 형제 중에서 가장 미약한 자에게 한 것이, 바로 나에게 한 것입니다." 따라서 여러분이 자신을 높이려고 하지 않고 모두를 높이려고 할 때, 여러분은 우주를 위하는 신의 목적에 정렬하는 것이며, 그것이 바로 모든 생명을 높이는 일입니다. 여러분은 이제 "신과 함께" 행동하고 있고 생명의 강과 함께 흐르고 있습니다. 따라서 여러분에게 모든 것이 가능합니다. 왜냐하면 여러분은 작용-반작용이라는 이원성을 넘어선, 우주의 더 깊은 힘과 함께 일하고 있기 때문입니다. 이를 통해 여러분은 다른 곳에서의 반작용 때문에 반대되는 부분적인 결과를 만드는 행동이 아니라, 모든 생명을 높이는 보편적인 결과를 가져오는 일을 할 수 있게 됩니다.

그래서 내가 여기서 말하고 싶은 것은, 이 행성에 있는 대부분의 사람이 이원적 투쟁에 빠져, 전체 우주에 반대되므로 제한된 힘을 가진 자기중심적인 행동을 하고 있다는 것입니다. 그들은 균형을 이루어야만 자유로워질 수 있는 카르마를 여전히 만들고 있습니다. 여러분은 자유의지를 가지고 있으므로, 여러분이 원하는 만큼 이 게임을 계속할 수 있습니다. 사실, 스스로 영적이라고 생각하는 많은 사람도 여전히 이원적 게임을 하고 있습니다. 그들은 단지 영적인 것처럼 번지르르한 겉모습으로 그것을 위장하고 있을 뿐입니다. 그들은 여전히 다른 사람들과 비교하면서 분리된 자아를 높이려고 하고 있습니다. 이렇게 분리된 자아를 높이는 것은 부분적인 규모에서 전진하고 있다는 환영을 줄 수 있지만, 이것은 실제로 그리스도 의식과는 아무 관련이 없습니다. 내가 말했듯이, 개인적인 성장의 길을 버려야만, 여러분은 그리스도 의식의 여정에 진정으로 발을 내디딜 수 있습니다.

다시 한번 말하지만, 영적인 이미지로 아무리 교묘하게 위장하더라도, "여러분"이 분리된 자아로 밝혀진다면, 그리스도 의식과 여러분은 관련이 없다는 것을 이제 알 수 있습니다. 그리스도 의식은 오직 한 가지, 말하자면 모두를 높이는 것에 관한 것입니다. 여러분이 아무리 훌륭한 영적인 겉모습을 지니고 있다고 해도, 자신을 전체와 분리되었다고 생각하는 한, 실제로 그리스도 의식의 여정을 시작한 것이 아닙니다.

시시포스(Sisyphus)에 관한 고대 그리스의 신화가 있습니다. 그는 자신이 신들과 동등하다고 생각한 것에 대한 처벌로, 바위를 언덕 위로 굴려 올리고 그 바위가 굴러떨어지면 또다시 바위를 끝없이 굴려 올려야 했습니다. 그래서 그는 어떠한 결정적인 행동을 하는 것이 아니라, 단지 그러한 행동의 모습만 보여주는 끝없는 게임에 갇혀버렸습니다. 이것이 에고 게임입니다. 에고는 여러분이 같은 행동을 계속 반복하게 하지만, 제한적으로 드러나는 것과는 관계없이, 전체를 높이는 관점에서는 결코 결정적인 행동을 하지 않습니다.

아직도 이런 게임을 하고 싶다면, 여러분은 그리스도 의식에 이르는 여정을 시작할 준비가 되지 않은 것이며, 나도 여러분을 도와줄 수 없습니다. 그냥 이 책을 떠나 창조의 전반적인 목적과 조화를 이루는, 진정으로 결정적인 행동들을 수행할 방법을 배울 준비가 되었을 때, 나에게 다시 돌아오세요. 그것은 반-작용(re-action)을 일으키는 것이 아니라 탈-작용(de-action), 즉 신성한 행동(deified action)을 만들어냅니다.

* * *

한 걸음 더 나아가 보겠습니다. 나는 작용과 반작용의 패턴에 관해 이야기했습니다. 그러나 지구상의 대부분 사람은 내가 신성한 행동이라고 부르는 결정적인 행동을 실제로 하지 못합니다. 대신, 그들은 지구상의 현재 조건에 반응하는 패턴에 완전히 갇혀 있습니다. 그들은 이원성 의식에 눈이 멀어 이 패턴에 갇혀버렸으며, 그것은 현재의 혼란과 고통이 실제라고 믿게 하는 효과가 있습니다. 이로 인해 사람들은 제한된 상황에 빠졌다고 느끼고, 대부분은 그것을 의식하지 못한 채, 이원성 상태에 기반을 두고 이러한 한계에 대해 반응하게 됩니다. 이것은 어떤 사람이 여러분의 한쪽 뺨을 때리고 여러분이 다른 뺨을 돌려대지 않을 때 일어나는 일입니다. 여러분은 한쪽 뺨을 돌려대는 대신 반격하거나, 아니면 그 모욕을 피하기 위해 아무것도 할 수 없다는 사실에 굴복하고 맙니다.

그러한 반응의 결과로 인해 여러분은 이원적인 방식으로 현재의 조건들에 반응하는 패턴에 더 깊이 빠져들게 되며, 이것은 물론 그러한 조건들을 더 영속화할 뿐입니다. 내가 무슨 말을 하는지 알겠습니까? 추락한 존재들은 그들의 이원성 의식을 지구로 가져왔고, 빠르게 이 행성에 불균형을 만들었습니다. 그들은 다른 사람들을 통제하고, 조종하고 학대하는 것을 목표로 이기적인 행동을 했습니다. 이로 인해 많은 사람이 반격을 시도하거나, 아니면 그들보다 우월하다고 생각되는 사람의 통제에 굴복하는 이원적인 방식으로 반응하게 되었습니다. 이것은 곧 거의 모든 사람이 이원적인 마음에서 나온 조건들에 대해 반응을 하는 상황을 만들었고, 그들은 이원적인 환영을 강화할 뿐인 그런 방식으로 행동하고 있습니다. 그 환영에는 이 행성은 신의 나라에서 분리되었기에 신의 완전함이 결코 구현될 수 없다는 전반적인 환영도 포함되어 있습니다.

이것이 무엇을 의미하는지 알겠습니까? 인류는 지금 이러한 이원적 투쟁에 갇혀 있습니다. 결국 추락한 존재들의 최초 폭력은 수많은 폭력과 대항하는 폭력을 낳게 되었으며 자기-강화하는 하향나선을 만들었습니다. 따라서 큰 그림을 보면서, "우리는 왜 모든 것과 모든 사람과 계속 싸우고 있는 것일까? 더 나은 방법이 없을까?"하고 알아차리거나, 어떤 자각을 하고 있는 사람이 거의 없습니다.

어떻게 이 하향나선을 깰 수 있을까요? 개별적인 기반에서, 그 투쟁에 참여하기를 거부하는 사람들에 의해서만 하향나선을 깰 수 있습니다. 이 사람들은 이원적인 반응을 피하고, 악에 저항하는 것을 거부하면서 아무리 세게 때리더라도 다른 뺨을 내줌으로써, 비이원적 방법으로 삶에 반응할 수 있다는 것을 보여주어야 합니다! 그리고 충분히 많은 사람이 이렇게 할 때, 점점 많은 사람이 깨어나 임계수치에 도달할 수가 있습니다. 그러면 마침내 이원적 의식이 무엇인지 노출되고 사람들은 그것을 넘어서는 진정한 선택을 할 수 있게 됩니다. 지금 이 행성에 있는 대부분의 사람에게는 이러한 선택권이 없습니다. 왜냐하면, 그들은 이원적인 방법으로 반응하지 않는 사람을 결코 본 적이 없기 때문입니다. 그들은 이원성에 갇혀 있는 다른 사람들에게 반응하고 있는 이원성에 빠진 사람들만을 보았을 뿐이며, 그들은 이원성 의식과 그것이 삶의 모든 측면에 어떤 영향을 미치는지에 대한 이해를 얻을 기회가 없었습니다.

분명히, 나는 내 진정한 제자들이 이 비이원적 운동의 선두주자가 되리라 믿습니다. 하지만 어떻게 이것을 달성할 수 있을까요? 자, 그것은 전통적인 그리스도교인들의 방식으로는, 즉 외면의 마음을 사용하여 그들이 생각하기에 나의 계명과 일치한다고 생각하는 방식으로 행동하도록 스스로 강요해서는, 이루어질 수가 없습니다. 그것은 진정으로 여러분의 의식을 변화시켜야만 이루어질 수 있습니다. 그래서 여러분이 자신의 눈에서 이원성의 들보를 제거한다면, 여러분의 눈은 더 이상 분열되지 않은 단일한 눈(single eye)이 될 것입니다. 이것이 정확히 무슨 의미일까요?

이 행성의 역사를 돌아보면서 얼마나 많은 폭력과 학대가 있었는지 생각해 봅시다. 이제 여러분이 많은 생애 동안 이 행성에 육화했다는 것을 스스로 인정해야 합니다. 이는 여러분이 역사상 모든 잔학행위를 피하기가 사실상 불가능했다는 의미입니다. 따라서, 여러분은 이러한 잔학 행위 중 일부를 겪었고 극단적인 형태의 학대에 노출되었을 가능성이 큽니다. 어쩌면 여러분이 노예였을 수도 있고, 어쩌면 진실을 옹호하다가 살해되었거나 어쩌면 많은 전쟁에 참여하여 젊은 시절에 죽었을지도 모릅니다. 그리고 여러분은 이원성 의식에 어느 정도 눈이 멀었기 때문에, 이러한 문제 상황들에 이원적인 방식으로 대응했을 가능성이 있습니다. 그러면 이것은 어떤 영향을 미칠까요?

자, 내가 말했듯이, 에고는 분리에서 태어났으며 그것의 반응은 모두 이원성에 기반을 두고 있습니다. 따라서 에고는 폭력적인 상황에 이원적인 방식으로만 반응할 수 있습니다. 상황에 비이원적인 방식으로 반응할 수 있는 것은 의식하는 자아뿐입니다. 하지만 의식하는 자아가 결정을 내리는 데 전적인 책임을 지고, 자신이 육체를 넘어선 영적인 존재이기 때문에 신체적 학대를 받아도 궁극적으로 영향을 받지 않는다는 인식을 근거로 결정을 내려야만 그렇게 할 수 있습니다. 그러므로 의식하는 자아가 이렇게 할 수 없을 때는, 제한적인 상황에 결정을 내리고 싶지 않다는 반응을 할 것입니다. 어떤 의미에서, 의식하는 자아는 그것을 경험조차 하고 싶지 않다는 결정을 함으로써 학대에 반응하는 것이며, 이는 그것을 의식하고 싶지 않다는 것입니다.

그래서 의식하는 자아는 어떻게 반응할지 결정하는 것을 피할 수 있다고 생각하며 동굴로 물러나려고 하고, 그렇게 해서 그 상황을 의식하는 것을 피하고 싶어 합니다.

분명한 것은, 의식하는 자아는 의식하는 것을 피할 수 없지만, 어떻게 반응할지 결정을 내리는 권한을 에고에게 줄 수 있다는 것입니다. 그러나 에고는 이원적인 방식으로만 반응할 수 있으므로, 에고의 반응은 여러분을 이원적 투쟁으로 더 깊이 빠져들게 할 것입니다. 여러분이 경험하고 있는 특정한 학대 상황을 다룰 수 있도록 고안된 하위자아(sub-ego), 즉 새로운 분리된 자아를 만드는 것이 에고가 할 일이기 때문에, 이런 일이 일어납니다.

이 분리된 자아는 무의식적으로 프로그램을 수행한다는 점에서 컴퓨터 프로그램과 유사합니다. 따라서, 여러분이 분리된 자아를 만들었던 학대와 비슷한 상황을 경험할 때마다, 그 자아가 활성화되어 그 상황에 대한 여러분의 반응을 떠맡게 됩니다. 이것은 여러분이 과거의 패턴들을 무심하게 반복하면서 이원성 투쟁에 더 깊게 빠져들게 된다는 의미입니다. 그러므로 이 행성의 많은 사람이 영적으로 성장하지 못하고, 마침내 그들이 경험할 만큼 하고 나서 삶에 대한 반응을 바꿀 책임을 되찾겠다는 결정을 하게 될 때까지, 여러 생애에 걸쳐서 같은 패턴을 단순히 되풀이하고 있는 것입니다.

* * *

틀림없이, 여러분은 이미 낡은 패턴들을 반복하는 하향나선을 무너뜨리고 스스로에 대한 책임을 상당히 많이 되찾았을 것입니다. 그러나 여러분의 잠재의식 속에는 여전히 이러한 오래된 분리된 자아들의 일부를 가지고 있을 가능성이 큽니다. 이것들은 옷장 속의 해골들이며, 여러분 마음의 저택을 맴도는 유령들입니다.

내가 여기에서 말하고 싶은 것은 이러한 이원적 자아, 과거의 유령은 여러분을 따라서 신의 나라로 결코 들어갈 수 없다는 것입니다. 이것은 여러분이 "그 유령을 포기해야"만 한다는 의미입니다. 여러분은 이러한 오래된 분리된 자아들을 의식적으로 찾아내서, 그것들이 이원성 의식에서 생겨났기 때문에 그리스도 의식의 여정에 전혀 건설적인 도움이 되지 못한다는 것을 보아야만 합니다. 따라서 그것들을 죽게 놔둬야 하고, 포기해야만 합니다. 그리고 이 일은 반드시 의식적으로 행해져야만 합니다.

"유령을 포기한다."라는 표현이 경종을 울리나요? 여러분이 경전을 읽었다면, 십자가 위에서 나의 마지막 순간이 떠오를 것입니다.

> 33 낮 열두 시가 되자 온 땅이 어둠에 덮여 오후 세 시까지 계속되었다.
> 34 세 시에 예수께서 큰소리로 부르짖었다. "엘로이, 엘로이, 레마 사박타니?" 이 말씀은 '주여, 주여, 어찌하여 나를 버리셨나이까?'라는 뜻이다.
> 37 예수께서는 큰소리를 지르시고 숨을 거두셨다.
> 38 그때 성전 휘장이 위에서 아래까지 두 폭으로 찢어졌다. (마가 15장)

여기서 더 깊은 상징, 즉 여러분이 주일학교에서 배워야 했지만 배우지 못했던 상징이 보이기 시작하나요? 나의 십자가 죽음은 오직 나에게만 해당하는 것이 아닙니다. 그것은 모든 인간이 영적인 방식으로 겪고 있는 것을 물리적으로 나타낸 것이었습니다. 그것은 영적인 입문의 예를 보여준 것입니다. 십자가가 무엇입니까? 그것은 여러분이 겉보기에 스스로 탈출할 수 없는 것처럼 보이는 특정한 위치에 자신을 고정하는 도구입니다. 그리고 이것이 바로, 여러분의 에고와 반-그리스도 세력들이 여러분과 이원성에 갇힌 모든 인간에게 하는 일입니다. 이 행성의 거의 모든 사람은 에고에 의해 십자가에 못 박혔기 때문에, 영적인 의미에서 십자가에 못 박혀 있습니다. 즉 사람들이 신과 공동창조자가 되는 영적인 잠재력을 표현하는 것을 막기 위해 거짓 지도자들, 추락한 존재들이 사람들에게 영적인 죽음을 선고한 것입니다.

내가 육체적으로 십자가에서 죽음을 받아들임으로써 모든 사람, 즉 그들의 의식하는 자아가 육체 이상이라는 사실을 보여주려고 했다는 것이 보이기 시작하나요? 따라서, 그들이 여러분을 육체적인 의미에서 십자가에 못 박고 마비시키려고 하더라도 여러분은 그것 이상의 존재이며 그것을 뛰어넘을 수가 있습니다. 그러므로 이 행성의 거짓된 지도자들이 여러분을 이원성에 근거한 멘탈 박스에 가두어 두려고 할지라도, 여러분은 이런 마비 상태를 받아들일 필요가 없습니다.

그 대신, 여러분은 그것들이 비실재이고, 따라서 그것들이 실재, 즉 창조주 존재의 확장체인 의식하는 자아에게 영향을 줄 수 없다는 것을 깨달음으로써 그런 환영들을 뛰어넘을 수 있습니다. 어떻게 하면 의식하는 자아를 이원적인 정체감에서 벗어나게 할 수 있을까요? 유령(ghost)을 포기해야 합니다. 그것은 여러분이 지구에서 겪은 공격들을 방어하기 위하여 만들었던 분리된 자아들의 상징입니다. 하지만, 그러한 공격들에 대하여 복수를 하려고 하거나 그것들을 바로잡으려 하는 대신, 여러분은 단지 지구상의 모든 것에 대한 집착을 모두 포기하기로 결정하는 것입니다. 십자가 위에서 죽어가는 내 육체가 상징하는 것처럼, 여러분 필멸의 자아가 죽고, 그것에 따라 의식하는 자아는, 여러분이 창조될 때 예정된 것과 같이 신의 태양(S-u-n of God)이라는 새로운 정체성으로 부활할 수 있습니다. 즉 신의 불꽃으로 다시 태어날 수 있습니다.

그리고 그렇게 되면, 성전의 베일이 찢겨 나갈 것입니다. 그것은 물질과 영 사이, 물질적인 영역과 영적인 영역 사이의 분리를 상징하는 베일입니다. 그 베일이 찢길 때, 분리가 사라지고 여러분은 비로소 누구도 닫을 수 없는 열린 문, 이 세상에서 여러분의 상위 존재가 자신을 표현하는 열린 문이 됩니다. 그럼으로써 여러분은 마침내 지구에 신의 나라를 공동창조하는 역할을 할 수 있게 됩니다.

이제 나의 십자가 죽음이 모든 사람을 과거의 유령으로부터 자유롭게 할 수 있는 과정의 상징이라는 것을 알겠나요? 그것이 바로 "자신의 십자가를 지고 나를 따르라."라는 말에 새로운 의미를 부여해야 하는 이유입니다. 그리고 그것은 과거의 유령들, 즉 분리된 자아들을 드러내고 여러분이 그것들을 의식적으로, 무조건적으로 그리고 기꺼이 놓아버리면서 필멸의 자아를 죽게 할 수 있는 지점에 이르게 할 확고한 동기를 부여할 것입니다. 진정한 여러분은 절대 죽지 않고 새로운 정체성으로 부활한다는 사실을 충분히 잘 알게 될 때, 여러분은 자신이 여러분 위의 모든 생명과 하나이면서 여러분 아래의 모든 생명과도 하나임을 알게 됩니다.

* * *

이러한 분리된 자아와 에고가 비실재인 이유를 여러분이 실제로 이해하고 있는지 확인해 보겠습니다. 여러분은 자신의 모든 분리된 자아가 우상에 근거하고 있다는 것을 정말로 이해하고 있나요? 그것들은 에고에 의하여 만들어졌기 때문에, 결코 신의 실재를 경험할 수 없습니다. 일부 영적인 구도자는 이것을 이해하기 어려울 수 있습니다. 특히 여러분이 신의 실재를 확인하는 영적인 경험을 했다고 알고 있다면, 더욱 어려울 것입니다. 그런 경우 여러분은 에고가 이러한 경험을 이해할 수 있고 결과적으로 변화했을 것이라고 생각하는 경향이 있습니다. 그러나 이것은 결코 사실이 아닙니다. 여러분의 에고는 진정한 신비 체험을 헤아릴 수도, 인식할 수도 없습니다. 에고가 할 수 있는 일은 여러분이 그런 경험을 통해 변화하는 것을 볼 때, 에고의 행동을 바꾸는 것입니다. 에고는 다시 한번 다른 실체로 자신의 모습을 변화시킬 것이고, 여러분의 새로운 세계관을 이용해서 어둠 속에 계속 숨어 있을 수 있습니다.

나는 다양한 각도에서 에고의 주된 모습을 설명해 왔습니다. 그런데 여러분은 에고의 작업 방식(modus operandi)을 실제로 이해하고 있나요? 에고는 실재로부터 영원히 분리되어 있으며, 이는 에고가 직접 실재를 경험할 수 없다는 의미입니다. 따라서 에고는 그 자신이 실재라고 생각하는 것에 대한 정신적인 이미지를 만들고, 그 이미지를 무오류의 지위로 끌어올려 우상으로 만듭니다. 에고는 자신의 정신적인 이미지를 실재와 비교할 수 없지만, 여러분의 의식하는 자아는 비교할 수 있습니다. 따라서 에고는 정신적인 이미지가 절대적으로 옳고 의심의 여지가 없다는 것을 여러분이 믿게 함으로써, 의식하는 자아가 지혜의 열쇠(Key of Knowledge)를 사용하여 여러분의 믿음을 실재와 비교하고 현실 점검을 수행하는 능력을 발휘하는 것을 방해하려 하고 있습니다. 왜냐하면 자신이 가진 믿음 중 하나가 비실재임을 알게 되면, 여러분은 그것을 즉시 버릴 것이고, 그러면 에고와 거짓 교사들은 여러분에 대한 통제력을 어느 정도 잃게 되기 때문입니다.

이제 여러분은 이 행성에서 대부분 사람을 실제로 움직이게 하는 것이 무엇이고, 무엇이 그 이원적 투쟁에 기름을 붓고 있는지 알 수 있나요? 대부분의 사람은 그들의 에고에 의해 눈이 멀었고, 에고는 이원적 이미지들을 만들어 내어 실재 위에 그것들을 투사합니다. 따라서, 사람들은 실재를 그들의 멘탈 박스, 그들의 신념 체계에 끼워 맞추기 위하여 노력하고 있으며, 그렇게 하기 위해서는 자신의 신념 체계를 받아들이지 않는 모든 사람을 개조하거나 제거해야만 합니다. 에고는 자신의 신념 체계에 대한 어떤 위협도 받아들일 수 없으며, 가능한 모든 수단을 사용하여 그것을 제거하려고 합니다. 그것이 다른 신념 체계들 사이에 그렇게 많은 투쟁이 있어 왔고, 아직도 많은 이유를 설명해 줍니다.

이 행성에 있는 사람 대부분이, 우주 전체, 다른 사람들 그리고 신을 그들의 특정한 멘탈 박스에 끼워 맞추려는 투쟁에 갇혀 있다는 것이 보입니까? 그것은 단지 투쟁과 고통으로 인도하는 헛된 노력일 뿐이며, 결코 이루어질 수 없음을 알고 있나요? 이원적인 마음이 만들어낸 환영의 베일을 극복하는 것이 가능함을 보여줌으로써, 이러한 투쟁 뒤에 숨어 있는 메커니즘을 폭로할 사람들이 내게 필요하다는 것을 알겠습니까? 이 일을 하기 위해서, 여러분은 먼저 자신의 눈에서 들보를 제거하는 것부터 시작해야 합니다. 그것만이 다른 사람들이 같은 일을 하도록 어떻게 도울 수 있는지를 명확하게 알 수 있는 유일한 방법이기 때문입니다.

여러분의 에고가 만들어낸 허상들을 포기해야만, 여러분의 의식하는 자아는 새로운 자아감으로 부활할 수 있습니다. 그것은 실재와 하나이기 때문에 실재에 근거한 정체성입니다. 그러면 어떻게 이 부활의 자격을 얻을 수 있을까요? 참된 영적인 스승과 하나가 됨으로써, 이미 그들 위의 존재들과 하나되고 창조주와 하나됨을 이룬, 영적 위계에서 여러분 위에 있는 존재들과 하나가 됨으로써, 그렇게 할 수 있습니다. 다시 말해, 여러분은 자신을 더 이상 분리된 존재가 아니라, 위와 아래가 연결된 존재의 사슬(Chain of Beings)에 있는 하나의 고리로, 신의 몸(Body of God)의 한 구성원으로 보는 지점까지 도달해야만 합니다.

* * *

내가 여러분을 데려가고 있는 곳은 모든 정신적 분리를 극복한 지점입니다. 그곳에서 여러분은 더 이상 스스로 분열된 집이 아니라 하나된 마음이며, 단일한 눈(single eye)으로 볼 수 있습니다. 여러분의 비전이 분리된 자아의 허상에 의해 더 이상 나뉘지 않을 때, 여러분은 개인적인 성장의 길을 떠나 그리스도 의식의 여정으로 나아가는 현명하고 의식적인 결정을 할 수 있습니다. 즉 개인적인 자아를 높이려는 욕망이나 우주를 여러분의 멘탈 박스에 짜 맞추려는 욕망을 영원히 놓아버리는 것입니다. 내가 설명하려 했듯이, 그리스도 의식의 여정은 모든 것과 하나됨으로 여러분을 인도합니다. 하지만 이것은 여러분 위에 있는 영적인 계층구조와 하나됨을 추구하는 것에서 시작해야 합니다.

따라서, 그리스도 의식의 여정은 나와 또는 여러분의 가슴에 가까운 다른 상승 마스터와 하나가 되는 여정입니다. 여러분은 어느 상승 마스터와도 하나됨을 추구할 수 있으며 그 길을 따라갈 수 있습니다. 왜냐하면 우리 모두는 하나이기 때문입니다. 그러나 나는 행성 그리스도 사무국을 맡고 있으므로, 누구도 그 사무국을 통하지 않고서는 아버지에게 갈 수 없습니다. 그리고 나의 사무국을 통과한다는 것은 나와 하나됨을 이룬다는 의미입니다. 그러므로 여러분은 조만간 나와 함께 평화를 이룰 것인데, 이것은 아이로니컬하게도 그리스도교 문화에서 성장하지 않은 사람들에게 더 쉬운 일입니다. 왜냐하면 주류 그리스도교는 나에 대해 상당히 왜곡된 이미지를 제공했으므로, 그리스도교 배경을 지닌 대부분의 사람은 나와의 하나됨에 대해 생각하는 것조차 매우 어렵다는 것을 알 수 있습니다. 그럼에도 불구하고, 그리스도 의식의 여정에서 불가피한 부분은 여러분의 배경이 무엇이든, 그것을 뛰어넘어야 한다는 것입니다. 그래서 나는 다음과 같이 말했습니다.

> 32 누구든지 사람들 앞에서 나를 안다고 증언하면 나도 하늘에 계신 내 아버지 앞에서 그를 안다고 증언하겠다.
> 33 그러나 누구든지 사람들 앞에서 나를 모른다고 하면 나도 하늘

에 계신 내 아버지 앞에서 그를 모른다고 하겠다.

34 내가 세상에 평화를 주러 온 줄로 생각하지 마라. 평화가 아니라 검을 주러 왔다.

35 나는 아들은 아버지와 맞서고 딸은 어머니와 며느리는 시어머니와 서로 맞서게 하려고 왔다.

36 집안 식구가 바로 자기 원수다.

37 아버지나 어머니를 나보다 더 사랑하는 사람은 내 사람이 될 자격이 없고 아들이나 딸을 나보다 더 사랑하는 사람도 내 사람이 될 자격이 없다. (마태 10장)

이 말의 진정한 의미는 그리스도 의식의 여정은 타협하지 않는다는 것입니다. 그것을 따르기 위해서는, 여러분은 문화와 가족의 집단의식에 의해 규정된 틀 안에 머물 수 없다는 것입니다. 여러분이 지구상의 어떤 것에 적응하려고 한다면 나와 하나가 될 수 없으므로, 여러분은 기꺼이 인습을 넘어서야 합니다. 나는 어떤 우상도 따르지 않으며, 이원성 투쟁에 절대 참여하지 않기 때문입니다. 나는 나 자신의 유령을 포기하고 실재와 하나되었으며, 따라서 우주를 어떤 틀에 맞추려는 시도를 내려놓았습니다. 여기서 나의 전반적인 요점은 우리가 이제 이 과정을 나누는 또 다른 경계선에 도달했음을 여러분이 알도록 돕는 것입니다.

현재의 수준을 넘어서 나아가기 위한 여정의 다음 수준은, 여러분이 영적인 존재로서 나와 하나가 되어야 한다는 것을 깨닫는 것입니다. 그리고 분명히 나는 영적인 존재이기 때문에, 지구상에서 발견되는 어떤 한계도 넘어서 있습니다. 즉 나는 모든 허상 너머에 있습니다다. 여러분이 세속적인 정체감에 집착하고 있다면, 어떻게 나와 하나가 될 수 있겠습니까? 나는 다음과 같이 말했습니다.

> 24 그리고 제자들에게 이렇게 말씀하셨다. 나를 따르려는 사람은 누구든지 자기를 버리고 제 십자가를 지고 따라야 한다.
> 25 누구든지 제 목숨을 살리려고 하는 사람은 잃을 것이며 나를 위하여 제 목숨을 잃는 사람은 얻을 것이다. (마태 16장)

자신을 부인한다는 것은 거짓 교사들, 사회, 가족 그리고 대중의식에서 오는 세속적인 정체감을 따라야 한다는 압력, 즉 외부에서 오는 압력과 자신의 내부인 에고로부터 오는 압력을 모두 부인한다는 의미입니다. 여러분이 자신의 십자가를 진다는 것은 자신의 이원적인 신념을 해결하기 위해 도전한다는 의미입니다. 그 신념이 바로 여러분을 십자가에 계속 못 박아 놓고 그것을 넘어서지 못하게 막고 있는 것입니다. 그래서 여러분이 세상의 생명, 즉 유령 같은 정체감을 유지하려 한다면, 여러분은 나와 하나가 될 수가 없습니다. 그리고 여기에 여러분이 정말로 이해해야 할 요점이 있습니다.

내가 설명한 대로, 에고와 거짓 교사들은 번드르르하고 미묘하게 많은 위장을 한 거짓된 길을 생각해 냈습니다. 그러나 본질상 그것들은 모두 그리스도의 두 번째 도전을 이해하지 못하는 것에 기반을 두고 있습니다. 따라서 그것들은 여러분의 세속적인 정체감, 즉 허상들을 여전히 유지할 수 있고, 여전히 구원받을 수 있으며, 심지어 그리스도와 하나가 되는 것도 어떻게든 가능하다는 미묘한 인상을 만들어 냅니다. 다시 말해, 그 저변에 깔린 믿음은 여러분의 멘탈 박스를 버리는 대신, 어떤 식으로든 그리스도가 여러분의 틀로 들어와서 따르게 하는 것이 가능하다는 것입니다. 그리스도가 여러분의 분리된 자아를 받아들이고, 그 분리된 자아를 그리스도의 눈에 가치 있게 하는 것이 가능하므로, 그리스도를 따르기 위해 반드시 여러분의 생명을 잃을 필요가 없다는 것입니다.

이제 여러분이 이것이 완전히 헛된 망상이라는 것을 볼 수 있기를 바랍니다. 나는 결코 내가 맡은 임무에서 타협하지 않을 것입니다. 그것은 반-그리스도의 환영이 만든 감옥에서 여러분을 벗어나게 하는 데 전념하는 일입니다. 따라서, 나는 분리된 에고의 기대와 우상화된 이미지를 절대 따르지 않을 것입니다.

영적인 여정에서 어느 정도 진전을 이루었지만, 내가 방금 설명한 바로 그 환영에 근거한 어떤 미묘한 믿음에 집착함으로써 자신의 전진을 더 어렵게 만드는 회색 지대(gray zone), 즉 중간지대(twilight zone)로 들어간 진지한 영적인 구도자가 많습니다. 말하자면, 여러분이 특정한 지점을 넘어 진전을 이루는 동안에도 분리된 자아나 어떤 이원적인 이미지를 계속 유지할 수 있으며, 실제로 모든 것을 버려야 하는 결정을 할 필요가 없다는 것입니다. 나는 수 세기 동안, 영적인 진전을 이루기 위해 수십 년간 진지하게 노력해온 많은 사람이, 모든 허상을 포기하고 분리된 자아를 십자가 위에서 죽도록 해야 하며, 절대 타협하지 말아야 한다는 것을 이해하지 못했기 때문에, 정확하게 특정한 지점에서 멈춰버리는 것을 너무 많이 봐왔습니다.

이것이 진정으로 무엇을 의미하는지 이해합니까? 내가 십자가에서 죽은 이유를 다시 살펴보고 실제로 무슨 일이 일어났는지 보세요. 처음에 나는, 신이 십자가에서 나를 구할 것이라고 생각했지만, 결국 그런 일은 일어나지 않는다는 것을 깨달았습니다. 그런 다음 나는 어떤 멘탈 이미지를 믿게 만들었던 유령을 놓아버리고, 결국 실재를 받아들였습니다. 즉 나는 나중에 무슨 일이 일어날지 실제로 알지 못한 채, 내 육체를 십자가 위에서 죽게 내버려두어야 했습니다. 이것은 무슨 일이 일어날지 결과를 알지 못한 채 유령을 놓아버려야 한다는 사실을 나타내는 상징입니다. 그것은 마치 미지의 세계로 믿음의 도약을 해야 하는 것과도 같습니다. 그러나, 여러분이 신의 존재에서 비롯된 의식하는 자아라는 것을 진정으로 이해할수록, 도약이 줄어들고 믿음도 덜 요구됩니다. 왜냐하면 믿음은 여러분이 불멸의 영적인 존재라는 것을 아는 것으로 대체될 것이기 때문입니다. 즉 필멸의 자아를 죽게 한다고 해서 여러분이 죽는 것은 아님을 알게 되는 것입니다. 따라서 실재인 여러분은 십자가 위에서 죽을 수 없으며 단지 비실재인 에고가 죽을 뿐입니다. 그러나 그 차이점을 알게 될 때만, 여러분은 자신의 존재를 잃어버릴 것이라는 두려움 없이 실재가 아닌 여러분을 죽게 내버려둘 수 있습니다.

의식하는 자아가 에고의 기본적인 환영을 깨닫게 되면, 여러분은 스스로 삶을 훨씬 더 쉽게 만들 것입니다. 에고는 환영을 절대 놓지 않을 것이지만, 여러분은 그것을 놓아버릴 수 있습니다. 따라서 여러분은 실재를 여러분의 멘탈 박스에 억지로 집어넣으려는 시도를 멈추고, 대신 실재와 하나 되는 것에 주의를 집중할 수 있습니다. 어떻게 진리를 알 수 있을까요? 진리의 영과 하나가 됨으로써, 바로 진리가 됨으로써 알게 됩니다. 그래서 내가 이렇게 말했습니다.

"나는 길이요 진리요 생명이다. 나를 거치지 않고서는 아무도 아버

지께 갈 수 없다."(요한 14:6)

이것이 내가 위에서 말한 것과 어떻게 연결되는지 알겠습니까? 에고의 기본적 환영을 붙잡고 있는 한, 여러분은 스스로 작용과 반작용의 중간지대(twilight zone)에 계속 머물러 있는 것입니다. 여러분은 두 걸음 나아갈 수 있지만, 내면의 분열이 여러분을 한 걸음 뒤로 당겨, 전진을 훨씬 더 힘들고 느리게 만듭니다.

내가 여기서 여러분이 알기를 바라는 점은, 여러분이 여전히 분리된 상태에 있는 동안, 내가 할 수 있는 한 멀리까지 여러분을 데리고 왔다는 것입니다. 여러분은 여전히 어느 정도 진전을 이룰 수 있고, 여전히 심리적인 치유가 필요한 상처가 남아 있을 수도 있으며, 어쩌면 전문적인 도움이 필요할지도 모릅니다. 그렇다고 해서, 내가 지금 설명한 모든 것을 여러분이 포기하겠다는 결정을 할 준비가 되지 않은 것에 대해, 어떤 잘못이 있다고 말하는 것이 아닙니다. 그러나 여러분은 또한 자신의 에고가 그 결정을 영원히 연기시키려는 구실로 무엇이든 다 이용할 것임을 알아야 합니다. 따라서 의식하는 자아가 그 결정을 할 필요가 있고, 그것은 오직 현재(NOW)에서만 결정할 수 있음을 인식해야 할 시점이 와야 합니다.

그래서 여러분이 두려움이나 의무감에서가 아닌 사랑의 뜻에서 나와 기꺼이 하나가 되겠다는 결징을 할 준비가 되었는지, 아니면 아직도 나와 거리를 두고, 여러분과 나 사이에 공간을, 즉 여러분의 에고가 숨을 수 있는 공간을 유지하고 싶은지, 진지하게 생각해 볼 필요가 있습니다.

여러분이 준비되지 않았더라도, 나는 여러분을 비난하지 않습니다.

하지만 여러분이 준비되면, 이 과정을 계속해 나가기를 권합니다. 여러분은 앞에 있는 열쇠들을 다시 할 수도 있고 성모 마리아의 책을 보면서 심리적인 분열을 치유하는 도움을 받을 수도 있습니다. 아니면 과거의 허상들을 드러내고 떨쳐버리는 데 전문적인 도움을 구할 수도 있습니다. 결정하기 전에 더 많은 시간이 필요하다면, 필요한 만큼 이 열쇠의 연습을 계속하세요.

내가 여기서 말하고 싶은 것은, 여러분이 이 지점을 넘어서까지 이 책을 계속 읽게 되면, 나와 하나가 되는 여정을 기꺼이 추구하겠다고 명확하게 결정을 내릴 수 있게 되기를 기대한다는 것입니다. 분명히, 나는 그 하나됨으로 나아가는 과정을 여러분에게 안내하겠지만, 여러분이 이미 하나됨에 도달했다고는 기대하지 않습니다. 그렇지만 나는 여러분이 무슨 일이 있더라도 하나됨을 향해 기꺼이 나아가겠다는 결정을 내렸을 것이라고 기대합니다.

열쇠 14를 위한 연습

다시 한번 33일 집중 기도 동안 'INV06: 예수님의 죽음에 대한 승리 기원(Jesus Invocations for Victory over Death)'을 낭송하기 바랍니다. 이 기원문을 낭송한 다음, 노트를 펼쳐 두고 앉아서 다음의 화두에 대해 깊이 생각해 보세요. 그리고 생각나는 무엇이든 자유롭게 적어 보세요. 이것이 그 화두입니다.

나는 다 자란 젊은 독수리이며, 내 날개는 이제 나를 하늘로 높이 솟아오르게 할 준비가 되어 있습니다. 내 날개는 창공을 가르고 나가기를 열망하지만, 내 발톱은 아직도 둥지를 붙든 채, 나는 둥지의 가장자리에 앉아 있습니다. 도대체 내 안의 어떤 힘이 날개를 믿지 못해 둥지를 놓지 못하게 하고, 둥지를 발톱으로 그렇게 단단히 움켜쥐게 하는 것일까요?

분명히, 여러분을 뒤에서 붙잡고 있는 것은 앞에서 설명한 것처럼, 과거에 여러분이 만든 분리된 자아들입니다. 여러분이 의식적으로 그것들을 볼 수 있도록, 내게 도움을 요청하세요. 과거의 자아들을 알게 되면서, 여러분이 의식하는 자아이고 이 세상에 보이는 현상들을 다루기 위해 만들어진 어떤 자아도 넘어서는 존재라는 사실에 연결되기를 바랍니다.

여러분의 과거 상황들이 그 당시 아무리 실재처럼 보였다고 하더라도, 그것들은 분리된 자아에게만 실재처럼 보였을 뿐임을 깊이 생각해 보기 바랍니다. 의식하는 자아는 이러한 상황이 결국 비실재인 세상의 모습임을 알 수 있습니다. 이러한 비실재인 현상들은 실재하는 여러분에게 아무런 힘을 행사할 수 없으며, 따라서 그것들이 계속해서 여러분의 자아감에 영향을 미치도록 해서는 안 됩니다.

이제 여러분은 과거의 특정한 자아가 만든 십자가 위에 매달려 있다고 상상할 수 있습니다. 여러분이 과거의 자아를 만들었다는 것을 받아들이고 인정할 때, 여러분은 자신이 십자가 위에서 마비되어 있는 것을 느낄 수 있습니다. 그때 여러분 비전의 비전이 높아져서 진정한 자신은 물질적인 십자가를 넘어서 있다는 것을 볼 수 있게 됩니다. 따라서 여러분은 과거 정체성의 허상을 포기할 수 있고, 신의 불꽃인 여러분의 현존이 그것을 태워 버리도록 할 수 있습니다. 우리의 신은 자신과 같지 않은 모든 것을 정말로 태울 수 있는 화염이기 때문에, 여러분이 자유의지로 허상을 계속 유지하는 대신 그것을 화염 속으로 놓아버린다면, 그것은 소멸될 것입니다.

나는 인류의 십자가 죽음을 대표하는 존재이기 때문에, 여러분과 함께 이 경험을 할 수 있고 기꺼이 그렇게 할 것입니다. 그러므로, 내가 여러분과 함께 십자가 위에 매달려 있고, 여러분에게 완전하고 조건 없는 놓아버림을 할 수 있는 힘을 제공하고 있다고 상상해 보기 바랍니다. 이 기세에 힘입어, 여러분은 풍요로운 삶의 핵심 열쇠인 완전한 영적인 자유를 가로막고 있는 어떤 부담도 실제로 극복할 수 있습니다. 삶은 투쟁이고 신은 여러분에게 그의 나라를 주지 않으려고 하는 분노하고 조건적인 신이라는 것을 확인함으로써 풍요로운 삶을 거부하는 것 외에, 분리된 자아가 하고 있는 일이 무엇입니까? 이 기법을 부지런히 활용함으로써, 여러분은 그야말로 어떤 제한된 조건이든 모두 뛰어넘을 수가 있습니다. 유일하게 여러분을 제한할 수 있는 것은 실재가 아닌 자아감뿐이기 때문입니다. 그러므로 여러분은 그리스도 안에 있는 새로운 존재, 즉 신의 태양(Sun of God)으로 부활하기 위해 모든 허상을 기꺼이 포기해야 합니다!

사랑하는 여러분, 근본적인 요점이 보입니까? 여러분은 십자가 죽음을 두려워하고 그것을 피해야 할 것으로 생각하면서 자랐을 것입니다. 여러분은 움직이지 못하게 하는 십자가에 못 박히는 것을 피하고자, 무엇이든 기꺼이 다 하려고 했을지도 모릅니다. 하지만 여러분은 영적인 의미에서 이미 십자가에 못 박혀 있고, 많은 생애 동안 여러분의 개인적인 십자가에 매달려 왔다는 것을 알고 있나요? 내가 여러분에게 제공하는 것은, 여러분을 여전히 십자가에 못 박혀 있게 하는 허상을 마침내 포기함으로써, 여러분이 십자가를 초월할 수 있는 지점에 이르도록 돕는 일입니다. 이렇게 놓아버리는 것은 두려워할 일이 아닙니다. 그것은 마침내 포로를 해방시켜 바다를 건너, 즉 이원성의 바다를 벗어나 약속의 땅으로 데려갈 것이기 때문에, 커다란 기쁨으로 받아들여져야 할 일입니다. 그렇다면 여러분은 과거의 허상들을 붙잡고 계속 저항하는 대신, 이제는 자유를 받아들이지 않겠습니까?

27 아버지께서는 모든 것을 저에게 맡겨 주셨습니다. 아버지 외에는 아들을 아는 이가 없고, 아들과 또 아들이 원하는 대로 계시를 받은 사람 외에는 아버지를 아는 이가 없습니다

28 고생하며 무거운 짐을 지고 허덕이는 사람은 다 나에게로 오라. 내가 편히 쉬게 하리라.

29 나는 마음이 온유하고 겸손하니 내 멍에를 메고 나에게 배워라. 그러면 너희의 영혼이 안식을 얻을 것이다.

30 내 멍에는 편하고 내 짐은 가볍다. (마태 11장)

열쇠 15
그리스도를 진정으로 이해하기

나와 하나됨에 이르기 위해 필요한 것이 무엇인지 이해하는 전에, 여러분은 내가 실제로 누구인지 더 명확하게 이해를 할 필요가 있습니다. 이것은 여러분이 어떠한 그리스도의 이미지를 가지고 자랐는지 생각해 보라고 요구합니다. 이 행성에서 자라나면서, 대중의식의 거친 바다에 떠다니는 그리스도의 많은 거짓된 이미지 중 하나에 영향을 받지 않는 것이 사실상 불가능하기 때문입니다.

분명히, 여러분은 어린 시절에 가졌던 그리스도의 이미지에 이미 도전했고, 이것을 이미 버리기 시작했을 것입니다. 그렇지 않았다면 여러분은 이 지점까지 과성을 따라올 수 없었을 것입니다. 사실, 나는 이전 열쇠들에서 이러한 많은 이미지에 체계적으로 도전해 왔습니다. 하지만, 여러분이 앞으로 33일 동안 여러분이 가진 예수로서의 나에 대한 이미지와 그리스도에 대한 더 일반적인 이미지를 생각해 보는 시간을 갖기를 바랍니다. 여러분이 그리스도가 된다는 것은 과연 무엇을 의미할까요? 즉 그리스도의 개념과 관련된 이미지와 한계에는 어떤 것들이 있을까요? 여러분은 그리스도가 오직 나에게 국한된 것이라 보고 있나요? 아니면 "그리스도"가 예수 이상임을 알고 있나요? 그렇다면, 다른 사람들도 그리스도 의식에 도달할 수 있고, 그런 잠재력을 가지고 있음을 알 수 있습니다.

여러분도 알고 있겠지만, 언어에는 한계가 있습니다. 예를 들어, 나는 여러분이 창조주 존재의 확장체이며, 개체화된 창조주라는 의미에서, 여러분이 신이라고 말했습니다. 하지 여러분은 전체인 신이 아니고 충만한 신이 아니라는 의미에서, 나는 또한 여러분이 신이 아니라고 말했습니다. 여러분은 전체의 한 표현이지만 그 전체는 아닙니다.

자, 창조주가 개성이 없다는 말은 부정확할 것입니다. 창조주의 개성은 인간을 훨씬 초월해 있고, 사실 어떤 인간도 창조주의 개성을 가늠할 수 없을 만큼 창조주는 인간을 훨씬 초월해 있습니다. 그래서 창조주는 보편적인 정체감을 가지고 있고, 여러분은 개별적이고 국소화된 정체감을 가지고 있다고 말할 수 있습니다.

여기서 중요한 점은 형상 세계(the world of form)에 있는 모든 존재는 그러한 개별적인 정체감을 가지고 있다는 것입니다. 내가 말했듯이, 인간에서 최상의 영적인 존재들로까지 이어지는 영적인 계층구조가 있습니다. 하지만 이 존재들조차 여전히 창조주가 개체화된 존재들입니다. 그러면 계층구조에서 이러한 계층으로 올라가면 어떤 일이 벌어질까요? 여러분은 매우 국소화된 정체감에서 벗어나 창조주의 보편적인 정체성으로 나아간 존재들과 만나게 됩니다. 하지만 영적인 계층구조에서 가장 높은 곳에 있는 존재들조차 그들의 개성(individuality)을 잃지 않습니다. 여러분이 지구상에서 볼 수 있는 것과 같은 의미는 아니지만, 사실 그들은 그것을 강화해온 것입니다. 그래서 영적인 계층구조를 올라가는 것은 보편적인 형태의 정체성을 향해서 나아가는 것이라고 할 수 있습니다. 이것은 실제로 한 개체로서 한 존재의 정체성을 강화하는 것입니다. 인간 언어의 한계 때문에 인간인 여러분에게는 그것이 모순처럼 들리겠지만, 이런 정체성의 강화는 더 보편적인 정체감을 향해 성장하는 존재에게서 일어납니다. 이 점을 더 명확하게 하기 위해서, 내 말을 다시 한번 살펴보겠습니다.

> 누구든지 제 목숨을 살리려고 하는 사람은 잃을 것이며 나를 위하여 제 목숨을 잃는 사람은 얻을 것이다. (마태 16:25)

내가 결국 말하고 싶은 것은, 영적인 계층구조의 다음 수준으로 올라가 그리스도가 된 존재(Christed being)가 되기 위해서, 여러분은 나를 위해 기꺼이 여러분의 목숨을 잃을 수 있어야 한다는 것입니다. 여러분이 "그것"을 살리려고 한다면, 여러분은 "그것"을 잃을 것입니다. 하지만, "그것"을 기꺼이 잃고자 하면, 여러분은 "그것"을 얻을 것입니다. 여기서 핵심은 내가 말하고 있는 "그것"이 같은 의미가 아니라는 것을 깨닫는 것입니다.

여기서 내 요점은 영적인 계층구조에서 가장 높은 존재들도 개성을 잃어버리지 않는다는 것입니다. 그들은 실제로 더 확장되고 더 보편적인 개성을 찾았습니다. 하지만, 이 새로운 개성을 얻기 위해서는 무엇을 잃어야 할까요? 그것이 무엇이든, 여러분은 현재의 개성을 잃어야 합니다.

영적인 계층구조에서 가장 높은 존재들은 지구상에서 알파와 오메가로 알려진 존재들입니다. 그러나 "알파와 오메가"는 실제로 한 나라의 대통령처럼 영적인 직위(職位, spiritual office)입니다. 특정한 주어진 시간에, 그 직위를 한 개체가 맡고 있지만, 그 직위는 그 특정한 개체 이상입니다. 알파와 오메가라는 직위의 경우도 이것과 마찬가지입니다. 그것은 현재 두 개별적인 존재가 맡고 있지만, 이전에는 그 직위에 다른 개별적인 존재들이 있었고, 나중에는 다른 존재들이 있을 것입니다.

그래서 어떤 의미에서, 내가 여기서 표현하고 있는 이미지는 영적인 존재들조차도 영적인 계층구조에서 더 높은 수준으로 이동하기 위해서는 그들의 낡은 정체성을 기꺼이 놓아버려야 한다는 것입니다. 영적인 존재조차도 특정한 정체감에 애착을 갖게 되어 그것을 죽게 하는 것을 거부할 수 있습니다. 이것이 천사와 같은 영적인 존재들이 추락할 수 있는 이유를 설명해 줍니다. 마이트레야께서 이 모두에 대해 더 자세하게 설명하고 있기 때문에, 여기서는 더 깊이 이야기하지 않겠습니다. 하지만, 영적인 존재가 영적인 세계에서 더 높은 수준으로 가는 방법은, 계층구조에서 자신보다 아래에 있는 존재들에게 봉사하는 자(servant)가 되는 것임을 강조하고 싶습니다. 창조주는 궁극적인 봉사자이므로, 조건 없이 봉사하는 존재들만이 창조주의 의식 수준에 접근할 수 있기 때문입니다.

인간과 영적인 존재의 큰 차이점은, 여러분은 아직 상승하지 않은 구체 안에서 살고 있다는 것이며, 이것은 이원성에 대한 여지가 있다는 의미입니다. 따라서 여러분은 이원성 의식에 기초한 정체성을 구축해 왔으며, 이것은 여러분 자신을 분리된 존재로 보게 합니다. 그리고 죽어야만 되는 것은 분리된 정체감입니다. 왜냐하면 오직 분리된 정체성인 "그것"을 잃을 때, 여러분의 진정한, 영적인 정체성인 "그것"을 찾을 수 있기 때문입니다. 그리고 그렇게 해야만 여러분은 스스로 분열된 집이 아닌 온전한 존재가 될 수 있습니다. 그런 다음에만 여러분은 불로 다시 태어나게 됩니다.

이 말을 꺼내는 목적은, 의식하는 자아에게 영향을 주고 있는 유일한 두려움, 즉 자신의 개별성을 잃고 그 존재를 잃을 수도 있다는 두려움을 다루기 위해서입니다. 의식하는 자아는 개별적인 존재로 태어나고, 그 개별성을 확장하고 강화하려는 욕구를 가지고 있습니다. 그래서 결국 그 자신이 신이 될 수 있는 보편적인 수준에 도달할 수 있습니다. 즉 자신이 원한다면, 자신만의 형상 세계를 창조할 수 있는 존재가 되는 것입니다. 하지만 의식하는 자아는 전체적으로 또는 부분적으로, 분리된 이원적인 정체성에 근거하여 자신을 식별해 왔으므로, 분리된 자아가 죽는다면 자신이 죽을 것이라고 믿을 수 있습니다. 그리고 이것은 분명히 여러분이 영적인 여정의 특정한 지점을 넘어서는 것을 막는 믿음이 될 것입니다. 따라서 여러분의 의식하는 자아가 이 환영을 극복하고, 분리된 자아가 여러분 자신이 아니라는 것을 깨닫는 것이 절대적으로 필수적입니다. 여러분은 분리된 자아를 넘어서는 그 이상(MORE)의 존재입니다.

이것에 대한 하나의 비유를 원한다면, 내가 방금 말했던 직위의 개념을 생각해 보세요. 여러분이 현재 가지고 있는 분리된 자아는 지구상의 한 직위, 예를 들면 한 학교의 교장과 같습니다. 여러분은 그 직위를 맡기로 선택했고, 수년 동안 그 일을 할 수도 있습니다. 그것은 여러분 자신을 "교장"으로 본다는 의미입니다. 하지만, 여러분은 여러분이 그 직책 이상이라는 것을 알고 있고, 그 직책을 내려놓으려면 어느 정도 조정이 필요하겠지만, 그 직책을 넘어선 삶이 있다는 것을, 그게 아니더라도 최소한 그런 삶이 있으리라는 것을 알고 있습니다. 다시 말해서, 여러분은 단지 분리된 정체감으로 발을 들여놓기로 선택했지만, 여러분은 그 정체성 이상이고 언제든지 그것에서 벗어날 수 있다는 것입니다. 이 분리된 자아에서 벗어나는 것이 여러분의 삶이 끝이 난다는 의미가 아닙니다. 그것은 여러분에게 더 큰 자유를 제공하는 새로운 삶, 새로운 정체감을 발견한다는 의미입니다. 물론, 여러분의 분리된 자아인 "직위"에 있는 동안, 여러분은 그 직위의 모든 임무를 떠맡아야 하고, 대부분 관심을 쏟게 됩니다. 여러분이 "교장"인 동안에는, 누군가 다른 사람은 교장이 될 수 없기 때문입니다.

내가 말하는 요점을 알겠나요? 그것은 "나와 하나됨에 이르는 것"이 여러분의 개성, 여러분의 정체성을 잃게 할 것이라는 두려움을 극복하는 데 도움이 된다는 것입니다. 하지만, 여러분은 단지 분리된 정체성을 잃는 것이며, 이전의 것을 훨씬 뛰어넘는 새로운 정체성을 얻게 됩니다. 내가 여기서 말하고 싶은 것은, 에고는 실제로 그리스도 의식을 일종의 상실로 보게 되며, 따라서 자기중심적인 관점을 벗어나 덜 국소화된 관점을 얻는 것은 의식하는 자아에게 달려 있다는 사실입니다. 그로 인해 여러분은 그리스도 의식을 영적인 자유를 얻는 것으로 보게 됩니다. 그것은 에고의 제한된 정체성이 제공하는 어떤 것보다 훨씬 더 매력적입니다.

* * *

자, 이제 분리된 자아의 특성들을 다시 한번 살펴보겠습니다. 에고에 대해 우리가 알 수 있는 첫 번째 특성은, 당연히 에고는 그 자신에게 초점을 맞추고 있다는 것입니다. 에고는 제한된 인식 감각이라고 말할 수도 있습니다. 에고는 다른 인간에서 신에 이르기까지 다른 모든 존재는 단지 자신에게 봉사하고 자신의 필요성을 충족하기 위해 있을 뿐이며, 에고 스스로를 우주의 중심이라고 여깁니다. 사람들이 더 이기적이 될수록, 다른 형태의 생명에 덜 민감해지고, 다른 사람들에게 어떤 결과를 가져오든지 상관없이, 자신의 욕망을 충족시키기 위해서 다른 사람들을 더 통제하려고 합니다.

분명히 영적인 구도자들은 이러한 형태의 에고-중심적인 경향을 넘어섰고 고의로 다른 사람들을 해치지 않을 것입니다. 하지만 사람들이 영적인 길을 추구하는 방식에는 여전히 에고-중심의 잔재가 남아 있을 수 있습니다. 내가 설명하려 했듯이, 이것이 여전히 여러분을 개인적인 성장의 여정으로 나아가게 할 수 있지만, 개인적인 그리스도 의식의 여정에는 아무런 도움이 되지 않을 것입니다.

그 길에서 자기중심적인 더 명확한 징후들은 어떤 것들이 있을까요? 여기에 몇 가지가 있습니다.

- 완전히 자기자신을 위해서 자신의 의식을 높이고자 하는 욕망. 그것은 부정적인 자존감, 두려움이나 다른 상처받은 감정에서 벗어나고 싶은 욕망일 수도 있습니다. 그것은 자신의 자만심과 다른 사람들보다 더 낫다는 감각을 키우기 위한 것일 수도 있습니다.
- 다른 사람들에게 깊은 인상을 주고 우월성을 입증하거나, 다른 사람들, 세상 그리고 심지어는 신을 통제하기 위해 특별한 능력을 얻으려는 욕망. 어떤 사람들은 실제로 에고의 궁극적인 꿈인, 그들

의 환경을 통제할 수 있는 마법의 힘을 배우기를 바라며 영적인 스승에게 옵니다.

- 인류나 행성을 구하기 위한 일을 하고 있거나 신을 위해 무언가를 하고 있어 하늘에서도 인정받을 만큼 중요한 사람처럼 느끼고 싶은 욕망. 이것은 또한 인간 사회에서 명성이나 유명 인사의 지위에 대한 열망일 수도 있습니다.
- 다른 사람들을 영적인 길로 일깨우기 위해 특별한 힘을 얻고자 하는 욕망. 그런데, 이 욕망은 심지어 행성적인 규모에서, 이 일을 하는 유일한 사람이 되고 싶어하는 것입니다.
- 인간 에고가 궁극적인 구원자로 보이기를 원하는 구원자 콤플렉스. 많은 사람이 나의 "비밀"을 배우기를 원하며 상승 마스터인 나에게 다가왔습니다. 그렇게 해서 그들은 그들 자신을 내가 지구에 있었을 때의 나만큼 중요한 존재로 자리매김하려는 생각을 했습니다. 그러나 내가 사는 동안 나를 따르는 사람이 거의 없었고 내가 가진 "명성"도 매우 제한적이었음을 생각해 볼 필요가 있습니다.
- 영적으로 성장하려는 노력의 대가나, 자신의 믿음으로 다른 사람들을 전향시킴으로써 그들을 도운 대가를 받고자 하는 욕망의 다양한 변형. 이것은 심지어 궁극적인 안전을 원하는 에고의 욕망일 수 있습니다. 즉 다른 모든 사람을 자신의 종교나 정치적인 신념 체계로 전향하게 만든다면 궁극적인 안전이 보장된다고 생각하는 것입니다.

이러한 모든 접근 방식 뒤에는 "그 안에 내게 이익이 되는 것은 무엇일까?"라는 자기중심적인 사고에 기반을 둔 에고의 본질적인 메커니즘이 있습니다. 에고는 이런 식으로 생각하는 것을 멈출 수 없으므로, 다시 에고의 현실 왜곡의 장 밖으로 나가는 것은 의식하는 자아에게 달려 있습니다. 다음 구절을 살펴보겠습니다.

> 27 그때 베드로가 나서서 "보시다시피 저희는 모든 것을 버리고 주님을 따랐습니다. 그러니 저희는 무엇을 받게 되겠습니까?" 하고 물었다.
> 28 예수께서는 이렇게 대답하셨다. "나는 분명히 말한다. 너희는 나를 따랐으니 새 세상이 와서 사람의 아들이 영광스러운 옥좌에 앉을 때 너희도 열두 옥좌에 앉아 이스라엘 열두 지파를 심판하게 될 것이다.
> 29 나를 따르려고 제 집이나 형제나 자매나 부모나 자식이나 토지를 버린 사람은 백 배의 상을 받을 것이며, 또 영원한 생명을 얻을 것이다.
> 30 그러나 첫째였다가 꼴찌가 되고 꼴찌였다가 첫째가 되는 사람들이 많을 것이다. (마태 19장)

2,000년 동안 이 구절은 성장의 여정을 진지하게 추구했던 많은 그리스도교인에게 길잡이 역할을 해왔습니다. 그들은 자신이 쉽게 접할 수 있는 왜곡된 교리에 기반하여 그것을 보았기 때문입니다. 그들은 내가 이 세상에서는 가질 수 없고 다음 세상에서만 가질 수 있는 것을 그들에게 제공하기 위해서 지구에 왔다고 생각했습니다. 다시 말해서, 그들은 이번 생에서 외적으로 옳은 일들을 한다면, 미래에 그 보상을 받을 것이라고 생각했습니다. 즉 그런 일들 자체와 보상 사이

에는 어떤 간격이 있다고 본 것입니다. 많은 사람이 현재의 삶에서 그리스도 의식을 구현할 수 없을 정도로 카르마를 가지고 있다는 점에서, 이것이 반드시 잘못된 것은 아닙니다. 따라서 그들은 먼 미래에 이득을 얻기 위해서 지금 기꺼이 일을 해야만 했습니다. 이것이 그들에게는 진전을 이룰 수 있는 유일한 방법이었기 때문입니다. 따라서 내 가르침은 인류가 2,000년 전에 가지고 있었고, 그리고 여전히 많은 사람이 가지고 있는 의식 상태에 맞추어져 있습니다.

하지만, 이제 우리는 내가 시작했던 영적 주기의 마지막 단계로 나아가고 있습니다. 이것은 이번 생애에서 그리스도 의식을 완전하게 구현할 잠재력을 가진 많은 사람이 있고, 그리스도 의식을 어느 정도 구현할 수 있는 더 많은 사람이 있다는 의미입니다. 그리고 물론 이것은, 그리스도의 세 번째 도전과 관련이 있으며, 이것은 여러분이 자신을 그리스도로 보기 시작한다는 것입니다. 위의 인용에서, 베드로는 그리스도의 첫 번째 도전을 통과했지만, 두 번째 도전에 막혀버린 사람의 전형적인 예라는 것을 알 수 있습니다. 따라서 그가 기꺼이 나를 따르고 있고 심지어 그렇게 하기 위해 많은 것을 포기하고 있지만, 그는 여전히 보상을 원하는 자기중심적인 동기에서 이것을 하고 있습니다. 그는 여전히 그리스도를 따르기 위해서는 무언가를 포기해야 하고, 그렇게 하는 것에 대한 보상을 받을 자격이 있다고 느끼고 있습니다.

하지만 이제 더 깊이 살펴보겠습니다. 베드로는 실제로 무엇을 하고 있나요? 그는 나를 따르기 위해 자신의 분리된 자아를 단련하고, 분리된 자아의 일부를 포기해야 한다고 느끼고 있으며, 기꺼이 그렇게 하고자 합니다. 하지만 나를 따르면서, 그는 분리된 자아를 위한 보상을 찾고 있습니다. 그래서 나를 기꺼이 따르려는 마음에서도, 그의 분리된 자아의 실체를 확인하고 있는 것입니다. 분리된 자아는 그 나라에 들어갈 수 없으므로, 이것은 당연히 어느 지점을 넘어서면 그가 나를 따를 수 없다는 의미입니다. 그래서 이제 우리는 그리스도의 첫 번째 도전을 극복할 수 있고 자신이 그리스도의 진정한 제자라고 생각하거나 다른 방식으로 자신을 매우 영적인 사람으로 볼 수 있지만, 동시에 여전히 분리된 자아를 높이려는 의식에 갇혀 있을 수 있다는 것을 알게 되었습니다. 이것이 그리스도의 두 번째 도전에 성공하고, 세 번째 도전으로 나아가기 위해 극복해야 하는 의식입니다.

이전에도 이것을 말했다는 것을 알고 있지만, 진지한 영적인 구도자들을 걸려 넘어지게 하고 여러 생애 동안 막다른 골목으로 빠지게 하는 것은 언제나 한 가지입니다. 무언가를 보상받기 위해 길을 걷고자 하는 모든 욕망, 심지어는 특히 하늘에서 보상을 받기 위해 지구에서 선한 일을 하려는 경향까지도 발견하고 살펴보고 버리는 것이 필수적입니다. 여러분은 자기-만족을 위한 길을 추구하려는 모든 성향을 반드시 극복해야만 합니다. 이것은 에고에게서만 나올 수 있기 때문입니다. 그리고 분리된 자아를 위한 무언가를 얻으려고 하는 한, 여러분은 그리스도를 따를 수 없고 하나됨에 이를 수 없습니다. 다음 인용 구절을 보겠습니다.

36 그때 시몬 베드로가 "주여, 어디로 가시겠습니까?" 하고 물었다. 예수께서는 "지금은 내가 가는 곳으로 따라올 수 없다. 그러나 나중에는 따라오게 될 것이다." 하고 대답하셨다.

37 "주님, 어찌하여 지금은 따라갈 수 없습니까? 주님을 위해서라

면 목숨이라도 바치겠습니다." 베드로가 이렇게 장담하자 38 예수께서는 "네가 나를 위해서 네 목숨을 버리겠느냐? 내가 진실로, 진실로, 네게 말한다. 새벽닭이 울기 전에 너는 나를 세 번이나 모른다고 할 것이다." 하셨다. (요한 13장)

다시 말하지만, 베드로는 두 번째 도전에 갇힌 개인의 의식을 나타내며, 그는 분리된 자아를 포기하지 않았음에도 나를 따를 준비가 되어 있다고 생각했습니다. 여기서 교훈은 베드로가 정말로 나를 세 번이나 부인했으며, 따라서 나와 하나됨을 부인했다는 것입니다. 이러한 부인은 그가 자신을 분리된 자아와 동일시하는 데서 비롯되었으며, 이것은 또한 그가 나를 따르기를 원했던 이유이기도 합니다. 그는 나를 따르면 분리된 자아를 위한 무언가를 얻을 것이라고 생각했습니다. 물론 이것은 그가 그리스도 의식을 이해하지 못했기 때문에 그리스도를 따르는 것이 무엇을 의미하는지 이해하지 못했다는 것을 보여줍니다. 따라서 여러분이 베드로의 수준에 갇혀 있지 않도록 하기 위해서, 우리가 할 수 있는 것을 해보겠습니다. 가톨릭교회는 베드로를 따르는 것에 만족할 수도 있지만, 나는 내 진정한 제자들이 의식의 그 수준을 완전히 넘어서기를 원합니다. 나는 그들이 베드로가 아니라, 나를 따르기를 바랍니다.

* * *

그렇다면 그리스도를 따르기 위해서는 무엇이 필요할까요? 그리고 베드로가 볼 수 없었던 것은 무엇일까요? 바울의 인용문을 보겠습니다.

1 여러분은 그리스도를 믿음으로써 힘을 얻습니까? 그리스도의 사랑에서 위안을 받습니까? 성령의 감화로 서로 사귀는 일이 있습니까? 서로 애정을 나누며 동정하고 있습니까?
2 그렇다면 같은 생각을 가지고 같은 사랑을 나누며 마음을 합쳐서 하나가 되십시오. 그렇게 해서 나의 기쁨을 완전하게 해주십시오.
3 무슨 일에나 이기적인 야심이나 허영을 버리고 다만 겸손한 마음으로 서로 남을 자기보다 낫게 여기십시오.
4 저마다 제 실속만 차리지 말고 남의 이익도 돌보십시오.
5 여러분은 그리스도 예수께서 지니셨던 마음을 여러분의 마음에 간직하십시오.
6 그리스도 예수는 신과 본질이 같은 분이셨지만 굳이 신과 동등한 존재가 되려 하지 않으시고
7 오히려 당신의 것을 다 내어놓고 종의 신분을 취하셔서 우리와 똑같은 인간이 되셨습니다. 이렇게 인간의 모습으로 나타나
8 당신 자신을 낮추셔서 죽기까지, 아니, 십자가에 달려서 죽기까지 순종하셨습니다. (빌립보서 2장)

이 인용문의 핵심은 물론, "여러분은 그리스도 예수께서 지니셨던 마음을 여러분의 마음에 간직하십시오"입니다. 그것은 어떤 마음일까요? 자, 그것은 물론 그리스도의 마음입니다. 앞에서 말했던 대로, 이것은 모든 개별적인 존재에게 "하나로 일치하여, 하나의 마음"이 되도록 힘을 실어줌으로써, 창조주와 피조물 사이, 그리고 모든 수준의 창

조물 사이에서 하나됨을 유지하도록 하는 보편적인 마음입니다.

  나는 앞에서 사무국에 대해 말했는데, 다시 한번 말하면, 그리스도 마음은 어느 한 개별적인 존재를 초월하는 하나의 사무국으로 볼 수 있습니다. 누구든지 그 사무국을 열망할 수 있습니다. 이는 누구든지 그리스도의 마음을 가질 수 있다는 의미입니다. 다시 말해서, 그리스도 마음은 스스로 어떤 형상이라도 취할 수 있습니다. 심지어 "사람들과 같은 모습을 하거나", "누군가 한 사람이 행하는 방식에서 발견되기도" 합니다. 이것은 모든 사람이 그리스도의 마음을 입을 수 있는 잠재력을 갖고 있으며, 이를 통해 육화한 살아 있는 그리스도가 될 수 있음을 나타냅니다.

  그러면 이 마음은 무엇일까요? 그것은 에고의 분리된 마음을 완전히 넘어서는 마음입니다. 그리스도 마음은 자신이 "신의 형상"임을 알고 있기 때문에, 신과 동등하게 되는 것이 (뭔가를) 빼앗는 것이 아니라고 생각합니다. 이것은 신과 하나가 되고, 신의 창조 목적인 신의 공동창조자가 되는 것이기 때문입니다. 그러면 창조주의 목적은 무엇일까요? 그것은 모두를 높이는 것이며, 바로 그리스도 마음이 "그에게 봉사자의 형태"를 취하게 하여, 지구상의 모든 사람을 죽음의 의식에서 깨우려고 한 것입니다. 이것은 사람들에게 가능한 것을 보여주기 위해, "죽음까지, 십자가에서의 죽음조차도 순종함으로써" 죽음을 넘어설 수 있다는 것을 기꺼이 보여준 것을 포함합니다. 그러므로 여러분은 이제 그리스도 마음은 궁극적으로 봉사자의 마음이라는 것을 알 수 있습니다. 그것이 바로 그리스도의 마음이 분리된 마음보다 더 위대한 이유입니다.

33 그들은 가파르나움에 이르렀다. 예수께서는 집에 들어가시자 제자들에게 "길에서 무슨 일로 다투었느냐?"라고 물으셨다.

34 제자들은 길에서 누가 제일 높은 사람이냐 하는 문제로 서로 다투었기 때문에 아무 대답도 하지 못하였다.

35 예수께서는 자리에 앉아 열두 제자를 곁으로 부르셨다. 그리고 "첫째가 되고자 하는 사람은 꼴찌가 되어 모든 사람을 섬기는 사람이 되어야 한다."라고 말씀하셨다. (마가 9장)

그래서 여러분 안에 그리스도의 마음이 있게 될 때, 분리된 자아의 이익을 위한 모든 욕망을 극복하게 됨을 알기 바랍니다. 그 대신 여러분은 분리된 자아의 이익-손실의 이원성에 의해 결코 여러분의 주의력과 에너지가 소모되지 않는 완전한 영적인 자유를 얻습니다. 여러분에게 손실도 없고, 오히려 여러분이 생명의 강에 있음을 알게 됨에 따라 원래 이곳에 와서 하려고 했던 바로 그것을 하게 되는 비이원적인 이득만 있는 마음 상태로 들어가게 됩니다. 그것은 진리의 증인이 되어 여러분의 빛이 빛나게 해줍니다. 일단 여러분을 통해 흐르는 비할 데 없는 생명의 강(성령)의 흐름을 경험하기 시작하면, 여러분은 이러한 마음 상태가 에고가 제공할 수 있는 어떤 것보다 훨씬 더 즐겁고 충만함을 알게 됩니다. 여러분은 이 말이 진리임을 깨닫게 될 것입니다.

사람이 만일 온 세상을 얻는다 해도 제 목숨(soul)을 잃는다면 무슨 이익이 있겠느냐? (마가 8:36)

그래서 여러분은 지금 도달한 갈림길이 여러분의 개인적인 성장의 여정과 그리스도 의식의 참된 여정을 구분하는 선임을 알기 시작했을 것입니다. 개인적인 성장의 여정에서 그리스도 의식의 여정으로 올라가기 위해서는 기꺼이 나와 하나가 되어야만 합니다. 그런데 "나"는 누구일까요? 나(I AM)는 보편적인 그리스도 마음과 하나가 된 개별적인 존재이며, 따라서 나는 모두를 위해 봉사하는 자입니다. 그것은 내가 모두(All)를 높이는 일에만 전적으로 집중하고 있다는 의미입니다. 즉 나는 죽음의 의식에서 모두를 깨우고 그들이 하나됨으로 가는 여정에서 그다음 단계로 나아갈 수 있도록 끊임없이 돕고 있습니다.

이제 피할 수 없는 결론이 보입니까? 여러분이 비록 자신의 의식을 높이거나 다른 사람들을 위해 무언가를 하고 있다고 생각하더라도, 여러분 자신에게만 집중하는 한 그리스도 의식의 여정에서 어떤 진전도 이루지 못할 것입니다. 여러분의 동기가 자기중심적인 한, 그리스도 의식의 여정에 첫걸음조차 내디딜 수 없습니다. 그 길을 걷기 위해서, 여러분은 다른 사람들을 위해 무언가를 해야만 하며, 아무런 이기심 없이 무조건적으로 그렇게 해야 합니다. 왜 그럴까요? 왜냐하면 분리된 자아를 완전히 극복하는 유일한 방법은 다른 사람을 위해 무언가를 하는 것이고, 그 대가로 아무것도 기대하지 않고 조건 없이 봉사할 수 있을 때까지, 여러분의 동기를 계속 정화하는 것이기 때문입니다.

이 진술에 대한 에고의 반응은, "아니, 내가 대가로 아무것도 얻지 못한다면, 왜 다른 사람들을 위해서 무언가를 해야 할까?"일 것입니다. 그리고 그것이 바로 여러분이 에고의 가면을 벗길 수 있는 방법입니다. 의식하는 자아가 비록 아무런 대가 없이 다른 이들을 위해 어떤 일을 하더라도, 보상을 받지 않는 것이 아닙니다. 단지 에고는 그것이 어떤 종류의 보상인지 짐작조차 할 수 없는 것입니다.

* * *

다른 모든 것과 마찬가지로 그리스도 의식도 알파와 오메가 측면을 가지고 있다는 것을 생각해 보세요. 알파 측면은 여러분이 자신의 상위 존재 및 우주적 계층구조에서 여러분 위에 있는 존재의 사슬(Chain of Being)과 하나를 이루는 더 큰 감각을 이루기 위해 여러분이 의식을 높이려고 노력하는 것입니다. 표면적인 관점에서, 이것은 내가 개인적인 성장의 길이라고 말했던 것처럼 보입니다. 그리고 실제로 스스로 영적인 스승이라고 칭하는 사람들을 포함한 많은 학생이 그 차이점을 보지 못합니다. 그러나 근본적인 차이가 있습니다! 단순한 사실은, 여러분이 자기중심적인 동기로 이런 성장을 추구한다면, 실제로 여러분의 상위자아나 영적인 계층구조와의 하나됨에 결코 이르지 못한다는 것입니다. 왜 그럴까요? 우리는 이원적인 자아를 초월해 있습니다. 그러므로 여러분이 분리된 자아를 넘어서지 않으면 어떻게 우리와의 하나됨을 향해 나아갈 수 있겠습니까?

달리 말하면, 그리스도 의식의 알파 측면은 여러분이 분리된 자아를 놓아버리고 점차 사심(私心) 없이(self-less) 되기를 요구합니다. 이것은 아무런 개성이 없다는 것과는 다릅니다(사심이 없다는 것은 에고가 없다는 의미이기 때문에, 에고의 이원적 관점에서는 그렇게 보일 것입니다). 그렇다면 여러분 위에 있는 존재들과 하나가 되기 시작하면 여러분에게 무슨 일이 일어날까요? 분리된 자아가 볼 수 없었던 것, 즉 창조의 참된 목적을 이제 여러분은 자연스럽게 보기 시작합니다. 여러분은 자신의 구체(sphere)를 영적인 영역의 수준으로 높이는 목적과 이 과정을 위해 열린 문이 될 수 있다는 것을 깨닫기 시작합니다. 게다가 여러분은 또한 이 목적을 넘어 개별적인 존재들을 신의식으로 높이는 목표가 있다는 것을 알게 됩니다. 먼저 여러분은 이것을 직접 보기 시작합니다. 이는 여러분이 창조주의 존재에게서 나왔고 여러분의 근원과의 하나됨을 향해서 성장할 수 있다는 것을 알게 된다는 뜻입니다.

이런 일이 일어남에 따라, 여러분은 또한 다른 모든 자기의식을 지닌 존재들도 같은 근원에서 왔다는 것을 보기 시작합니다. 모든 존재는 공통의 근원을 통해 연결되어 있으므로, 모두가 하나라는 의미입니다. 그러면 여러분은 자신을 신의 몸(the Body of God) 일부로 보기 시작하고, 다른 모든 사람도 그 몸의 일부임을 보기 시작합니다. 몸을 일으키려면 몸의 모든 부분을 들어올려야 한다는 것을 여러분은 알고 있습니다. 손가락 하나만을 들어올리는 것으로는 몸을 일으켜 세우지 못합니다. 그리고 여러분이 깨닫게 되는 것은, 진정으로 자신을 높이는 유일한 방법은 몸 전체를 들어올리는 것이며, 이는 모든 존재를 들어올린다는 의미입니다. 여러분은 심지어 자신의 확장된 자아가 신의 몸 전체임을 보기 시작합니다.

그리고 이것은 자연스럽게 여러분이 그리스도 의식의 오메가 측면과 조화를 이루게 해줍니다. 여러분은 분리된 자아를 높이려는 욕망을 떠나서, 모두를 높이는 일에 모든 관심을 집중합니다. 다시 말해, 여러분 위에 있는 존재와 하나됨을 추구한다는 것은, 여러분에게는 더 이상 자신의 의식을 높이려는 목적이 없다는 것입니다. 그 대신,

여러분은 다른 사람들을 더 잘 돕기 위해 자신의 의식을 높이려고 노력하며, 여기에 전적으로 집중하게 됩니다. 여러분은 이제 신의 목적에 정렬되어 있으므로, 이때야말로 여러분이 진전을 이룰 수 있는 시점입니다. 그리고 여러분이 자신의 재능을 증식할 때, 신은 실제로 여러분의 노력을 증식해 줄 수 있습니다. 그것이 바로 모두에게 기꺼이 봉사하고자 하는 의식을 가진 사람들이 참으로 성장하게 되는 이유입니다. 우리가 말하듯이, "봉사의 대가는 더 많은 봉사입니다." 여러분이 다른 사람들을 위해 기꺼이 더 많은 일을 할수록, 신은 여러분을 통해 기꺼이 더 많은 일을 할 것입니다. 그리고 신이 여러분을 통해 일한다는 것이야말로 진정한 힘의 원천이며 궁극적인 보상입니다. 뿐만 아니라, 그것은 여러분이 창조주와 하나됨을 느낄 수 있는 유일한 방법이기도 합니다.

* * *

이제 살아 있는 그리스도, 즉 육화 중인 그리스도가 된다는 것이 여러분의 의식을 높이는 알파 측면보다는 다른 사람들을 섬기는 오메가 측면을 충족하는 것임을 알 수 있나요? 사실, 대부분의 영적인 구도자는 이것을 거꾸로 해왔으며, 그들은 어떻게든 먼저 우월한 의식 상태에 도달해야만 다른 사람을 위한 봉사를 시작할 수 있다고 생각합니다. 물론 이것은 에고 환영입니다. 에고는 항상 어떤 궁극적인 상태를 얻기 위해 노력하며, 그것을 원하는 이유로 종종 겉보기에 이타적인 동기를 만들어냅니다. 내가 말했듯이, 에고는 자신을 감추기 위해 여러분이 여정에서 분투하는 것을 이용하는 탁월한 능력을 갖고 있습니다. 따라서, 에고는 여러분이 신에게 헌신하거나 다른 사람들을 섬기거나 실제로 어떤 명분을 위해 이곳에 있다는 개념을 만들어내며, 그런 임무를 완수하기 위해서는 이런 영적인 능력을 얻어야 한다고 말합니다. 물론, 에고는 영적인 힘의 열쇠인 하나됨의 상태에 결코 이를 수 없습니다. 따라서 여러분이 이 환영을 믿는 한 결코 목표에 도달할 수 없으며, 그 결과 에고는 안전할 것입니다.

요점이 보입니까? 여러분이 먼저 어떤 우월한 의식 상태에 도달해야 하고, 그런 다음에야 신이나 다른 사람들 또는 대의에 봉사할 수 있다는 생각은 잘못된 것입니다. 실제로, 무엇이든 여러분이 가지고 있는 힘과 능력으로 다른 사람들에게 봉사하기 시작할 때까지, 여러분은 결코 더 높은 의식 상태에 도달할 수 없습니다. 왜 그럴까요? 실제로 우월한 의식 상태가 갑자기 난데없이 나타날 수는 없기 때문입니다. 그 여정은, 여러분이 자신의 재능을 증식하면 신이 여러분의 노력에 비례해서 여러분에게 더 많이 주는 점진적인 과정입니다. 그러면 여러분은 더 많은 것을 가지고 증식하고, 신은 다시 여러분에게 더 많은 것을 줍니다. 이것이 그리스도 의식의 여정입니다. 여러분이 지금 가진 "재능"이 무엇이든 그것을 이용해서 다른 사람들을 위해 사심 없이 봉사하겠다고 결정하기 전에는, 실제로 그리스도 의식의 여정을 시작하지 못합니다. 그리고 다른 사람들에게 봉사하는 것은, 단순히 외적인 행동을 수행한다는 의미가 아닙니다. 즉 에고나 거짓된 스승들이 만들어낸 어떤 게임에서 점수를 올리는 것이 아니라, 실제로 모두를 높이기를 원하는 순수한 동기로 그렇게 해야 합니다.

여러분이 사심 없이 봉사할 때, 이전에 내가, 행함이 없는 무위의 행위(de-action)라고 불렀던 것을 행하게 됩니다. 무위(無爲)의 행위는 여러분이 행위자가 아니라 신이 여러분을 통해 일하시는 것을 알 때 오는 신성한 행동(de-ified action)을 말합니다. 따라서 여러분은 어떤 결과를 만들어내는 것에 자만심을 갖지 않습니다. 왜냐하면 진실로 결정적인 행위를 하는 것이 사람에게는 불가능하고, 오직 신만이 할 수 있다는 것을 알고 있기 때문입니다. 그것은 다른 곳에 불균형을 일으키며 우주의 국소적인 한 부분을 끌어올리는 것이 아니라, 모두를 높이는 행위를 의미합니다.

무위의 행위는 모두와 진정한 하나됨을 이루고 모두를 높이려는 무조건적인 열망에서 나옵니다. 이것은 오직 그리스도의 마음을 지니고, 그리스도와 하나가 되는 상태에서만 올 수 있습니다. 왜냐하면, 여러분은 그리스도의 참된 역할이 모든 사람을 깨우는 것임을 알고 있기 때문입니다. 따라서 여러분은 자기중심적인 목표나 욕망을 추구하기보다 인류를 높이는 일에 헌신합니다.

이러한 마음 상태에 도달하기 위해서는, 봉사에 대한 어떤 대가를 원하는 경향을 모두 극복해야 합니다. 그리스도의 이미지로, 아무런 대가를 요구하거나 원하거나 기대하지 않고 지구에 무조건적으로 빛을 주고 있는 태양을 떠올려 보세요. 그리스도는 열린 문이 되는 것에 만족합니다. 그리고 유일한 진짜 보상은 여러분을 통해 흐르는 신의 빛과 진리를 느끼고, 그 빛이 모든 생명을 높이도록 지휘하는 것이며, 그렇게 함으로써 신의 공동창조자가 되는 여러분의 존재 이유가 충족된다는 것을 알고 있습니다.

그리스도는 여러분이 사심 없이 무조건적으로 줄 때, 지구상의 그 어떤 보상이나 대가도 필요로 하지 않음을 알고 있습니다. 그로 인한 외적인 결과나 다른 사람의 반응에 상관없이 여러분이 하는 모든 행동이, 신에게서 더 많은 빛을 받게 되고 기쁨과 성취감이 증가하는 보상을 만들어내는데, 어떻게 보상이나 대가를 바랄 수 있을까요.

신성한 행동은 여러분이 지구에서 어떤 대가를 기대하지 않고 행동하는 것입니다. 따라서 자기중심적이고 불균형한 작용에 대한 반작용을 만들지 않습니다. 여러분은 카르마가 처벌의 한 형태가 아니라 교훈이라는 것을 알겠습니까? 여러분이 국소적인 자아를 높이려고 행동할 때만, 불균형이 생기게 되고, 그것은 일을 바로잡도록 여러분을 이끌게 됩니다. 이러한 끌어당김은, 여러분이 자신의 인식을 높이고 사심 없이 행동하면 에고-중심적인 행동보다 더 많은 보상을 받게 된다는 것을 깨달을 때까지 계속됩니다. 따라서, 여러분은 진정으로 자신의 의식을 변화시키고, 이제는 여러분을 지구로 다시 끌어당기는 카르마나 반작용을 만들지 않으면서 행동할 수 있습니다. 그 대신, 여러분은 영적인 영역으로 자신을 끌어당기는 그런 종류의 카르마를 만듭니다.

* * *

또 다른 관점에서, 여러분의 마음은 라디오 수신기와 같다고 말할 수 있습니다. 문제는 여러분이 어느 방송국에 주파수를 맞출지를 선택하는 것입니다. 여러분은 대중의식에 조율하고 있나요? 아니면 상승 호스트에 조율하고 있나요? 종교적이거나 이타적인 옷으로 아무리 교묘하게 위장하더라도, 여러분이 여전히 자기중심적인 욕망에 따라 움직인다면, 여러분은 불가피하게 대중의식에 의식을 조율하게 될 것입니다. 그리고 그 의식 안에서 여러분은 여전히 분리된 자아에 초점을 맞추고 있는 수십억의 다른 사람들을 발견할 것입니다. 자기중심적인 경향을 극복해야만, 여러분은 상승 호스트에게 마음을 조율하기 시작합니다.

내가 여기에서 영적인 경험을 이야기하는 것이 아니라는 것에 주목하세요. 실제로 여전히 자기중심적인 마음 상태에 있으면서도, 이른바 영적인 경험을 하는 사람들이 있습니다. 하지만, 이러한 현상은 대부분의 사람이 물질적인 의식 수준 위에 있는 모든 것을 영적인 것으로 간주한다는 사실에서 기인합니다. 그러나 내가 말했듯이, 물리적 수준과 영적인 영역 사이에는 물질 우주의 세 가지 수준이 있습니다. 여전히 자기중심적인 상태에서 그런 영역의 존재들과 연결되는 것이 가능합니다. 따라서 사람들은 여전히 개인적인 성장의 여정에 있는 동안에도, 소위 "영적인" 존재들로부터 메시지를 받는 것을 포함한 온갖 종류의 특이한 경험을 할 수 있습니다. 이것이 힘으로 천국에 들어가려고 하는 사람들에 대해 내가 묘사했던 것입니다. 그들이 얻는 것은 천국이 아니라 천국의 모조품일 뿐입니다.

내 요점은 물질 우주에서 더 높은 수준을 경험하는 것과 실제 영적인 영역을 경험하는 것을 구분할 필요가 있다는 것입니다. 감정, 멘탈 그리고 낮은 에테르 층에는, 사칭자라고 불릴 정도로 상승 마스터들을 흉내 내는 존재들이 있습니다. 지구에는 그런 존재들과 접촉해온 사람들이 있으며, 심지어 그 존재들과 채널링을 하고 아직 미성숙한 영적인 구도자들에게 인상적으로 들릴 수 있는 메시지를 전달하기도 합니다. 그러나 그런 메시지들은 에고를 극복할 필요성에 대해서 말하기보다는 언제나 학생들의 에고를 부추기려고 합니다.

이런 이유로 상승 호스트인 우리는 특정한 진동 아래로는 결코 내려가지 않는다는 것을 이해하기 바랍니다. 즉 여러분이 우리와 접촉하기 위해서는, 마음의 라디오를 우리 주파수에 맞출 수 있도록 여러분의 의식을 먼저 높여야 합니다. 라디오를 제대로 조율하지 않으면, 특정한 라디오 방송국을 수신할 수 없다는 것을 잘 알고 있을 것입니다. 그런 의미에서 이것은 기계적인 과정이라고 볼 수 있습니다. 따라서, 이기적인 주파수에 조율된 라디오를 가지고 우리에게 도달하려고 하는 한, 여러분은 결코 성공할 수 없을 것입니다. 여러분은 여전히 낮은 수준에 있는 사칭자에게 도달하게 될 것입니다. 그들은 아마 여러분을 매우 중요한 사람처럼 느끼게 할 수도 있지만, 여러분은 아직 인류의 참된 스승들에게 도달하지 못한 것입니다. 왜냐하면, 우리는 자신의 에고를 높여 세우기 위해 우리를 이용하려는 학생들을 만나지 않기 때문입니다. 어떤 사람들에게는 충격적으로 보일 수 있는 결론일 수도 있지만, 이제 우리와 관계를 맺는 방법을 실제로 이해할 시점이 되었습니다. 그렇지 않다면 나와 어떻게 하나가 될 수 있겠습니까?

* * *

여러분이 알아야 할 냉엄한 사실은, 나는 여러분에게 전혀 관심이 없으며, 여러분을 염려하거나 사랑하지 않는다는 것입니다. 여기서 말하는 여러분은 분리된 자아를 뜻합니다. 이것이 그리스도교인과 뉴에이지 모임 모두에서 발견되는 잘못된 이해입니다. 이것은 거짓 교사들에 의해 만들어진 환영에 근거한 잘못된 이해입니다. 예를 들면, 많은 그리스도교인은 세례를 받거나 나를 그들의 주님이자 구원자로 고백하는 것과 같은 특정한 외적 요구 사항을 충족한다면, 내가 그 어떤 사람이든 구원해야 한다고 믿고 있습니다. 마찬가지로, 뉴에이지 사람들도 내가 무척 사랑이 많고 친절해서 누구든지 포용하고 받아들였다고 믿습니다. 두 경우 모두, 이 사람들은 자신의 눈에서 들보를 제거하지 않아도, 어떻게든 내가 그들에게 구원을 줄 수 있다고 실제로 믿고 있다는 것입니다. 그들은 필요한 조건을 충족시키지 않고도 보상을 받을 수 있다고 생각합니다. 여러분은 이제 이것이 완전한 오류임을 알 수 있으며, 왜 그런지 몇 가지 이유를 말할 수 있습니다. 내가 했던 또 다른 말을 살펴보겠습니다.

> 32 누구든지 사람들 앞에서 나를 안다고 증언하면 나도 하늘에 계신 내 아버지 앞에서 그를 안다고 증언하겠다.
> 33 그러나 누구든지 사람들 앞에서 나를 모른다고 하면 나도 하늘에 계신 내 아버지 앞에서 그를 모른다고 하겠다.
> 34 내가 세상에 평화를 주러 온 줄로 생각하지 마라. 평화가 아니라 검을 주러 왔다. (마태 10장)

내가 말하는 검은, 실재와 비실재를 가르는 도구입니다. 나는 여러분을 대신하여 모든 일을 함으로써 여러분을 구원하러 온 것이 아닙니다. 나는 여러분의 의식을 그리스도 마음의 수준까지 끌어올릴 힘을 줄 수 있는 요소를 주기 위하여 왔습니다. 이것만이 구원을 가능하게 합니다. 이 요소는 여러분의 마음속에서 비실재로부터 실재를 분리해 줄 수 있는 앎의 열쇠(the Key of Knowledge)이며, 따라서 여러분은 자신의 눈에서 들보를 제거할 수 있게 됩니다. 그러면 여러분은 어떻게 하면 다른 사람들도 똑같이 할 수 있도록 도울 수 있는지를 분명히 알게 될 것입니다.

그래서 내가 주는 재능을 여러분이 증식하고, 여러분의 눈에서 들보를 제거할 때, 나는 아버지 앞에서 여러분을 증언하여, 여러분을 아버지의 나라로 들어갈 수 있게 할 것입니다. 그런데 무엇으로 내가 아버지 앞에서 여러분을 증언해 줄 수 있을까요? 여러분은 사람들 앞에서 나를 증언해야 합니다. 이는 여러분이 그리스도 마음을 가지고 사람들 앞에서 그것을 표현해야 한다는 뜻입니다.

여기서 요점이 보입니까? 나는 여러분의 분리된 자아, 즉 여러분의 에고를 구원하기 위해 여기 있는 것이 아닙니다. 나는 진정한 여러분, 즉 창조주 존재의 확장체이면서 일시적으로 더 낮은 정체성을 받아들인 의식하는 자아를 구하기 위해 여기에 있는 것입니다. 그리고 나는 실재인 여러분이 비실재인 모든 것, 즉 분리의 환영에 근거한 모든 것에서 자신을 분리하도록 도와줌으로써 실재인 여러분을 구할 수 있습니다.

앞에서 말한 두 범주의 사람들은, 바로 지금의 그들에게, 내가 어떤 종류의 사랑, 연민이나 관심을 가지고 있다고 믿습니다. 그들은 여전히 자신을 분리된 자아와 매우 동일시하기 때문에, 실제로 나도 그들의 분리된 자아에 마음을 쓸 것이라고 생각합니다. 이것은 완전한 오류입니다. 나는 사람들의 에고에 대해 전혀 관심이 없기 때문입니다.

사실 나는 사람들의 진정한 자아에 대해서는 무한하고 무조건적인 사랑을 가지고 있습니다. 분명히, 의식하는 자아는 지금 여기에서 그 자신이 생각하는 그대로의 존재입니다. 즉 여러분이 지금 어떠한 의식 상태에 있다 할지라도, 내가 여러분에 대한 관심과 연민과 사랑을 가지고 있다는 의미입니다. 그러나 여러분은 결정적인 차이점을 이해해야 합니다. 여러분은 지금 여러분 자신이라고 보고 있는 존재가 여러분의 정체성 전부라고 생각할 수 있지만, 나는 결코 그러한 환영의 희생물이 될 수 없습니다. 나는 결코 여러분을 제한되고 자기중심적인 인간으로 보지 않습니다. 나는 여러분을 진정한 자신인 영적인 존재로만 봅니다. 따라서 나의 관심과 사랑과 연민은 분리된 자아가 아니라, 실재인 자아를 위한 것입니다. 나는 지금 그대로 여러분을 사랑하는 것이 아니라, 비실재를 극복하고 진정한 자신이 될 수 있는 잠재력을 가진 여러분을 사랑합니다. 여러분이 자신을 어떻게 보든 상관없이, 나는 진정한 여러분을 사랑한다고 말할 수 있습니다.

* * *

이제 우리는 아주 극소수의 사람만이 이해하는 절대적으로 핵심적인 지점까지 왔습니다. 다음의 인용문을 보세요.

> 16 신은 이 세상을 극진히 사랑하셔서 외아들을 보내주시어 그를 믿는 사람은 누구든지 멸망하지 않고 영원한 생명을 얻게 해주셨다. 17 신께서 아들을 세상에 보내신 것은 세상을 단죄하시려는 것이 아니라 아들을 시켜 구원하시려는 것입니다. (요한 3장)

> 30 "나는 무슨 일이나 내 마음대로 할 수 없고 그저 신께서 하라고 하시는 대로 심판할 따름이다. 내가 이루고자 하는 것은 내 뜻이 아니라 나를 보내신 분의 뜻이기 때문에 내 심판은 올바르다."(요한 5장)

신은 세상을 심판하기 위해서가 아니라, 구원하기 위해 그리스도를 이 세상에 "보낸" 것입니다. 이 세상이 어떻게 구원될 수 있을까요? 그리스도 의식으로 올라가는 사람들에 의해서입니다! 그들은 어떻게 그렇게 할 수 있을까요? 비실재로부터 실재를 분리하고, 진리의 말씀을 올바로 구분하며, 그리스도 마음으로 공정한 판단을 내리는 방법을 배움으로써 그렇게 합니다. 그러면 공정한 판단은 무엇일까요? 그것은 오직 "그것이 실재인가? 아니면 비실재인가?"에 따른 구분에 근거한 판단입니다. 이제 다음 인용문을 읽어 보기 바랍니다.

> 겉모양을 보고 판단하지 말고 공정하게 판단하여라. (요한 7:24)

> 15 너희는 사람의 기준으로 사람을 판단하지만, 나는 결코 아무도 판단하지 않는다.
> 16 혹시 내가 무슨 판단을 하더라도 내 판단은 공정하다. 그것은 나 혼자서 판단하지 아니하고 나를 보내신 아버지와 함께 판단하기 때문이다. (요한 8장)

거의 대부분의 사람은 이 세상에서 만들어진, 따라서 이원적인 마음의 가치 판단에 기반한 어떤 기준으로 겉모습에 따라 판단하는 의식에 여전히 빠져 있습니다. 즉, 그들은 개인적인 생활이나 사회, 심지어 신과의 관계에서도 모든 것을 그렇게 판단합니다. 우리가 앞에서 논의했듯이, 이것은 에고에 의해 만들어진 정신적인 이미지에 기반한 판단입니다. 그 마음은 신의 실재와 하나됨을 결코 경험할 수 없으므로, 정신적인 이미지를 만들 수밖에 없고 그것들에 의해 모든 것을 판단합니다.

그러나 그리스도가 된 존재는 그러한 모든 이원적인 판단을 넘어선다는 사실을 보기 시작했나요? 그리스도는 개인적으로 좋아하는 것과 싫어하는 것이 없고, 옳고 그름과 좋고 나쁨에 대해 판단하지 않습니다. 그리스도는 어떤 것이 신의 실재와 하나인지, 아니면 그 실재와 완전히 분리되어 있는지 또는 부분적으로 분리되어 있는지를 평가할 뿐입니다. 그리스도는 개인적인 호불호에 따라 사람을 평가하지 않습니다. 그리스도는 단지 그 사람이 배울 수 있는지 아닌지를 평가합니다.

그리스도는 어떤 사람이 지금 어떤 육체적, 정신적인 상태에 있다 할지라도 그 사람을 아무 조건 없이 받아들입니다. 그 이유는, 그리스도는 신의 자유의지의 법칙을 무조건적으로 존중하기 때문입니다. 따라서 그리스도는 사람의 현재 상태는 그 사람이 신이 주신 자유의지를 행사한 결과라는 것을 인정합니다. 그리고 그리스도는 신이 모든 존재에게 자유의지를 주었다는 것을 완전히 받아들이기 때문에, 그리스도는 또한 어떤 경험이든 원하는 대로 창조할 수 있는 각자의 권리를 무조건 받아들입니다.

또한 그리스도는 지구상의 대다수가 생명의 강 밖에서 자신의 경험을 창조해 왔으므로, 아버지가 큰 기쁨으로 주시는 풍요로운 삶을 놓치고 있는 것을 봅니다. 그리고 그리스도는 분리를 경험하는 사람들의 권리를 받아들이지만, 그들이 자신의 비실재적인 상황과 비실재적인 정체성을 극복하고 모든 생명과 하나가 되는 신의 나라로 돌아가는 여정을 발견하도록 도울 준비가 되어 있습니다.

따라서 그리스도는 특정한 사람을 만날 때, 대부분의 그리스도교인처럼 어떤 기준을 가지고 그 사람을 판단하지 않습니다. 그리스도는 처음부터 누구에게나 가장 높은 영적인 진리를 전하려고 하지도 않습니다. 그리스도는 그 사람의 현재 상태를 바라보고 그가 있는 곳에서 하나됨으로 나아가야 하는 길을 봅니다. 그리스도는 그 사람이 전체 여정을 한 번의 큰 도약으로 가기를 기대하거나 요구하지 않습니다. 대신, 그리스도는 매우 실천적이고 현실적인 여정을 계획한 다음, 그 사람이 첫걸음을 내딛도록 돕는 데 집중합니다.

그리스도는 그 사람에게 한 조각의 진리와 빛을 줌으로써 그렇게 합니다. 그러나 그리스도는 그 사람이 초기에 받은 그것을 어떻게 사용하는지 판단하지 않습니다. 그것은 그 사람의 자유의지에 맡겨 두고, 자신의 재능을 땅에 묻어두기보다는 증식시키는 사람들과 함께 일할 준비가 되어 있습니다.

여기에는 전혀 판단이 없다는 것이 보입니까? 그리스도는 한 사람을 바라보면서 그 사람이 현재 상태에서 그리스도 의식으로 나아가기 위해 취해야 하는 바로 그 첫걸음을 봅니다. 그런 다음 그 걸음을 내딛는 데 필요한 것을 그 사람에게 제공합니다. 그 사람이 받은 것을 증식하면, 그리스도는 더 많은 것을 줍니다. 그 사람이 제공받은 것을 증식하지 않기로 선택하면, 그리스도는 그 사람을 떠나 도울 수 있는 다른 사람을 찾습니다.

그리스도는 어느 누구도 판단하지 않습니다. 따라서 누구에게도 집착하지 않으며, 그 사람이 어떤 특정한 방식으로 반응하기를 바라는 마음도 없습니다. 그리스도는 그러한 판단에서 완전히 자유롭습니다. 따라서 그리스도는 자신과 모든 다른 사람을 자유롭게 합니다. 그것이, 그리스도가 신의 실재와 하나이며 자유의지가 이 세상에서 최상의 법칙인 이유입니다.

여러분은 근본적인 의미를 이해하고 있나요? 거짓 교사와 추락한 존재들은 공동창조자들에게 자유의지를 주려고 한 신의 결정에 동의하지 않았습니다. 따라서 그들은 사람들이 특정한 결정을 하도록 통제하려는 존재들입니다. 즉 그들은 사람들을 강제로 구원받게 하려고 합니다. 이러한 거짓 교사들이 사실 지구상의 모든 종교에 영향을 미쳤으며, 구원을 받고 영원한 저주를 피하기 위해서는, 사람들을 종교라는 우리 안으로 몰아가는 것이 허용된다는 교묘한 사고방식을 퍼뜨렸습니다. 그러나 이것은 신의 의도를 완전히 잘못 이해한 것입니다. 신의 의도는 사람들이 분리된 정체성을 놓아버리고 자유의지에 의한 선택의 결과로 신의 나라에 들어가는 것입니다. 이 교묘한 사고방식에서 완전히 벗어나야만 여러분은 살아 있는 그리스도가 될 수 있고, 다른 사람들을 구원하기 위한 것으로 보이지만 그럴 가능성이 없는 수많은 미묘한 이원성 게임 중의 하나에 빠지는 것을 피할 수 있습니다. 왜냐하면 비실재는 실재와 영원히 분리되어 있으므로, 결코 여러분을 실재와의 하나됨으로 인도할 수가 없기 때문입니다.

***

살아 있는 그리스도로서, 여러분은 모든 것을 있는 그대로 받아들입니다. 어떤 상황도 어떤 식으로든 달라져야 한다고 염려하지 않고 있는 그대로 받아들입니다. 따라서 여러분은 죄책감이나 후회 같은 부정적인 마음의 틀에 들어가게 되는, 너무나 흔한 함정을 피할 수 있습니다. 죄책감이나 후회는 현재가 달라지기를 바라기 때문에 지금 이전의 상황인 과거에 집중하게 만듭니다. 또한 여러분은 더 나은 미래를 희망하면서 항상 상황이 더 나아지기를 기다리는 반대 극단도 피하게 됩니다. 이러한 극단들을 피한 결과, 여러분은 여러분이 변화를 가져올 수 있는 유일한 시간인, 현재(NOW)에 머무르게 됩니다.

그리스도로서, 여러분은 지금의 상황을 있는 그대로 받아들이지만, 그것을 실재나 영구적인 것으로 받아들이는 것은 아닙니다. 그 대신, 여러분은 현재의 조건을 성장의 발판으로 봅니다. 이는 교훈을 배우면서 이원성에서 하나됨으로 이동한다는 의미입니다. 여러분은 사람들을 있는 그대로 만나지만, 대부분의 사람이 동정심이나 연민이라고 알고 있는 그런 것을 품고 있지는 않습니다. 그 대신, 여러분은 그 사람의 진정한 자아를 향한 조건 없는 사랑과 그 사람이 현재의 한계를 초월하도록 돕고 싶은 열망을 지니고 있습니다.

여러분은 한계를 실제적이거나 영구적인 것으로 받아들이지 않습니다. 여러분은 항상 외적인 모습 너머를 보며, 내면에 있는 의식하는 자아를 봅니다. 의식하는 자아는 신의 존재의 확장체이기 때문에, 이원성과 분리 속으로 아무리 깊이 내려갔다 해도 그 근원과의 하나됨으로 돌아갈 수 있는 잠재력을 가지고 있습니다. 여러분은 현재 상태의 그 자아를 받아들이지만, 또한 그 상태를 초월할 수 있는 잠재력도 받아들입니다. 즉 여러분은 사람들을 있는 그대로 받아들이지만, 동시에 그들이 현재 직면하고 있는 어떤 조건을 초월할 가능성이 있다는 것도 인정합니다.

여러분이 이런 것을 받아들일 수 있는 이유는 무엇일까요? 그 이유는, 현재의 조건들이 어떻든, 그것은 의식하는 자아가 마터 빛 위에 이원적인 이미지를 투사함으로써 만들어졌음을 여러분이 알기 때문입니다. 그리고 여러분은 마터 빛이 그러한 조건들을 즉시 떨쳐버리고, 그 대신 그리스도 마음을 통해 투사된 이미지들을 그려낼 수 있음을 알고 있습니다. 따라서 여러분은, 의식하는 자아가 내면의 조건을 초월함으로써 실제로 어떤 외부의 조건도 극복할 수 있음을 보며, 그것에 여러분의 초점을 맞춥니다.

여러분의 초점은 다른 사람들이 스스로를 초월할 수 있도록 돕는 데 있습니다. 그들이 원하지 않으면, 그리스도는 그들을 떠나 기꺼이 스스로를 도우려고 하는, 도움을 받을 수 있는 다른 사람에게 옮겨갑니다. 그리스도는 실용적인 현실주의자이며 시간과 공간의 한계를 아주 잘 알고 있습니다. 이는 자신의 재능을 기꺼이 증식하려는 사람들에게 집중함으로써 기회를 최대한 효율적으로 활용한다는 의미입니다. 그리스도는 모든 인류를 끌어올리는 것이 전반적인 목표임을 알고 있으며, 목표는 상위 10%의 사람이 의식을 높이면 이루어질 수 있습니다. 따라서 그리스도는 전반적인 목표에 가장 큰 효과가 있는 것을 추구하며, 재능을 증식하려고 하지 않는 한 사람을 "구원"하려고 노력하는 것 같은 세부적인 일에 머뭇거리지 않습니다. 그리스도는 대부분의 사람이 보지 못하는 큰 그림을 봅니다. 그래서 나는 12살 때 지상의 아버지에게 이렇게 말했습니다.

42 예수가 열두 살이 되던 해에도 예년과 마찬가지로 예루살렘으로 올라갔다.
43 그런데 명절의 기간이 다 끝나 집으로 돌아올 때 어린 예수는 예루살렘에 그대로 남아 있었다. 그런 줄도 모르고 그의 부모는
44 아들이 일행 중에 끼어 있으려니 하고 하룻길을 갔다. 그제야

생각이 나서 친척들과 친지들 가운데서 찾아보았으나

45 보이지 않으므로 줄곧 찾아 헤매면서 예루살렘까지 되돌아갔다.

46 사흘 만에 사원에서 그를 찾아냈는데 거기서 예수는 학자들과 한자리에 앉아 그들의 말을 듣기도 하고 그들에게 묻기도 하는 중이었다.

47 그리고 듣고 있던 사람들은 모두 그의 지능과 대답하는 모습에 경탄하고 있었다.

48 그들은 이렇게 말했다. "얘야, 왜 이렇게 우리를 애태우느냐? 너를 찾느라고 아버지와 내가 얼마나 고생했는지 모른다."

49 그러자 예수는 "왜, 나를 찾으셨습니까? 내가 내 아버지의 집에 있어야 할 줄을 모르셨습니까?" 하고 대답하였다.

50 그러나 부모는 아들이 한 말이 무슨 뜻인지 알아듣지 못하였다.

(누가 2장)

* * *

    이제 우리는 그리스도 의식의 본질적인 요점을 파악하고 완전히 내면화할 수 있는 지점에 도달했습니다. 그리스도 의식은 수동적인 마음의 틀이 아닙니다!!!

    그것은 여러분이 한 가지, 단 한 가지, 즉 여러분이 어떻게 봉사할 수 있는지에 집중하는 마음의 틀입니다. 각 개별적인 존재를 그리스도 의식으로 끌어올림으로써 성취될 수 있는, 즉 물질 우주를 신의 나라로 들어올리는 창조주의 전반적인 목적에, 여러분이 어떻게 봉사할 수 있을까요? 이 위대한 모험에서 여러분의 자리를 찾기 위해, 기꺼이 사람들을 깨우기 위해, 여러분은 적극적으로 나가서 여러분이 처한 국지적인 환경이나 지구상의 문제와 상황에 여러분의 진리의 빛을 비추어야 합니다.

그리스도가 되는 유일한 방법은, 여러분의 분리된 자아가 규정한 어떤 것보다 더 큰 목적을 위해 자신의 삶을 바치는 것이라는 아주 단순한 깨달음으로 여러분을 인도하는 것이 나의 요지입니다. 따라서 여러분이 적극적이지 않으면, 여러분은 에고의 중간지대(no-man's land)인 막다른 길, 딜레마에 갇히게 됩니다.

여러분이 그렇다면, 나는 여러분에게 오직 한마디만 하겠습니다. 가세요. 지금 당장!!!

여러분이 살고 있는 세상을 보세요. 어떤 식으로든 삶을 개선하려고 하는 무한히 다양한 요구가 있습니다. 너무나 많은 고통과 너무나 많은 결핍이 있습니다. 고통을 단순히 완화하는 것이 아니라, 더 높은 의식 상태로 올라감으로써 고통을 초월하도록 도와줄 사람들이 절실히 필요합니다. 도와야 할 사람들이 너무 많고, 추진해야 할 명분도 많고, 새로운 아이디어와 발명품도 너무 많으므로, 그리스도 의식을 참으로 이해하는 사람이라면 다음과 같은 에고의 함정 중 하나에 갇혀 있지 않는 한, 수동적으로 남아 있을 수 없을 것입니다.

- 어떤 사람들은 자신의 성장에만 집중하면서, 자신의 의식을 무한히 끌어올림으로써 실제로 신과 인류를 섬길 것이라고 생각합니다. 나는 여러분이 자신의 신성한 계획을 실현하기 위해 이곳에 왔다고 설명했습니다. 그렇게 하려면 여러분의 의식을 높여야 하지만, 그것을 무한히 높일 필요는 없습니다. 단지 여러분이 와서 해야

할 일을 할 수 있을 만큼이면 충분합니다. 따라서 지속적인 개인의 성장은 여러분의 주의력을 삼켜버리고 여러분이 이곳에 와서 해야 할 일을 하지 못하게 하는 블랙홀이 되어버립니다. 이 함정을 벗어나서, 에고와 자아를 고양시키려고 하는 끝없는 욕망보다는 진정한 자아에 초점을 맞추기 시작하세요.

- 아마도 여러분은 자신도 알아채지 못한 채, 자신의 그리스도 의식을 표현하는 것에 대한 두려움에 빠져 있습니다. 이것은 마이트레야께서 설명한 것처럼, 자신들이 지구 행성을 소유하고 있다고 생각하는 거짓 교사들이 만든 상태입니다. 따라서 그들은 누구든지 이 행성에서 그리스도 의식을 표현하는 것을 결코 원하지 않습니다. 여러분이 동굴 속에 앉아 의식을 높이고 있다면, 그들에게 문제가 되지 않습니다. 하지만 여러분이 시장으로 나가서, 세상에 있는 사원에서 그들의 책상을 뒤엎어버리는 순간 그들은 여러분을 쫓아올 것이고, 또한 여러분이 그렇게 생각하기를 바랄 것입니다. 그러나 이것이 모두 환영임을 알아차려야 합니다. 비실재는 실재를 위협할 수 없기 때문입니다. 따라서, 여러분은 더 높은 목적을 위해 여기에 있고 신께서 여러분에게 이 행성에서 여러분의 그리스도 의식을 표현할 권리를 주었음을 깨달아야 합니다. 이것이 내가 와서 보여주려고 했던 주요한 것 중의 하나입니다. 나는 또한 그들이 여러분의 몸을 죽이더라도 신께서 여러분을 일으켜 세울 것이기 때문에, 여러분은 몸을 죽일 수 있는 존재를 두려워할 필요가 없음을 보여주었습니다.

그래서 여러분은 그리스도를 따르며 여러분의 그리스도 의식을 표현할지, 아니면 반-그리스도를 따르며 여러분의 빛을 감출지 결정해야 합니다. 다음은 여러분이 직면하는 상황을 명확히 하기 위한 몇 가지 발췌문입니다.

10 옳은 일을 하다가 박해를 받는 사람은 행복하다. 하늘나라가 그들의 것이다.
11 나 때문에 모욕을 당하고 박해를 받으며 터무니없는 말로 갖은 비난을 다 받게 되면 너희는 행복하다.
12 기뻐하고 즐거워 하여라. 너희가 받을 큰 상이 하늘에 마련되어 있다. 옛 예언자들도 너희에 앞서 같은 박해를 받았다.
13 너희는 세상의 소금이다. 만일 소금이 짠맛을 잃으면 무엇으로 다시 짜게 만들겠느냐? 그런 소금은 아무 데에도 쓸데없어 밖에 내버려 사람들에게 짓밟힐 따름이다.
14 너희는 세상의 빛이다. 산 위에 있는 마을은 드러나기 마련이다.
15 등불을 켜서 됫박으로 덮어두는 사람은 없다. 누구나 등경 위에 얹어 둔다. 그래야 집 안에 있는 사람들을 다 밝게 비출 수 있지 않겠느냐.
16 너희도 이와 같이 너희의 빛을 사람들 앞에 비추어 그들이 너희의 착한 행실을 보고 하늘에 계신 아버지를 찬양하게 하여라. (마태 5장)
16 이제 내가 너희를 보내는 것은 마치 양을 이리떼 가운데 보내는 것과 같다. 그러므로 너희는 뱀같이 슬기롭고 비둘기같이 양순해야 한다.
17 너희를 법정에 넘겨주고 회당에서 매질할 사람들이 있을 터인데

그들을 조심하여라.

18 또 너희는 나 때문에 총독들과 왕들에게 끌려가 재판을 받으며 그들과 이방인들 앞에서 나를 증언하게 될 것이다.

19 그러나 잡혀갔을 때 '무슨 말을 어떻게 할까?' 하고 미리 걱정하지 말아라. 때가 오면 너희가 해야 할 말을 일러주실 것이다.

20 말하는 이는 너희가 아니라 너희 안에서 말씀하시는 아버지의 성령이시다.

21 형제끼리 서로 잡아 넘겨 죽게 할 것이며, 아비도 또한 제 자식을 그렇게 하고 자식도 제 부모를 고발하여 죽게 할 것이다.

22 그리고 너희는 나 때문에 모든 사람에게 미움을 받을 것이다. 그러나 끝까지 참는 사람은 구원을 받을 것이다.

23 이 동네에서 너희를 박해하거든 저 동네로 피하여라. 나는 분명히 말한다. 너희가 이스라엘의 동네들을 다 돌기 전에 사람의 아들이 올 것이다.

24 제자가 스승보다 더 높을 수 없고 종이 주인보다 더 높을 수 없다.

25 제자가 스승만해지고 종이 주인만해지면 그것으로 넉넉하다. 집주인을 가리켜 베엘제불이라고 부른 사람들이 그 집 식구들에게야 무슨 욕인들 못하겠느냐?

26 그러므로 그런 사람들을 두려워하지 말아라. 감춘 것은 드러나게 마련이고 비밀은 알려지게 마련이다.

27 내가 어두운 데서 말하는 것을 너희는 밝은 데서 말하고, 귀에 대고 속삭이는 말을 지붕 위에서 외쳐라.

28 그리고 육신은 죽여도 영혼은 죽이지 못하는 사람들을 두려워

하지 말고 영혼과 육신을 아울러 지옥에 던져 멸망시킬 수 있는 분을 두려워하여라. (마태 10장)

32 누구든지 사람들 앞에서 나를 안다고 증언하면 나도 하늘에 계신 내 아버지 앞에서 그를 안다고 증언하겠다.

33 그러나 누구든지 사람들 앞에서 나를 모른다고 하면 나도 하늘에 계신 내 아버지 앞에서 그를 모른다고 하겠다.

34 내가 세상에 평화를 주러 온 줄로 생각하지 마라. 평화가 아니라 검을 주러 왔다.

35 나는 아들은 아버지와 맞서고 딸은 어머니와 며느리는 시어머니와 서로 맞서게 하려고 왔다.

36 집안 식구가 바로 자기 원수다.

37 아버지나 어머니를 나보다 더 사랑하는 사람은 내 사람이 될 자격이 없고 아들이나 딸을 나보다 더 사랑하는 사람도 내 사람이 될 자격이 없다.

38 또 자기 십자가를 지고 나를 따라오지 않는 사람도 내 사람이 될 자격이 없다.

39 자기 목숨을 얻으려는 사람은 잃을 것이며 나를 위하여 자기 목숨을 잃는 사람은 얻을 것이다.

40 너희를 맞아들이는 사람은 나를 맞아들이는 사람이며 나를 맞아들이는 사람은 나를 보내신 분을 맞아들이는 사람이다.

41 예언자를 예언자로 맞아들이는 사람은 예언자가 받을 상을 받을 것이며, 옳은 사람을 옳은 사람으로 맞아들이는 사람은 옳은 사람이 받을 상을 받을 것이다.

42 나는 분명히 말한다. 이 보잘것없는 사람 중 하나에게 그가 내

제자라고 하여 냉수 한 그릇이라도 주는 사람은 반드시 그 상을 받을 것이다. (마태 10장)

열쇠 15를 위한 연습

여러분은 과정의 이 단계에서 무엇을 통과하고 있는지 이해하고 있나요? 여러분은 그리스도의 세 번째 도전, 즉 자신의 외부에서 그리스도를 보는 것을 멈추고 여러분이 그리스도가 될 수 있다는 것을 받아들이면서 그리스도의 네 번째 도전으로 나아가고 있습니다. 네 번째 도전이란 그리스도 의식이 분리된 자아로서 여러분에 관한 것이 아니라, 모든 것과 하나인 더 큰 자아로서 진정한 여러분(YOU)에 관한 것임을 깨닫는 것입니다. 따라서 자연스럽게 모든 것을 높이는 역할을 하게 되고 그에 따라 또한 국소적인 자아도 높여지게 됩니다. 다시 말해서, 여러분은 다른 사람들에게 봉사하면서 여러분의 그리스도 의식을 표현해야만 그리스도가 됩니다. 그렇게 하지 않으면, 여러분은 '그리스도의 두 번째 도전'에서 벗어날 수가 없습니다. 이는 일부 신비주의자들이 "영혼의 어두운 밤"이라고 불렀던 중간지대에 갇히게 된다는 의미입니다. 그것은 정말로 개인적인 성장의 여정과 개인적인 그리스도 의식의 여정 사이에 갇혀 있는 상태입니다. 그것을 극복하는 유일한 방법은 여러분이 스스로 만들어낸 어두운 동굴에서 나와, 다른 사람들에게 봉사하기 시작해야 하는 것이기 때문에, 나는 이것에 대해 여기에서 많은 말을 하지 않을 것입니다.

그래서 이 열쇠에 대한 연습으로 여러분이 해야 할 일은, 여러분이 생명을 위해 봉사하면서 자신의 그리스도 의식을 표현하지 못하게 하는 어떤 장애물이 여러분 안에 있는지 생각하고 모두 적어 보는 것입니다. 여러분에게 도움이 되는 로자리나 기원문을 스스로 선택하여 33일 집중 기도를 해보기 바랍니다. 로자리나 기원문을 한 다음에, 아래의 조율하는 연습을 해보기 바랍니다. 여러분이 정원에 들어가서 나와 또는 여러분이 선택한 상승 마스터와 마주 앉아 있을 때, 행동하는 살아 있는 그리스도가 되지 못하게 여러분을 방해하는 것이 무엇인지 보여달라고 나에게 요청하세요. 나는 여러분에게 보여줄 것입니다. 여러분이 구하면, 받게 될 것이기 때문입니다. 대답을 제한하는 것이 있다면, 그것은 단지 답을 받고자 하는 여러분의 의지 여부입니다.

내면의 그리스도와 조율하기 위한 연습:

1. 얼마 동안 (적어도 10-15분 정도) 방해받지 않고 있을 수 있는 조용한 방으로 들어가세요. 신체적인 불편함을 느끼지 않도록 편안한 의자에 앉으세요.
2. 여러분 자신이 선택한 로자리나 기원문을 낭송하세요.
3. 대천사 미카엘의 천사들이 여러분의 개인 에너지장을 둘러싸고 있다고 마음속에 그려 보세요. 각 방향으로 한 명씩 네 명의 천사가 있습니다. 이 천사들은 키가 3.6m 정도이고 푸른 화염으로 밝게 타오르는 검을 가지고 있습니다. 그들은 이 세상의 세력들로부터 여러분을 강력하게 보호할 수 있습니다.
4. 여러분의 머리 바로 위에 있는 여러분의 상위자아에 주의를 돌리세요. 조용히 다음 확언문을 말하세요.

예수 그리스도의 이름으로, 나는 찬란하게 빛나는 흰색의 방어벽으로 내 몸과 마음과 에너지장을 에워싸 주시기를 요청합니다. 나는 이 에너지가 이 세상의 것들로부터 나를 봉인해 준다는 것을 받아들입니다. 나는 이제 보라색 불꽃이 빛의 방어벽 내부에서 타오르며 내 존재 안의 불완전한 에너지를 모두 소멸해 주기를 기원합니다.

잠시 동안, 여러분이 이 세상의 에너지로부터 완전히 봉인되었다는 느낌 안에 머무르세요.

5 평화로운 느낌 안에서, 심장 높이에 있는 가슴의 중앙에 주의를 집중하세요. 가슴 안에서 타오르고 있는 영적인 불꽃을 심상화하세요. 이 영적인 불꽃은 타오르기 위해 연료가 필요하지 않습니다. 이것은 스스로 타오르는 불꽃입니다.

6 이 불꽃에 집중하면서 여러분의 주의력이 이 불꽃 안으로 들어가도록 허용하세요. 그 불꽃 뒤에 출입구가 보입니다. 그곳으로 들어가세요. 출입구를 통과하여, 터널 속으로 이동합니다. 앞으로 쭉 나아가면, 터널 끝에 여러분이 잘 아는 빛이 보입니다.

7 계속 나아가 터널을 벗어난 다음, 그 빛 속으로 걸어 들어가세요.

8 이제 여러분은 매우 우아하고 아름다운 정원으로 들어왔습니다. 그 정원은 높은 울타리들로 둘러싸여 있습니다. 아름다운 화단과 산책로가 있습니다. 정원 중앙에 부드럽게 속삭이며 솟아오르는 분수가 있습니다.

9 곳곳에서 새들이 즐겁게 지저귀고 있습니다. 이 정원 속으로 걸어가면서, 여러분은 어느덧 세상의 근심들이 다 사라지는 것을 느낍니다. 정원 깊숙이 들어갈수록, 더 가벼워지고 평화로운 느낌이 듭

니다.

10 그냥 계속 걸으면서, 여러분의 모든 걱정과 근심이 정원의 평화와 고요함 안에서 어떻게 녹아버리는지 느껴보세요. 기분이 좋아지고 평화로운 느낌이 들 때, 잠시 주위를 둘러보세요.

11 주위를 둘러보면, 돌로 조각된 의자 두 개가 있는 것이 보입니다. 한쪽 의자에 앉아 편안하게 있어 보세요. 그런 다음, 가슴에 집중하고 눈을 감습니다. 그리고 자신이 이 아름다운 정원에서 완전한 평화 속에 있다고 느껴보세요. 사실, 여러분에게 이 정원이 마치 집처럼 느껴질 것입니다.

12 이제 눈을 뜨고 앞에 있는 의자를 본다고 상상해 보세요. 놀랍게도, 누군가가 그 의자에 앉아 있는 것을 알게 됩니다. 자세히 보면, 여러분 앞에 앉아 있는 누군가가 정말로 나, 예수임을 깨닫습니다.

13 나의 현존(Presence) 안에서 여러분이 편안해지도록 허용하세요.

14 이제 내 가슴에 여러분의 주의를 집중하고, 내 가슴이 여러분을 위해 조건 없는 사랑을 방사하고 있다는 것을 느껴보세요. 내가 여러분을 조건 없이 사랑한다는 것을 받아들이는 시간을 잠시 가져보세요.

15 그런 다음, 여러분을 위한 나의 조건 없는 사랑을 흡수하고, 그 사랑이 어떻게 불완전하고 실재가 아닌 것을 모두 불태우는지 느껴보세요. 이 사랑은 진실로 모든 두려움과 불완전한 감정들을 소멸하는 완전한 사랑입니다.

16 내 앞에 앉아 내 사랑을 온전히 받아들이면서, 지구에서 여러분이 처한 상황을 되돌아보세요. 그 상황의 어떠한 측면에도 동요되지 마세요. 단지 잠시 동안 여러분의 상황을 의식적으로 인식해 보세

요. 그런 다음, 나를 다시 바라보면서, 여러분이 행동하는 그리스도가 되는 것을 방해하는 것이 무엇인지 생각하면서, 마음속으로 말없이 질문을 만들어보세요.

17 질문을 만든 후에, 그것을 나에게 보내주세요.
18 그리고 눈을 감고 내 사랑에 집중을 하세요. 세상의 모든 근심을 잊어버릴 수 있는 그 사랑 안에 푹 빠져들어 보세요.
19 내 사랑 안에 깊이 빠져들어가 얼마간 시간이 지나고 나면, 여러분의 관심이 자연스럽게 그 질문으로 되돌아갈 것입니다. 단순히 내 가슴에 여러분의 주의를 집중하고 대답을 들어보세요. 즉각적인 대답을 받지 못하더라도, 흔들리지 마세요. 그저 나의 조건 없는 사랑에 집중하고, 원하는 만큼 그 사랑에 빠져들도록 자신을 허용해 주세요.
20 충분히 사랑을 받아들였다고 느낄 때, 여러분의 가슴이 내 사랑으로 흘러넘치는 잔이 되었다고 느낄 때, 조용히 그 아름다운 정원을 떠나 다시 터널을 통해 걸어 나온다고 심상화하세요.
21 여러분은 이제 방 안에 있는 의자에 앉아 있습니다. 일상적인 의식 상태로 되돌아가는 시간을 잠시 가지세요.
22 이제 여러분에게 떠오르는 것을 외면의 마음으로 분석하거나 판단하지 말고 모두 적어 보기 바랍니다.

열쇠 16
그리스도 의식의 알파와 오메가

내가 말했듯이, 그리스도 의식에는 알파와 오메가 측면이 있습니다. 더 깊은 이해를 위해, 내가 2008년 부활절 컨퍼런스에서 주었던 구술에서 발췌한 이 인용문을 숙고해 보세요.

> 신의 나라가 가까이 왔습니다. 신성한 아버지와 신성한 어머니의 연합을 통해.

사랑하는 이들이여, 죽음과 무덤에서 내가 부활한 것을 상징하는, 이 부활절 아침에 인사힙니다. 그러나 나 예수는, 나 자신의 부활을 상징하기 위해서 이 지구에 오지 않았습니다. 나는 인간적인 자아, 필멸의 자아를 죽게 할 수 있는 인간의 잠재력을 상징적으로 보여주기 위해 왔습니다. 사랑하는 이들이여, 그렇게 함으로써 여러분은 육체적 삶이나 더 높은 영역의 영적인 삶이 아니라, 신의 공동창조자라는 사실을 더 이상 부인하지 않는 새로운 정체감으로 부활하게 됩니다.

따라서 이제 여러분은 신의 나라가 자신의 내면에 있고, 아버지와 하나이며, 아버지께서 지금까지 일해 왔으며, 여러분이 공동창조자가 되어서 기꺼이 일하기 위해 여기에 보내졌음을 인정합니다. 그래서 여러분은 신의 나라를 지구에 가져오도록 돕는 역할을 할 수 있습니다. 이것이 내가 왔던 목적이며, 이것이 내가 십자가에서 죽음이라는 육체적 사건을 겪었던 목적입니다. 사랑하는 이들이여, 다시 말해 십자가에서의 내 죽음은 모든 인간에게 영적으로 무엇이 가능한지를 상징적으로 보여주기 위한 것이었습니다.

* * *

여러분도 알다시피, 2,000년 전에는 사람들에게 물리적으로 눈에 보이는 외적인 발현이 정말로 필요했습니다. 그렇지 않았다면, 그들이 죽음과 죽음의 의식을 극복할 잠재력을 알 수조차 없었을 것입니다. 하지만 그러한 외적인 표현을 할 때, 많은 사람이 겉으로 드러난 것에만 집중하여 그 뒤에 숨겨진 상징을 보지 못했습니다. 그 결과 나의 임무와 메시지의 보편적인 측면을 보지 못한 일은 예견될 수 있었고 어쩔 수 없는 일이었습니다. 사람들은 그것이 유대인들에게만 적용된다고 생각했고, 어떤 것은 내게만 해당되거나, 어떤 것은 그리스도교인들에게만 해당된다고 생각했습니다.

사랑하는 이들이여, 진실로 그리스도 의식은 보편적입니다. 사랑하는 이들이여, 그리스도 의식의 전체적인 아이디어는 물질과 영성을 통합하는 것입니다. 그리스도 의식이란, 여러분이 신성한 아버지와 신성한 어머니라고 부르는 것을 통합해서 창조주와 그 피조물 사이에 분리가 없는 상태입니다. 물론 요한 복음서에 나와 있듯이, 창조주 없이 만들어진 것은 아무것도 없습니다.

그리고 그것이 바로 신의 나라가 여러분 안에 있는 이유입니다. 왜냐하면 사랑하는 이들이여, 신의 존재와 신의 현존이 모든 것 안에 내재하기 때문입니다. 그리스도교를 유일신 종교로 바꾸고 외적인 신이라는 우상을 만들어낸 것은 분리에 기초한 종교일 뿐입니다. 그 종교에서는, 화가 난 존재가 먼 하늘에서 여러분을 내려다보며, 여러분이 저지르는 모든 죄를 심판하고 여러분을 영원히 지옥으로 보낼 준비가 되어 있다고 말합니다.

사랑하는 이들이여, 오늘날 자신을 그리스도교인이라고 하는 사람들은 나의 참된 메시지의 실재에 눈을 떠야 할 때입니다. 나는 그 당시의 유대교가 그랬듯이, 그리스도 잠재력을 부인하는 또 다른 종교를 만들기 위해 오지 않았습니다(그리고 지금도 그 문제는 여전합니다). 나는 모든 사람이 자신 안에 있는 신의 나라를 찾을 수 있도록 일깨우러 왔습니다. 이로써 그들은 지상에서 신의 나라의 확장체, 즉 신의 나라를 공동창조하고 구현하는 공동창조자가 됩니다. 그리고 모든 사람에게 풍요로운 물질적인 삶과 영적인 삶 모두를 제공하게 됩니다.

*＊＊

사랑하는 이들이여, 알다시피 신의 마음과 신의 눈에는, 물질적인 것과 영적인 것에 아무런 차이가 없습니다. 그 차이는 이원성 의식,

즉 추락한 존재들이 상위 구체에서 이 행성으로 가져왔던 분리의 의식에서 만들어진 환영입니다. 하지만 지구상의 많은 사람이 그것을 받아들여 왔습니다. 사랑하는 이들이여, 여러분은 오직 이원성 의식만이 에고를 존재할 수 있게 하는 것을 알고 있습니다. 이원성 의식은 또한 에고가 가장 갈망하는 것, 즉 지구상의 다른 사람들과 비교해서 어떤 우월한 지위에 도달했다는 환영을 만들 수 있는 잠재력을 제공합니다.

사랑하는 이들이여, 이것이 바로 세계의 매우 많은 지역, 많은 문화와 종교의 수많은 사람이 이원성 의식을 놓아버리지 못하는 이유입니다. 이것은 자신을 그리스도교인이라 부르는 사람들에게도 해당됩니다. 이원성 의식을 놓아버리면, 내가 이 지구에 가져왔던 구원이 그들 자신에게만, 즉 그들의 특정한 교회 구성원들에게만 독점되는 것이 아님을 깨닫고 인정해야만 하기 때문에, 그들은 이원성 의식을 놓아버리지 않을 것입니다. 그들은, 자신들이 다른 모든 사람을 구원에서 제외할 수 있다고 생각하면서, 그들 스스로 구원을 규정하고 있습니다.

사랑하는 이들이여, 그러면 이원성 의식을 극복하기 위해서 무엇이 필요할까요? 자, 사랑하는 이들이여, 아버지 신이 결코 어머니 신과 분리된 적이 없다는 것을 인식하고 깨달아야 합니다. 여러분이 알다시피, 이원성 의식으로 인해 여러분은 이러한 성적인 역할을 만들었고, 그리고 영적인 실재와 소통을 거의 불가능하게 하는 이러한 이원적인 이미지들을 만들었습니다. 우리가 어떤 말을 하면, 지구의 사람들은 우리가 한 말에 즉시 그들의 이원적인 이미지를 덮어씌우기 시작합니다.

그래서 내가 "아버지 신"이라고 말하면, 사람들은 즉시 인간 사회에서 규정된 성 역할에 기반한 이미지를 투사합니다. 그리고 내가 어머니 신이라고 말하면, 그들은 여성에 대한 그들의 이미지를 바탕으로 또 다른 이미지를 투사합니다. 하지만 그 이미지들은 둘 다 이원적이고 둘 다 불균형하기 때문에, 실제로 그리스도교인들처럼, 구원받는 것에 대한 정확한 이해로 여러분을 인도할 수 없습니다. 구원은, 진실로 여러분이 신의 나라에 들어간다는 의미입니다. 내가 말했듯이, 여러분 안에 있는 신의 나라는 물리적인 상태도, 영적인 상태도 아니며, 의식의 상태를 상징적으로 나타낸 것입니다.

신의 나라에 들어가기 위해 물리적으로 어딘가를 여행해야 하는 것은 아닙니다. 신의 나라에 들어가기 위해서 몸을 버리고 어떤 영적인 영역으로 상승할 필요도 없습니다. 내가 이 지구에 전하려고 했던 메시지는, 내가 당시에 "신의 나라가 가까이 있다."라고 전파했던 말에 나타나 있습니다. 여러분이 신의 나라인 그 의식 상태로 들어가서 지금 바로 그것을 경험할 수 있다는 의미입니다.

그러면 그 의식 상태는 어떠할까요? 그것은 이 세상의 환영, 이 세상의 지배자가 만든 환영을 극복한 상태입니다. 그래서 여러분은 알파 측면인 아버지 신이 오메가 측면인 어머니 신과 분리될 수 있다는 환영을 극복할 수 있습니다. 사랑하는 이들이여, 신에게 두 가지 측면이 있다는 것은 사실입니다. 무한하며 나눠지지 않고 나눠질 수 없는 하나의 창조주가 존재합니다. 그러나 그 무한한 창조주는 자신을 형상 세계에 표현했습니다. 그러한 과정에서 스스로를 형상으로 표현하고, 형상 안에 자신의 존재를 새겨두고, 자신의 존재로부터 모든 것을 창조했습니다. 그러므로 분리되지 않은 창조주인 신의 측면이 여전히 있지만, 그럼에도 불구하고 신은 또한 형상 세계, 곧 형상을 취하는 마터 빛으로 스스로를 나눈 것입니다.

* * *

그러므로 여러분은 아버지 신과 어머니 신이 지구상의 성 역할에 기반해서 여러분이 생각하는 방식으로 분리되거나 구분되는 것이 아님을 알 수 있습니다. 어머니 신은 아버지 신의 또 다른 표현이며, 물질 영역에서 자기의식을 지닌 존재이고, 여러분의 역할은 여러분이 창조주 신의 확장체라는 사실을 깨닫는 것입니다. 따라서 여러분은, 창조주 신이 그의 나라를 지구상에 구현하게 하는 열린 문이 될 수 있습니다. 하지만 여러분은 자신의 근원인 창조주와 분리되었다는 느낌을 극복하고 마침내 "나와 내 창조주는 하나이다."라고 말할 때만, 열린 문이 될 수 있습니다. 그리고 여러분은 실제로 결코 분리된 적이 없다는 것을 알게 됩니다.

사랑하는 이들이여, 신이 무한하다면, 그것은 창조주가 어디에나 있다는 의미일 것입니다. 그렇다면 어떻게 여러분이 신에게서, 근원에서 분리될 수 있을까요? 그러한 일은 분리에 기초한 마음에서 만들어진 환영이 아니라면 결코 일어날 수 없습니다.

그래서 여러분은 이것이 컨퍼런스의 주제인 '신성한 어머니와 신성한 여성성 회복하기'와 어떻게 관련되는지를 알 수 있습니다. 사랑하는 이들이여, 그리스도 의식의 여정을 걷기 위해서는, 신성한 어머니, 즉 신의 여성 측면인 물질 영역이 창조주인 아버지와 분리될 수 있다는 환영을 극복해야 한다는 것을 알겠습니까?

이 환영을 극복하게 되면 여러분은 그 진리를 다른 사람들에게 전파하고 생명을 주는 진리를 제공하여 그들 역시 깨어나게 할 수 있는 열린 문이 되고, 그들도 아버지 신의 확장체임을 알게 됩니다. 그들이 아버지 신과 연합할 때, 그들은 어머니 신이 되고, 물질 영역에서 신의 대리자가 됩니다. 그리하여 여러분은 육화 중인 아버지-어머니 신이 됩니다. 여러분은 바로 이 물질 영역에서 아버지-어머니 신의 연합이 되는 것입니다.

이것이 바로 그리스도가 된 존재의 역할입니다. 사랑하는 이들이여, 이것이 바로 그리스도 의식의 진정한 여정입니다. 그 여정에는 여러 단계가 있지만, 그리스도 의식의 여정에서 더 높은 단계를 향해 나아가면서, 여러분은 자신의 존재에서 아버지와 어머니 측면을 통합해야 합니다. 여러분이 이 세상에서 자신을 표현하기 위해 만든 정체성인 하위 존재가 아버지 신과 하나가 될 필요를 깨닫게 될 때, 여러분은 실제로 어머니 신이 됩니다. 그것이 순수한 의미의 어머니 신입니다.

* * *

사랑하는 이들이여, 외양에 속지 말고 외양으로 판단하지 마세요. 여기서 미묘한 구분을 해야 합니다. 여러분이 주위에서 보는 물질 영역의 모든 것은 마터 빛이 형태를 취해 만들어진 것입니다. 마터 빛은 어머니 신의 표현입니다. 어떤 의미에서는 순수한 형태의 마더 빛이 어머니 신이라고 말할 수 있습니다.

그러나 어머니 신은 자기의식을 지닌 존재인 공동창조자들이 자신의 자유의지로 실험하는 것을 허용하기로 서약했습니다. 이는 마터 빛이 공동창조자들이 마음의 힘을 통해 부과하는 어떤 형태든 취할 것이라는 의미입니다. 따라서 여러분이 지구 행성에서 보는 모든 것은 어머니 신의 구현이지만, 아버지 신의 비전이나 어머니 신의 무결한 관념에 따르는 순수한 형태는 아닙니다.

그러므로 여러분은 지구상에서 불완전한 것들을 보면서 그것이 어머니 신이라고 말할 수는 없습니다. 어머니 신은 신의 공동창조자들이 뿌린 씨앗을 수확할 기회를 주기 위해 그녀의 에너지와 그녀의 빛이 순수하지 않은 형태를 취하도록 허용하기는 하지만, 어머니 신은 결코 순수하지 않은 형태일 수가 없습니다.

어머니 신은 영원히 순수하며, 이 세상에서 아무리 불완전하게 표현되어도 결코 더럽혀지지 않습니다. 어머니 신은 늘 순수했으며, 언제나 순수하게 있을 것입니다. 그리고 여러분이 그리스도 의식을 얻고 아버지 신과 어머니 신 사이에 어떤 분리도 없음을 알게 되면, 여러분은 육화 중인 무결한 어머니 신이 됩니다. 여러분이 바로 무결한 어머니 신의 현현이 되는 것입니다.

그래서 여러분이 남자의 몸이든 여자의 몸이든, 전혀 영향을 받지 않는다는 것을 알 수 있습니다. 사랑하는 이들이여, 여러분이 그리스도 의식에 도달하면, 여러분은 육화 중인 어머니 신이 됩니다. 창조주가 순수하고 무한하며 나눠지지 않은 형태로 이 세계에서 자신을 표현하고 있지 않다는 것을 알겠습니까? 창조주는 형상 세계를 창조한 어머니 신으로 자신을 표현하고 있습니다. 따라서 여러분은 아버지 신과 어머니 신이라는 표현조차 넘어서서, 무한한 신, 표현된 신, 구현하는 신과 같은 더 보편적인 표현을 찾을 필요가 있습니다.

*　*　*

사랑하는 이들이여, 자기의식을 지닌 존재로서 여러분은 신 의식을 향해서 진화하고 있습니다. 그리고 여러분이 신 의식에 도달할 때, 창조주를 순수한 형태로 경험할 수 있습니다. 하지만 여러분이 형상 세계에서 육화 중인 동안에는, 순수한 형태의 창조주를 경험하지는 못합니다. 여러분은 어머니 신으로 표현된 형태로 창조주를 경험할 뿐입니다. 따라서 여러분이 육화 중에 하나가 되는 신은 바로 어머니 신입니다.

사랑하는 이들이여, 이제 여러분은 내가 "나와 나의 아버지는 하나이다."라고 했던 말의 의미를 알 수 있을 것입니다. 그 말의 이면에 있는 실제 의미는 여러분이 육화 중일 때는, 영적인 세계에 있는 존재들, 즉 상승 호스트인 우리와 함께 여성 극성을 지니고 있다는 것입니다. 그래서 내가 "나와 나의 아버지는 하나이다."라고 말했을 때, 나는 자신이 스승이자 구루인 로드 마이트레야와 하나이고, 나의 아이앰 현존과 하나이며, 창조주로 이어지는 나의 영적인 계보와 하나임을 인식했던 것입니다. 따라서, 그 하나됨을 인식하면서 나는 영과 물질, 영적 영역과 물질 영역의 하나됨도 알게 되었습니다.

그러나 내가 여기서 말하고 있는 것은, 무한하고 표현되지 않은 창조주로서의 신과, 유한한 세상에 자신을 표현하고 있는 표현된 창조주로서의 신에 대한 더 깊은 인식입니다. 따라서 이러한 신의 두 측면은, 영적인 영역과 물질 영역 사이의 극성과는 다른 극성을 형성하고 있습니다.

그래서 여러분도 알다시피, 여러 층이 있고, 수레바퀴 안에 수레바퀴들이 있습니다. 하지만 여기서 여러분은 그리스도가 된 존재로서 여러분의 목적이 신의 두 가지 측면을 통합하는 의식 상태를 향해서 나아가는 것임을 생각해 볼 필요가 있습니다. 이 두 가지 측면이 전통적으로 남성과 여성, 알파와 오메가, 아버지와 어머니로 제시되었던 것입니다. 그 두 측면이 여러분의 존재 안에서 하나가 되는 것을 알고 있기 때문에, 그들 사이에서 여러분은 더 이상 분리나, 심지어 어떤 차이점조차 보지 못합니다. 신의 두 가지 측면을 통합하는 것이 그리스도 의식이기 때문입니다. 그래서 여러분은, 어떤 형상이 그 근원에서 분리될 수 있다는, 형상 세계에서만 가능한 그런 분리를 극복할 수 있습니다.

* * *

사랑하는 이들이여, 여기서 말하고 있는 것은, 내가 이 지구 행성에 가져온 구원의 길이 실제로 개인적인 그리스도 의식의 여정이지만, 이 여정은 신성한 여성성 없이는 걸을 수 있는 여정이 아니라는 것입니다.

사랑하는 이들이여, 그리스도교에서 일어난 일은 그리스도교가 원래 예정대로 되지 못하고, 그 대신 유대교의 확장판이 되었다는 것이었습니다. 유대교는 신의 아버지 측면에 초점을 맞춘 종교였으며, 신성한 여성성을 부인했습니다. 그것은 에덴 정원 이야기의 잘못된 버전에서 비롯된 것이며, 인간의 타락 원인을 여성과 여성성의 탓으로 돌리고 있습니다.

따라서 그리스도교는 신성한 여성성을 부인하는 또 다른 종교가 되었습니다. 이것은 원래의 내 의도가 아니었습니다. 그래서 일부 사람들이 깨닫기 시작했듯이, 사실상 나는 영성과 종교에서 여성과 여성의 역할에 대해, 이후의 가톨릭과 후기 그리스도 교회들에서 묘사된 것과는 완전히 다른 관점을 가지고 있었습니다. 그것들 대부분은 타락을 여성의 탓으로 돌리는 것에 기반을 두고 있으며, 그것을 통해 남성과 남성적인 측면을 우월한 지위로 끌어올리고, 여성을 육체적으로나 영적으로 억압하는 구실로 사용하고 있습니다.

사랑하는 이들이여, 여러분이 그리스도 의식에 도달하면, 지구상의 성 역할을 초월하게 됩니다. 여러분이 남자의 몸에 있든 여자의 몸에 있든 그것은 더 이상 문제가 되지 않습니다. 왜냐하면 여러분은 인간의 성별을 넘어서서, 자신을 그중 어느 한쪽으로도 보지 않기 때문입니다. 오늘날 흔히 논의되는 것처럼, 여러분의 몸이 어떠한지, 또는 여러분의 성별이 무엇인지는 전혀 중요하지 않습니다. 여러분이 하나됨의 상태에 이르러 아버지와 어머니, 여성성과 남성성, 외면과 내면의 통합을 이룰 때, 그것은 더 이상 중요하지 않기 때문입니다. 그리고 여러분은 결코 분리된 적이 없다는 것을 알게 됩니다. 신이 하늘에 멀리 떨어져 있는 존재가 아니라, 신은 무한하기 때문에 어디에나 있고 모든 것 안에 있다면, 어떻게 신이 그 자신에게서 분리될 수 있을까요?

사랑하는 이들이여, 그래서 내가 신의 나라는 여러분의 내면에 있다고 말했던 것입니다. 여러분이 신을 하늘에 멀리 떨어져 있는 존재로 상상하는 한, 여러분은 절대로 그 신과 연합을 이룰 수 없을 것입니다. 신이 그 자신을 여러분이라는 형상으로 표현한 것을 발견하고 그 신과의 연합을 인정할 때, 비로소 여러분은 그 연합을 이룰 것입니다. 그러면 여러분은 분리 의식을 극복하게 됩니다.

그러면 남성성과 여성성은 완전한 조화를 이루며 완전한 연합을 이루게 됩니다. 그러면, 도마 복음서에 다음과 같이 인용되어 있듯이, 내면이 바깥이 되고, 외부가 내면이 됩니다.

> 22 예수께서 젖먹이 아이들을 보았다. 그는 자기의 제자들에게 말했다. "이 젖먹이 아이들은 아버지의 왕국에 들어가는 사람들과 같도다."
>
> 그들이 예수께 물었다. "그러면 아이들처럼 우리가 아버지의 나라에 들어갈 수 있겠습니까?"
> 예수께서 그들에게 말했다. "너희가 둘을 하나로 만들고, 안을 바깥처럼 바깥을 안처럼, 위를 아래처럼 만들고, 남자와 여자를 하나로 만들어 남자가 남자일 수 없고 여자가 여자일 수 없을 때, 너희가 새로운 눈을 가지고, 새로운 손을 가지고, 새로운 발을 가지고, 새로운 형상을 가지게 되면, 너희는 그 나라에 들어갈 것이다."

그러면 여러분은 그 분리를 극복하게 됩니다. 이제 여러분은 자신이 누구인지 알고, 왜 여러분이 여기에 있는지 알게 됩니다. 사랑하는 이들이여, 그리고 그 순간, 내가 니코데무스에게 설명하려 했던 것처럼, 여러분은 다시 태어납니다. 그는 이원성과 분리에 기반한 선형적이고 분석적인 마음에서 자신을 분리할 수 없었기 때문에, 그것을 이해할 수 없었습니다.

사랑하는 이들이여, 하지만 내가 뭐라고 말했나요? "하늘에서 내려온 자 외에는 아무도 하늘로 되돌아갈 수 없습니다." 의식하는 자아만이 다시 하늘로 올라갈 수 있습니다. 의식하는 자아는 창조주 존재의 확장체이기 때문에, 하늘에서 결코 분리되지 않았고, 그 근원으로부터 결코 분리된 적이 없다는 것을 깨달을 때 하늘로 "다시 올라갈" 수 있습니다.

그때가 바로 여러분이 항상 누구였는지, 여러분이 항상 누구인지를 깨달으며 다시 태어나는 시점입니다. 그러나 이것은 여러분이 사라진다는 의미가 아닙니다. 왜냐하면, 의식하는 자아는 여러분이 지금 형상 세계에서 만들었던 개성을 가질 수 있으며 그것이 상승하고 부활하여, 여러분의 아이엠 현존에 정박된 신성한 개성과 하나가 된다는 의미이기 때문입니다. 그러나 그런 일이 일어나기 위해서는, 분리와 이원성에 기초한 개성, 필멸의 인간적인 자아, 에고와 같은 실재하지 않는 개성을 죽게 해야만 합니다. 즉 여러분이 신과 분리되어 있다는 감각의 유령을 포기함으로써 그 정체성이 십자가 위에서 죽게 해야만 합니다.

그리고 여러분이 마침내 그 유령을 포기할 때, 인간적인 자아는 죽게 됩니다. 그러면 여러분은 자신이 누구인지를 알고 다시 태어날 수 있습니다. 그리고 신성한 어머니와 신성한 아버지는 여러분의 존재에서 완전한 연합을 이루게 되고, 여러분은 위에서처럼 아래에서도 존재할 것입니다. 여러분은 위에서와 같이 완전하게 여기 아래에서도 존재할 것입니다.

* * *

사랑하는 이들이여, 오늘날의 그리스도교는 내가 지금 여러분에게 준 가르침을 부인하면서, 신성한 여성성의 중요성을 부정하고 의도적으로 왜곡하고 있습니다. 나는 2,000년 전에도 베일에 싸인 형태로 가르침을 주었으며, 제자들 중 일부는 실제로 그것을 파악하고 다른 사람들을 가르쳤습니다. 그렇지만 그 당시에는 그것을 이해한 사람들이 거의 없었습니다.

그래서 여러분은 여기에서 그 결과를 보고 있습니다. 오늘날의 그리스도교, 즉 남성 중심의 그리스도교는 사람들을 결코 구원으로 인도할 수 없습니다! 사랑하는 이들이여, 이해하겠습니까? 그런 종교는 사람들을 구원으로 인도한다는 약속을 결코 이행할 수 없습니다. 그것은 불가능하며, 그것은 거짓 약속입니다. 구성원들에게 구원을 약속하는 모든 그리스도 교회는 거짓 약속을 하고 있습니다. 신성한 여성성의 역할이 그리스도교에서 회복될 때만, 그리스도교는 구원의 잠재력을 실현할 수 있습니다.

그렇다고 해서 이전에 남성이 했던 모든 직책을 여성이 갑자기 맡게 되는 역할 전환이 필요하다는 뜻은 아닙니다. 그것은 여러분이 남성인지 여성인지가 중요하지 않은 새로운 그리스도교를 만들 필요가 있다는 의미입니다. 그런 종교나, 그런 운동에서는 여러분은 어떤 직책이든 맡을 수 있고, 어떤 역할이든 수행할 수 있기 때문입니다. 여러분은 실제로 자신 안에서 지금 이러한 움직임이 시작되고 있다는 것을 알 수 있습니다.

* * *

사랑하는 이들이여, 오늘날의 그리스도 교회들은 이러한 남성 중심적인 사고방식에 갇혀 있습니다. 그래서 그들이 초월할 수 있는 유일한 방법은 여성을 남성과 완전히 동등한 존재로 인정하면서 교회 내의 어떤 지위라도 가질 수 있도록 허용하는 것입니다. 그것은 그들이 남성적 요소와 균형을 이룰 수 있고 마침내 교회에도 균형을 가져다줄 수 있는 가능성이 있기 때문입니다. 그러나 주류 그리스도 교회들에서 그러한 변화가 일어날 가능성은 상당히 낮습니다.

따라서 새로운 그리스도 교회들이 생겨나고 새로운 운동을 시작해서, 사람들이 이전의 교회에서 나와 새로운 교회, 새로운 운동에 참여하기를 기대하는 것이 훨씬 더 현실적입니다. 그렇다고 해서 내가 대부분의 주류 그리스도교인이 상승 호스트로부터 받는 직접적인 계시를 인정하는 이런 운동에 참여할 것이라고 생각하는 것은 아닙니다. 많은 그리스도교인이 이에 대한 준비가 되어 있지 않지만, 성모 마리아와 관음께서 강조했듯이, 나는 여성들이 그리스도교를 변화시킬 잠재력의 열쇠를 쥐고 있다는 것을 분명하게 말합니다.

따라서 나는 영적으로 더 깨어 있는 여러분에게, 여성들이 모든 그리스도 교회에서 지위가 높아져 교회를 변화시키거나, 여성들이 일어나서 "우리는 이렇게 고착된 교회에서 빠져나와, 신성한 여성성과 신성한 남성성을 통합하기 위해 그리스도의 신비에 접근하는 새로운 길을 찾아야만 한다."라고 말하는 것을 마음속에 그려달라고 요청합니다.

따라서 사랑하는 이들이여, 그리스도교에서 신성한 어머니가 회복되는 것, 이것이 바로 이 부활절과 그리고 그 이후에도 여러분이 간직하기를 바라는 비전입니다. 특히 신성한 어머니의 가치가 마침내 인식되고 이해되며, 신성한 어머니와 접촉할 수 있거나 확장체가 될 수 있는 것은 여성들만이 아니라는 것 또한 알 수 있습니다. 사랑하는 이들이여, 이전 담화에서 내가 설명했듯이, 남성과 여성 모두가 신성한 어머니의 확장체가 되어야 합니다.

남성과 여성 모두가 신성한 여성성과 신성한 남성성의 균형을 이룰 때만, 개인적인 잠재력이나 집단의식을 끌어올릴 수 있는 영적인 운동으로서의 잠재력을 최대한 발휘할 수 있을 것입니다. 그러면 여러분은 80%의 사람을 끌어올리며 하위 10%의 사람에게 심판을 불러오는 상위 10%의 사람이 될 수 있습니다. 하위 10%의 사람이 변하지 않는다면 그들은 이 행성에서 추방되고 다른 곳에서 기회를 얻게 될 것입니다.

* * *

그러므로 사랑하는 이들이여, 비전을 가지세요. 그리스도 영성이 부활할 것이며, 모든 그리스도 교회에서 임계수치의 사람들, 아니면 적어도 가능한 많은 사람이 깨어나서 남성 중심의 오래된 그리스도교의 유령을 포기할 것이라는 비전을 유지하세요. 그런 정체성, 대중적인 정체성을 기꺼이 죽게 함으로써, 내가 시작했던 운동이 부활할 수 있고 우리가 진정으로 균형 잡힌 영적인 운동을 할 수 있을 것입니다. 그러면 아버지와 어머니, 남성성과 여성성이 완전한 조화와 연합 속에서 일하며, 사람들은 물질과 영, 창조주와 피조물, 표현되지 않은 신과 모든 표현된 신 사이의 분리를 극복할 수 있습니다. 그래서 그 모든 표현이 실제로 그들 스스로가 하나의 나뉠 수 없는 신의 표현임을 인식하게 됩니다.

이것이 내가 가지고 있는 비전입니다. 이것이 성모 마리아께서 지닌 비전입니다. 나는 여러분도 그 비전을 가지고, 이 운동이 시작되는 것을 보기 바랍니다. 특히 그리스도 교회에서 여성들이 깨어나서 이렇게 말할 것입니다. "이전의 방식은 더 이상 통하지 않습니다! 이것은 계속될 수 없습니다. 우리는 더 적극적인 역할을 해야 합니다. 우리는 남성들에 맞서 싸우려는 것이 아니라, 그들 역시 전통적인 역할에 갇혀 있음을 알 수 있도록 도우려는 것입니다. 남성들도 그들 자신을 넘어서고, 자신을 초월하며, 그들을 불균형한 종교, 불균형한 세계관의 십자가에 못 박고 있는 유령을 죽게 함으로써, 더 큰 자유를 경험하게 될 것입니다." 이것이 나의 요청이고, 이것이 나의 비전입니다.

그리고 나는 또한 이 컨퍼런스에 참여하는 여러분 모두에게 커다란 감사를 드리고 싶습니다. 여러분이 이곳에 직접 와 있든, 방송을 듣고 있든, 함께 로자리를 낭송하고 있든, 여러분은 이 추진력을 증가시키고 있습니다. 여러분이 이미 집단의식에서 주요한 돌파구를 마련했다고 나는 확신할 수 있습니다. 여러분은 이 컨퍼런스를 위해 우리가 계획했던 목표를 달성했습니다.

그래서 이것을 축하하며, 이 낡아 빠진 남성 지배적인 의식을 돌파하고, 영성의 모든 영역에서 신성한 여성성을 부활하는 길을 개척하는 데 기꺼이 선두에 서준 것을 우리 모두가 감사하고 있음을 느끼기 바랍니다. 그리고 종교 영역에서도, 대부분의 주류 종교에 너 이상 어떤 영적인 요소, 영적인 불꽃, 영적인 가르침이 없는 현재 상황 대신, 종교도 영적으로 될 수 있습니다. 현재의 주류 종교는, 교리나 신조에 안주하지 않고 이치에 맞는 답을 원하면서 내가 진리의 영이라고 부르는 직관적 인식, 직관적인 경험을 받아들이려고 하는 영적인 사람들의 요구를 충족할 수 없습니다.

이제, 사랑하는 이들이여, 나는 여러분을 나의 무한한 기쁨의 화염으로 봉인합니다. 진실로 나는 세상에 이 기쁨을 주기 위해 왔기 때문입니다. 사랑하는 이들이여, 이것이 내 요점입니다. 나는 여러분이 이 기쁨을 받아서 다른 사람들에게 전해주기를 바랍니다. 만일 여러분이 이 담화에서 내가 말했던, 신의 나라가 바로 가까이 있다는 것을 진정으로 이해한다면, 어떻게 기쁘지 않을 수 있겠습니까? [인용 끝]

* * *

이 메시지에는 공부할 것이 많으니, 여러 번 읽어 보기를 권합니다. 그러나 내가 여기서 말하고 싶은 것은, 그리스도 의식의 알파 측면에서 가장 중요한 작업 중의 하나가 형상 세계가 신과 분리되어 있고, 신은 여기서 발견될 수 없으며, 아마 여기가 아닌 다른 어디엔가 있을 것이라는 환영을 극복하는 것입니다. 인류의 거짓 교사들, 타락한 존재들은 여러분이 이 환영을 극복하기를 원하지 않으며, 특히 여러분이 지붕 위에서 외치는 것을 원하지 않습니다. 물론 이것은 환영입니다. 따라서 이것이 바로 여러분이 극복해야 하는 환영이며, 그런 다음 그것을 다른 사람들과 공유해야 합니다.

전반적인 사실은 물질 영역 전체가 상향나선을 그리며, 영적인 세계의 영원한 일부가 되기 위해 위로 상승하고 있다는 것입니다. 이 과정의 추동력은 생명의 강을 형성하는 생명흐름들, 즉 물질 주파수 스펙트럼 네 수준 모두에 있는 수십억 생명흐름이 내린 자유의지의 결정에 의해 생겨납니다. 그리고 물질 영역에는 우주의 일반적인 속도보다 느리게 움직이거나 반대 방향으로 끌어당기는 작은 지역들이 있습니다. 지구도 그런 지역에 있지만, 현재 지구는 상향나선 안에 있습니다. 그리스도가 된 존재로서, 여러분은 이러한 실제적인 비전을 매우 분명하고 확고하게 유지할 필요가 있습니다. 그것은 지구상에 있는 인간들에 의해 변할 수 없는 사실입니다. 왜냐하면 그들은 이원성에 의해 분열되고 마음의 힘이 축소되어, 나머지 우주의 상향 흐름이 가진 힘에 대항하여 그것을 끌어내릴 수 있는 마음의 힘이 없기 때문입니다.

지구가 더 높은 단계로 올라간다는 것은 의문의 여지가 없습니다. 단지 그 일이 언제 그리고 어떻게 일어날지의 문제일 뿐입니다. 대부분의 인간이 고난의 학교를 통해서만 배우는 것이 계속된다면, 사람들이 더 나은 방법이 있다는 사실을 깨닫기까지 얼마나 많은 고난을 겪어야 할까요?

여러분도 알다시피, 나는 물고기자리 시대로 불린 주기 동안 영적인 주관자였고, 지구는 이제 물병자리 시대라는 다음 주기로 이동하고 있습니다. 이 새로운 주기의 주관자는 나의 형제인 성 저메인이며, 그는 지구를 황금시대로 높이는 비전을 가지고 있습니다. 그러나 이 비전은 성 저메인이 상승 마스터가 되기 전에 만들어졌습니다. 나는 이 물병자리 황금시대의 토대를 마련하기 위해서 정확하게 물고기자리 시대가 시작할 때 육화했습니다. 그러면 그 토대는 무엇일까요? 그것은 임계수치의 사람이 개인적인 그리스도 의식에 도달하고 그리스도 의식을 표현하는 것입니다.

내가 "그리스도는 여러분 내면에서 탄생한다(The Christ Is Born in

You)"라는 책에서 설명했듯이, 현재 내면의 수준에서 그리스도 의식(Christhood)을 성취한 10,000명의 사람이 있지만, 그들이 아직 외면의 마음으로 이것을 깨닫고 받아들이지 못하고 있습니다. 그리고 그리스도 의식의 높은 수준에 도달했고, 이번 생애에 훨씬 더 높이 올라갈 수 있는 사람이 수백만 명이 넘습니다. 임계수치의 사람들이 의식적으로 자신의 그리스도 의식을 주장하고 표현하겠다고 결정하면, 그들은 나머지 사람들을 위로 끌어당기는 힘을 창출하게 되고 이것이 황금시대의 토대가 될 것입니다. 우리가 설명했듯이, 지구의 현재 상황은 인류의 집단의식이 불균형하고 이원적인 정신적 이미지를 마터 빛에 투사해서 만들어진 것입니다. 따라서 현재의 상황을 변화시키는 유일한 방법은 집단의식을 높이고, 사람들이 더 이상 이원적인 거짓말을 받아들이지 않음으로써 집단의식의 불완전한 이미지를 정화하는 것입니다. 그리고 그리스도의 실재를 보고 받아들이는 사람들에 의해 더 긍정적인 이미지로 그것을 채우는 것입니다.

  누군가는 집단의식의 이러한 변화를 위한 선구자가 되어야 하며, 이 과정에 열려 있는 대부분의 사람이 바로 이 운동의 일원이 되기 위해 특별히 이 시기에 육화했습니다. 따라서 여러분의 신성한 계획의 알파 측면으로써, 여러분은 "겉모습에 따른 판단"을 멈추고 모든 것이 신의 표현임을 보면서 그리스도의 의로운 판단을 내려야 할 필요가 있습니다. 따라서 어떤 불완전한 겉모습도 즉시 신의 완전한 비전의 실재로 바꿀 수 있는 매우 현실적인 가능성이 있습니다.

  사실 내가 설명한 대로, 보편적 그리스도 마음은 바로 창조주와 피조물 사이의 하나됨을 유지하기 위해 만들어진 것입니다. 따라서 여러분이 그 마음과 하나가 될 때, 여러분 역시 불완전한 현현을 실재라고 여기거나 영구적인 것으로 생각하는 것을 결코 허용하지 않음으로써 하나됨의 비전을 지켜야만 합니다. 나는 여러분이 머리를 모래에 집어넣고, 지구에서 현재 볼 수 있는 많은 불완전함을 무시하라고 말하는 것이 결코 아닙니다. 그것은 바로 거짓된 교사들이 여러분에게 바라는 것입니다. 다시 말하지만, 그것이 세상과 동떨어진 동굴에서 신을 명상하는 영적인 사람의 이미지입니다. 내가 말한 대로, 거짓된 교사들은 그리스도가 된 존재들이 지구의 상황을 바꿀 수 있는 잠재력을 가지고 있음을 압니다. 그들은 가능한 많은 사람이 자신의 그리스도 잠재력을 부인하게 만들어서, 흐름을 저지하려고 필사적으로 노력하고 있습니다. 이런 노력에는 그런 존재들을 사회에서 물러나게 하여 그리스도 의식의 오메가 측면을 부인하게 만드는 것이 포함되고, 또한 알파 측면도 부정하게 만들어, 여러분을 개인적인 성장의 여정에 갇히게 하는 것도 포함됩니다.

모든 것이 변장한 신임을 정말로 가능하게 되었다면, 여러분이 어떻게 뒤로 물러날 수 있을까요? 감옥에 갇혀 있는 신을 풀어주려는 열망으로 불타오르는데, 어떻게 지붕 위에서 널리 외치지 않을 수 있을까요? 영적인 빛을 얻은 다음, 여러분의 뒤를 따르는 다른 사람들의 길을 밝힐 수 있도록 여러분의 빛을 비추지 않고, 어떻게 그 빛을 숨겨 둘 수 있을까요? 여러분도 알다시피, 모든 인간은 생명의 그물로 연결되어 있습니다. 상위 10% 사람이 선두주자가 되기로 맹세했습니다. 이것은 여러분이 특정한 의식 상태에서 이원성의 정글을 지나 그리스도 마음의 정상(頂上)에 이르는 길을 개척할 때, 여러분의 발자취를 따라가기로 한 사람이 많다는 의미입니다. 따라서 여러분이 자신의 빛과 진리를 감추고 있다면, 그들은 따라갈 것이 없어 그들 중 많은 사람이 꼼짝할 수가 없게 될 것입니다. 왜냐하면 그들은 아직 자신의 여정을 걸을 준비가 되지 않았기 때문입니다. 그리고 여러분은 왜 자신이 준비되었다고 생각할까요? 그것은 나 자신, 성모 마리아, 성 저메인, 붓다, 쿠트후미, 마스터 모어와 같은 다른 많은 마스터가, 여러분이 따르고 있는 길을 개척하기 위해 기꺼이 여러분보다 먼저 육화했기 때문입니다. 다음 인용 구절을 보겠습니다.

> 19 여러분의 몸은 여러분이 신으로부터 받은 성령이 계시는 성전이라는 것을 모르십니까? 여러분의 몸은 여러분 자신의 것이 아닙니다.
> 20 신께서는 값을 치르고 여러분의 몸을 사셨습니다. 그러므로 여러분은 자기 몸으로 신의 영광을 드러내십시오. (고린도 1서 6장)

여러분보다 앞서간 그들은 여러분을 현재의 수준까지 끌어올린 성령을 여러분에게 불어넣어 주기 위하여 대가를 치른 것입니다. 다른 사람들을 도움으로써 여러분이 받은 재능을 증식하는 것은 여러분에게 달려 있습니다. 그래야 그 추진력에 의해 궤도 위에서 멈추지 않고 앞으로 계속 나아갈 수 있습니다. 나는 여러분 위에 있는 존재의 사슬에 대해 이야기했지만, 그것은 또한 여러분 아래에 있는 생명흐름들까지 이어집니다. 그들은 아직 여러분의 의식 수준에 이르지 못했으며 여러분의 길을 따르게 되어 있기 때문에, 여러분이 그들을 위해 길을 개척할 때까지 그들은 올라갈 수가 없습니다.

그래서 그리스도 의식의 알파 측면은 모든 현상 배후에 신이 있고 황금시대가 이미 실현 가능한 실재라는 비전을 유지하는 것입니다.

오메가 측면은 사회 속으로 나가 여러분이 보는 실재를 다른 사람들도 볼 수 있도록 함으로써 그 비전을 실행에 옮기는 것입니다. 한 사람이 지구에 신의 나라를 구현할 수 있다면, 나는 분명히 2,000년 전에 그렇게 했을 것입니다. 그러나 자유의지의 법칙은 임계수치의 사람이 깨어나서 새로운 비전을 받아들이겠다고 선택해야 한다고 요구합니다. 그런 다음 그 비전은 명백한 현실이 됩니다.

따라서, 가능한 모든 배경에서 온 많은 그리스도가 된 존재들이 새로운 메시지를 전해야 합니다. 즉 대부분의 사람이 지금 경험하는 것보다 삶에 훨씬 더 많은 것이 있기 때문입니다. 그러므로 그리스도 의식의 오메가 측면은 다른 많은 형태를 취할 수 있다는 것을 알 수 있습니다. 왜냐하면 한 가지 특정한 교리나 영적인 철학을 전하는 것이 우리의 의도가 아니기 때문입니다. 사람들에게 그들의 현재 멘탈 박스에 의해 정해진 것보다 삶에 더 많은 것이 있음을 보여줌으로써 모든 멘탈 박스에 도전하는 것이 우리 의도입니다. 따라서 우리는 온갖 상황에 육화해서, 어떻게 자신의 멘탈 박스를 산산조각 낼 수 있는지 보여주고 삶에 더 높은 것이 있다고 주장하며, 그것을 부정할 수 없는 현실로 지구에 구현하는 그리스도가 된 존재들이 필요합니다. 자유의지의 법칙이 충족되기 위해서는, 사람들이 그것을 구현할 수 있기 전에 그 이상(MORE)의 비전을 받아들이겠다고 선택해야만 합니다. 그들이 지금까지 본 모든 것이 이원성의 거짓말이라면, 그들이 어떻게 그리스도의 실재인 그 이상(MORE)을 선택할 수 있을까요? 따라서, 그 이상을 보여주는 것은 실제로 살아 있는 그리스도의 임무입니다. 그리고 그것은 여러 가지 방법으로 이루어질 수 있는데, 그중 일부는 대부분의 사람에게 영적인 것으로 보이지 않을 수도 있습니다.

살아 있는 그리스도는 어떤 의식 상태에 있는 사람을 만나더라도, 바로 그 단계에서 그들을 끌어올리려고 합니다. 그들이 상향의 여정에 정박해서 자신의 추진력으로 움직일 수 있을 때까지, 한 번에 한 걸음씩 나아가게 합니다.

* * *

알다시피, 그리스도 의식은 현재의 순간과 더 나은 미래 사이의, 신의 실재와 사람들이 지구상에서 받아들일 수 있는 "실재" 사이의 간격을 좁히는 것입니다. 사람들의 현재 현실과 그들이 상상하는 구원 사이에 언제나 차이가 있다면, 그리스도교와 다른 종교들이 수천 년 동안 해왔던 것처럼, 사람들에게 미래에 대한 구원의 비전을 주는 것은 무슨 소용이 있을까요? 만일 여러분의 구원이 미래에 있다고 여긴다면, 그것은 항상 미래에 있을 것입니다. 미래는 결코 오지 않기 때문입니다. 여러분이 결정을 내릴 수 있는 시간은 지금뿐입니다. 따라서 여러분이 자신의 그리스도 의식을 주장할 때까지는, 여러분과 그리스도 의식 사이에는 항상 간격이 있습니다. 여러분이 그 간격은 더 이상 없다고 결정하고 그 이상(MORE)을 지금의 명백한 실재로 받아들일 때까지는, 그 간격을 결코 넘을 수 없습니다.

그래서 그리스도 의식의 알파 측면은 더 높은 실재에 대한 비전을 보는 것이고 오메가 측면은 그 비전이 이미 현실인 것처럼 행동하는 것입니다. 내가 병자를 고치고, 죽은 자를 일으키고, 물 위를 걸으며, 물을 포도주로 바꾸었을 때 내가 기도하지 않았다는 것을 여러분은 알고 있나요? 나는 현재의 불완전한 상태 너머를 보았고, 신의 실재인 그 이상(MORE)을 그 상황에서 실현될 수 있는 유일한 현실로 받아들였습니다. 그리고 그것은 내가 물질 너머의 마음을 통달하였고, 유일한 실재로서 신의 실재를 완전히 전적으로 받아들였다는 것입니다.

오늘날의 좀 더 과학적인 언어로 표현하자면, 나는 물질이 마음의 창조물이라는 것을 받아들였다고 말할 수 있습니다. 따라서 지금 불완전한 모습을 취하고 있는 어떤 것이든 마음에 의해 창조되었다고 할 수 있습니다. 이것은 마음이 이원성 환영에 의하여 분리되어 있지 않다면, 물질이 마음에 의해 즉시 변화될 수 있다는 의미입니다. 이원적 환영은, 당연히 분리를 만들어 내기 때문에, 물질은 마음과는 상관없이 존재할 수 있고 따라서 마음은 물질을 바꿀 수 있는 힘이 없는 것처럼 보입니다.

그렇다면 내가, 제자들이 돌아다니면서 사람들에게 눈에 보이는 현상을 제공하기 위해 물질을 바꾸기를 바라는 것일까요? 글쎄요, 그렇기도 하고, 그렇지 않기도 합니다. 알다시피, 이것은 많은 영적인 구도자가 가지고 있는, 사람들을 영적인 여정이나 특정한 구루나 가르침으로 전환시키기 위해서 어떤 유형의 기적을 만들어 내려는 완전히 비현실적인 꿈입니다. 수백만의 사람을 변화시키는 "이타적인" 욕구로 종종 위장하지만, 그들 자신을 높이기 위해서 그런 업적을 보이려는 에고 중심의 꿈을 가지고 있는 구도자들이 많습니다. 여러분이 알아야 할 몇 가지 사항이 있습니다.

내가 광야에 머무른 후에 악마가 나를 유혹했던 것처럼, 영적인 마스터에게는 언제나 눈에 보이는 어떤 현상을 보여주려는 유혹이 있었습니다. 나는 또한 이렇게 말했습니다.

38 그때 율법학자들과 바리새인들 몇이 예수께 "선생님, 우리에게 기적을 보여주셨으면 합니다." 하고 말하자
39 예수께서 이렇게 말씀하셨다. "악하고 절개 없는 이 세대가 기적을 요구하지만, 예언자 요나의 기적밖에는 따로 보여줄 것이 없다. (마태 12장)

 기적을 보고 싶어하는 자들은 기적을 보지 못할 것이고, 기적을 보여주고 싶어하는 자들도 기적을 보여줄 수 없을 것입니다. 왜 그럴까요? 왜냐하면, 내가 방금 말했듯이, 비전이 현실로 되기 전에 비전을 현실로 받아들여야 합니다. 그것이 바로 공동창조하는 방법입니다!
 내가 또한 말했듯이, 나 혼자서는 아무것도 할 수 없습니다. 물을 포도주로 변화시킨 것은, 실제로 내면에 있는 아버지인 신의 능력입니다. 그러나 그것은 필요할 때만 그렇게 하며, 여전히 이원성으로 물든 사람들의 외면의 마음에 의해 결정되는 것은 아닙니다. 그래서 내가 제자들에게 바라는 것은, 그들을 통해 일하시는 신의 힘에 열려 있으면서, 그 힘이 무엇을 하든 하지 않든 완전히 무집착으로 있는 것입니다.
 하지만 여러분은 또한 물병자리 시대가 공동체의 시대임을 알아야 합니다. 특별한 능력을 개별적으로 보여주는 것은 우리가 원하는 것이 아닙니다. 오로지 거짓 교사들만이 이것을 부추길 것입니다. 우리의 바람은 사람들이 함께 모여서 집단으로 마음을 합할 때, 질병 치유와 같은 개인적인 일부터 전체 행성에 영향을 미치는 집단적인 문제에 이르기까지 그 어떤 것이든, 그들이 이 행성에서 새롭고 더 높

은 현실을 실제로 공동창조할 수 있음을 깨닫는 것입니다.

하지만 이 시대에 그리스도가 된 존재들의 전반적인 임무는, 모든 한계와 환경을 극복할 수 있는 잠재력을 보여주기 위해서 자신이 여러 가지 다른 환경과 종종 매우 어려운 상황에 자원하여 육화했음을 깨닫는 것입니다. 여러분은 모든 외양 이면에는 신이 있다는 알파 비전을 얻은 다음, 마주치는 어떤 한계도 극복할 수 있고 더 풍요로운 삶을 실현하도록 오메가 비전을 적용함으로써 이것을 할 수 있습니다. 그것은 무엇보다도 먼저, 더 풍요로운 영적인 삶의 형태를 의미합니다.

* * *

이것을 다른 방식으로 말해 보겠습니다. 그리스도 의식의 알파 측면은 모든 것이 신이며, 신의 존재와 빛으로 창조되었다는 비전을 가지는 것입니다. 오메가 측면은 여러분의 개인적인 여정에서 여러분을 이 지점까지 데려온 바로 그 열망, 즉 물질세계를 넘어선 뭔가에 대한 갈망을 극복하는 것입니다. 여러분을 이 지점까지 이끌어온 것은, 삶에는 물질세계가 제공하는 것 그 이상이 있다는 내면의 지식과 그 이상을 발견하려는 열망이라는 것을 알고 있나요?

그러나 내가 여기에서 말하고 싶은 것은, 그리스도 의식의 어징에는 단계가 있으며 한 단계를 마치도록 도왔던 것이 다음 단계로 나아가는 데 도움이 되지 않는다는 사실입니다. 그래서 여정의 첫 번째 단계는 현재의 대중의식이 지닌 하향의 끌어당김에서 벗어나야 한다는 것입니다. 여러분은 과감하게 틀에 맞서서 물질적인 안락과 경험을 넘어서 영적인 성장을 추구해야 합니다. 그리고 이것은 여러분이 다른 사람들과 구별될 것을 요구합니다.

그러나 그리스도 의식의 다음 단계로 올라가기 위해서는, 물질세계를 넘어선 무언가에 대한 갈망을 반드시 내려놓아야 합니다. 그 대신, 물질세계의 외양 뒤에 있는 신을 인식해야 합니다. 여러분은 신의 나라가 여러분 안에 있을 뿐 아니라, 모든 것 안에 있다는 것을 알아야 합니다! 여러분은 이제 물질세계 안에서 신을 발견하고, 물질세계가 여러분에게 어떤 경험을 제공하든 물질세계에 있는 것에 만족해야 합니다. 여러분은 어떤 경험이든 초월할 수 있는 기회로 보고, 따라서 삶에 이 세상 현재 모습을 넘어선 그 이상이 있음을 보여줄 필요가 있습니다. 지금 이 세상에 어떤 불완전한 현상들이 나타나든, 그것들은 궁극적인 실재가 아니며, 그것들을 초월할 수 있다는 것을 보여주어야 합니다. 따라서 여러분이 만났거나 맞닥뜨리고 있는 어떠한 경험과 환경일지라도 초월하세요. 모든 현상 배후에 있는 신의 우주적인 춤을 보세요. 외양으로 판단하지 말고 물질적인 외양과 관계없이 신의 나라를 유일한 실재로 보세요.

그리스도의 완전함을 나타내지 않는 모든 것은 일시적이며, 궁극적으로 비실재인 외양임을 보세요. 그리고 그 너머를 보고 오직 그리스도의 완전함만이 실재임을 확인하세요!

* * *

앞에서 나는 이 과정이 여러분에게 어떤 궁극적인 비밀을, 말하자면 여러분을 즉시 그리스도가 된 존재로 바꾸거나 초자연적인 힘을 줄 어떤 마법의 공식을 주는 것이 내 의도가 아니라고 말했습니다. 분명히 이 과정은, 여러분의 에고가 분리된 자아를 높이기 위해 특별한 힘을 갈망하며 만든 멘탈 박스를 산산조각 내기 위해서라고 말했습니다. 이제는 그리스도 의식을 구현하는 비밀 공식을 전해주겠습니다. 그것은 이 행성의 대다수의 종교인과 영성인이 간과해 온 궁극적인 비밀입니다. 만일 여러분이 진정으로 그것을 이해하고 적용한다면 여러분이 특별한 힘을 가진 독특한 존재가 될 수 있을 만큼 신비로운 비밀입니다.

그 공식은 간단합니다. 여러분은 어떻게 나와 하나가 될 수 있을까요? 모든 사람과 모든 것 안에서 나를 보고, 그런 다음 모든 사람을 끌어올려 그들이 자신과 서로 안에서 그리스도를 볼 수 있게 해주는 것을 추구함에 의해서입니다.

요점이 보입니까? 거의 2,000년 동안 공식적인 그리스도교는 나를 하늘 위 먼 곳에 있는 존재로 묘사했습니다. 그러나 실제로 나는 모두를 위한 봉사자입니다. 그러므로 여러분도 모두를 섬길 때만, 그 봉사 안에서 나와 하나가 될 수 있습니다. 오직 모든 생명을 섬김으로써 그리스도와 하나가 될 수 있으며, 생명에서 멀어지면 여러분은 그리스도와 하나가 될 수 없습니다!

신약성서에서 가장 중요한 구절 중 하나를 살펴보겠습니다. 그리스도교의 거짓 교사들이 그 중요성을 파악할 수 없었기 때문에 삭제하거나 왜곡할 수 없었던 구절입니다.

31 "사람의 아들이 영광을 떨치며 모든 천사를 거느리고 와서 영광스러운 왕좌에 앉게 되면

32 모든 민족을 앞에 불러 놓고 마치 목자가 양과 염소를 갈라놓듯이 그들을 갈라

33 양은 오른편에, 염소는 왼편에 자리 잡게 할 것이다.

34 그때 그 임금은 자기 오른편에 있는 사람들에게 이렇게 말할 것이다. '너희는 내 아버지의 복을 받은 사람들이니 와서 세상 창조 때부터 너희를 위하여 준비한 이 나라를 차지하여라.

35 너희는 내가 굶주렸을 때 먹을 것을 주었고 목말랐을 때 마실 것을 주었으며 나그네 되었을 때 따뜻하게 맞이하였다.

36 또 헐벗었을 때 입을 것을 주었으며 병들었을 때 돌보아 주었고 감옥에 갇혔을 때 찾아주었다.'

37 이 말을 듣고 의인들은 이렇게 말할 것이다. '주님, 저희가 언제 주님께서 주리신 것을 보고 잡수실 것을 드렸으며 목마르신 것을 보고 마실 것을 드렸습니까?

38 또 언제 주님께서 나그네 되신 것을 보고 따뜻이 맞아들였으며 헐벗으신 것을 보고 입을 것을 드렸으며,

39 언제 주님께서 병드셨거나 감옥에 갇히신 것을 보고 저희가 찾아가 뵈었습니까?'

40 그러면 왕은 '분명히 말한다. 너희가 여기 있는 형제 중에 가장 보잘것없는 사람 하나에게 해준 것이 바로 나에게 해준 것이다.' 하고 말할 것이다."

41 "그리고 왼편에 있는 사람들에게는 이렇게 말할 것이다. '이 저주받은 자들아, 나에게서 떠나 악마와 그의 부하들을 가두려고 준비한 영원한 불 속에 들어가라.

42 너희는 내가 주렸을 때 먹을 것을 주지 않았고, 목말랐을 때 마

실 것을 주지 않았으며

43 나그네 되었을 때 따뜻하게 맞이하지 않았고, 헐벗었을 때 입을 것을 주지 않았으며, 또 병들었을 때나 감옥에 갇혔을 때 돌보아 주지 않았다.'

44 이 말을 듣고 그들도 이렇게 대답할 것이다. '주님, 주님께서 언제 굶주리고 목마르셨으며, 언제 나그네 되시고 헐벗으셨으며, 또 언제 병드시고 감옥에 갇히셨기에 저희가 모른 체하고 돌보아 드리지 않았다는 말씀입니까?'

45 그러면 임금은 '똑똑히 들어라. 여기 있는 형제 중에 가장 보잘 것없는 사람 하나에게 해주지 않은 것이 곧 나에게 해주지 않은 것이다.' 하고 말할 것이다.

46 이리하여 그들은 영원히 벌 받는 곳으로 쫓겨날 것이며, 의인들은 영원한 생명의 나라로 들어갈 것이다."(마태 25장)

이제 더 깊은 의미가 보입니까? 많은 그리스도교인은 이것을 오직 그리스도교인들만 구원받을 것이라는 의미로 해석했습니다. 그러나 이 문맥에서 "그리스도교인"의 더 깊은 의미는 무엇일까요? 그리스도교인은 단순히 외부 교회의 구성원을 말하는 것이 아닙니다. 그리스도교인은 모든 상황과 모든 사람 안에서 그리스도를 보고, 모든 것을 그리스도 실재의 완전함으로 높이려고 항상 노력하는 사람입니다. 자, 나는 그리스도교인이든 그리스도교인이 아니든, 많은 사람이 자신이 이 모든 외적인 일을 실제로 했기 때문에, 하늘나라에 들어가는 것이 확실하다고 말하리라는 것을 잘 알고 있습니다. 하지만 지금 내 설명은, 여러분이 분리된 자아를 높이려는 욕망으로 이런 외적인 일들을 한다면, 아무리 교묘하게 위장을 하더라도(그리스도에게는 아무것도 숨길 수가 없기 때문에) 내가 요청한 것을 행한 것이 아니라는 것입니다. 여러분은 여전히 내 원편에 있는 것입니다.

나는 보상을 받기 위해서 모든 생명을 섬기라고 요구하는 것이 아닙니다. 나는 여러분이 자신의 근원과 하나됨을 알고 다른 모든 사람과 만물이 같은 근원에서 나왔음을 알게 되었기 때문에, 모든 생명을 섬기라고 요청하는 것입니다. 따라서 여러분은 또한, 그 근원과 그들이 하나임을 알고 있으므로, 지구상에 신의 나라를 구현하려는 근원의 비전이 이뤄지도록 모두를 높이려는 열망을 자연스럽게 느끼게 됩니다. 나는 다음과 같이 말했습니다.

> 34 예수께서 사두개인들의 말문을 막아버리셨다는 소문을 듣고 바리새인들이 몰려왔다.
> 35 그들 중 한 율법 교사가 예수의 속을 떠보려고
> 36 "선생님, 율법서에서 어느 계명이 가장 큰 계명입니까?" 하고 물었다.
> 37 예수께서 이렇게 대답하셨다. "네 마음을 다하고 목숨을 다하고 뜻을 다하여 주님이신 너희 신을 사랑하여라.
> 38 이것이 가장 크고 첫째가는 계명이고,
> 39 '네 이웃을 너 자신같이 사랑하여라.' 한 둘째 계명도 이에 못지않게 중요하다.
> 40 이 두 계명이 모든 율법과 예언서의 골자이다."(마태 22장)

"네 이웃을 너 자신같이 사랑하라."라는 표현에 숨겨진 더 큰 비밀이 보입니까? 그것은 여러분의 이웃을 여러분 자신으로서 사랑하는 것입니다. 왜냐하면 여러분은 이웃이 여러분 자신이고, 여러분의 더 큰 자아의 일부이며, 곧 지구상에 있는 신의 몸이라는 것을 알기 때문입니다.

동굴 속에 앉아 있어서는 나와 하나됨을 얻을 수 없다는 것을 이제 알겠나요? 대중의식을 넘어서기 위해 세상으로부터 물러나야 할 수도 있습니다. 그러나 여러분이 동굴에 충분히 오래 머무르기만 하면, 어느 날 내가 영광의 구름 속에서 여러분에게 나타나 마침내 그리스도를 찾게 된다는 생각은 잘못된 것입니다. 일단 여러분이 대중의식의 하향 인력을 넘어서면, 세상에서 물러난다고 해도 더 이상 진전을 이룰 수 없습니다. 여러분은 세상으로 다시 들어가서, 다른 사람들 안에서 나를 보고 나와 하나됨을 추구하고, 그들도 자신 안에서 그리고 서로 안에서 그리스도를 볼 수 있도록 그들을 높이려고 노력함으로써 여러분은 그리스도를 발견할 것입니다. 여러분은 오직 다른 사람들에게 봉사함으로써 나와 하나됨을 발견할 수 있습니다. 왜냐하면 나는 개인적인 성장의 여정에 있지 않고, 모든 생명을 높이는 그리스도 의식의 여정에만 있기 때문입니다. 따라서 나는 여러분이 모든 생명을 섬기고 있을 때 여러분에게 나타날 것입니다. 그리고 여러분은, 자신이 조건 없이 봉사하고 있는 그 사람의 눈을 통해서 내가 여러분을 바라보고 있음을 갑자기 깨닫게 될 것입니다.

* * *

밖으로 나가서 다른 사람들에게 봉사하는 일은, 여러분의 개인적인 에고를 드러내고 몰아내는 가장 강력한 도구로도 볼 수 있습니다. 내가 계속 설명해 왔듯이, 에고는 교묘합니다. 여러분이 여정에서 성장해 갈 때, 에고는 계속 숨어 있기 위해 다른 모습으로 위장할 것입니다. 에고와 거짓 교사들은 여정의 어떤 수준에서 여러분을 멈추게 만들어 완전한 그리스도 의식에 도달하지 못하게 하려고 무슨 일이든 할 것입니다.

내가 말했듯이, 여러분은 그 길을 걷기 위해서 세상에서 물러나 대중의식을 넘어서야 합니다. 하지만 에고도 자신을 위장하기 위해서, 내가 이 과정을 통해 설명한 모든 것을 사용할 수 있습니다. 따라서 많은 영적인 사람이 그들 자신을 위한 내면의 세계관과 외부 상황을 만들며, 마치 어떤 형태의 통제 아래 있는 삶과 여정, 심지어 그런 세상을 가지고 있는 것처럼, 그 안에서 아주 편안함을 느낍니다.

따라서 그들은 그 정신적인 "동굴" 안에서 아주 편안하며, 그들의 에고도 숨어 있을 수 있다는 것을 알기에 역시 매우 편안해 합니다. 여러분이 그런 동굴 속에 있다는 표시는 매우 명확합니다. 여러분이 다른 사람들에게 봉사하기 위해서 그곳을 떠나기 싫어한다면, 여러분이 자신을 위한 멘탈 박스를 만들었다는 것이 분명하고, 여러분의 에고가 여러분을 붙잡아 두기 위해 그것을 사용하고 있다고 확신할 수 있습니다.

따라서 내가 여기서 말하고 싶은 것은 여러분이 진정으로 그리스도 의식을 향한 궁극적인 진전을 원한다면, 이 메커니즘을 보고 숨어 있는 에고를 몰아내기 위해 적극적인 조치를 취해야 한다는 것입니다. 그러면 의식하는 자아가 그것을 보고 나서 에고에서 자신을 훨씬 잘 분리할 수 있게 됩니다. 그리고 실제로 이것을 할 수 있는 가장 좋은 방법은 어떤 형태로든 다른 사람들에게 봉사를 하는 것이며, 사실은 그것이 유일한 방법이기도 합니다. 그런 다음, 완전한 내면의 평화와 무집착 상태로 다른 사람들에게 조건 없이 봉사하지 못하게 방해하는 것이 여러분의 정신 안에 있는지 주의 깊게 살펴보세요. 여러분 내면의 평화를 빼앗아 가는 모든 조건은, 에고를 숨기고 있습니다. 그러므로 여러분이 이것을 인식할 때, 평화를 방해하는 내면의 반응을 살펴보고 에고를 드러낼 수 있습니다.

이것이 왜 중요할까요? 여러분의 에고는 다른 모든 사람과 같은 어떤 보편적인 측면을 가지고 있기 때문입니다. 이것들이 내가 이 책에서 폭로한 에고의 측면들입니다. 분명한 것은, 내가 특별히 여러분만을 위해 이 책을 쓸 수는 없다는 것입니다. 즉, 이 과정에서 충분한 효과를 얻으려면, 여러분의 개인적인 에고에 대한 구체적인 통찰을 얻기 위해 이 책의 보편적인 가르침을 이용해야 합니다. 여러분은 나와 여러분의 그리스도 자아에게 요청하면 이 가르침을 얻을 수 있지만, 여러분의 의식하는 마음은 여러분이 지금까지 보지 못했던 것을 보려고 할 때만, 그러한 통찰을 얻을 수 있습니다.

그러므로 여러분의 개인적인 에고는 내가 이 담화에서 드러내 준 보편적인 측면을 모두 가지고 있지만, 이번 생애와 과거 생애에서 그것을 상황에 따라 개별적인 방식으로 적용해 왔음을 인식할 필요가 있습니다. 따라서 에고는 자신을 위장하기 위해 여러분이 에고를 더 인식하기 어려운 방식으로 여러분의 특정한 상황을 이용해 왔습니다. 왜냐하면 여러분은 어떤 것들은 당연하게 여기면서 의문을 던질 필요를 느끼지 않기 때문입니다. 여러분은 에고가 만든 멘탈 박스 안에서만 에고를 보기 때문에, 그 틀 자체를 볼 수가 없습니다.

그러므로 이 과정을 넘어서서 여러분의 개인적인 에고와 여러분이 지금까지 보지 못한 에고의 위장(僞裝)이 드러나도록 내면의 안내를 요구하는 것은, 여러분에게 달려 있습니다. 이것을 적극적으로 해야만 최대의 진전을 이룰 수 있습니다. 여러분의 에고를 드러내기 위해서는 다른 사람들에게 봉사해야 합니다. 다른 방법은 없습니다. 여러분이 다른 사람들에게 봉사하기 전까지, 에고는 여러분이 볼 수 없는 편안한 곳에 머물러 있을 것이기 때문입니다. 이것은 대부분의 영적인 구도자가 이해하지 못하는 또 다른 비밀 공식입니다.

* * *

우리는 이제 이 과정이 여러분을 위해서 할 수 있는 것과 할 수 없는 것을 볼 수 있는 마지막 지점에 도달했습니다. 이 과정이 어떤 신실한 영적인 구도자에 도달하는 것을 목표로 하는 보편적인 과정이라는 것은 분명합니다. 그러나 이 과정은 그 자체로 목적이라고 생각할 수는 없습니다. 이 과정은 목적을 위한 수단일 뿐입니다. 즉 여러분이 내면의 그리스도 자아와 나 또는 여러분 가슴에 가까이 있는 다른 상승 마스터와 직접적이고 개별적인 접촉을 한 다음, 자신의 내면에 있는 우리에게서 직접 개별적인 안내를 구하는 과정을 계속하는 것이 이 과정의 목적입니다. 이 과정의 전반적인 목표는 여러분이 내면의 인도를 받게 되어 더 이상 이 과정이 필요 없는 지점으로 여러분을 안내하는 것입니다.

이제 두 가지의 가능성이 있습니다. 하나는 이런 내면의 연결이 없다고 느끼는 것이고, 다른 하나는 여러분이 연결되었다고 느끼는 것입니다.

- 만일 연결되지 않았다고 느끼거나 그 연결이 정확하다고 확신할 수 없다면, 이 과정을 다시 살펴보세요. 아니면 성모 마리아의 책을 이용해서 더 깊은 통찰력을 얻고 여러분의 심리를 치유할 수 있습니다. 또는 마이트레야의 책을 읽고 우주가 작동하는 방식에 대한 전반적인 이해의 폭을 넓히세요. 그런 다음 다시 돌아와서 내면의 연결을 느낄 때까지 이 과정을 계속하세요. 내가 말했듯이, 여러분이 이 과정을 밟고 있다면, 그것은 스스로를 의식하고 있음을 증명하는 것입니다. 여러분이 스스로를 의식하고 있다면, 그것은 여러분이 창조주의 존재에서 비롯된 의식하는 자아를 가지고 있음을 증명하는 것입니다. 이 의식하는 자아는, 외면의 마음이 그 연결을 막지 않는다면, 그 근원과 연결될 수 있습니다. 그러므로 여러분의 마음에 있는 방해물을 제거해서 빛을 발할 수 있게 하는 것이 정말 중요합니다. 나는 다음과 같이 말했습니다.

> 7 구하여라. 받을 것이다. 찾아라. 얻을 것이다. 문을 두드려라. 열릴 것이다.
> 8 누구든지 구하면 받고, 찾으면 얻고, 문을 두드리면 열릴 것이다.
> (마태 7장)

- 여러분이 연결이 되었다고 느낀다면, 내가 말한 대로 하세요. 동굴 밖으로 나가서, 다른 사람들에게 봉사할 방법을 찾으세요. 그런 다

음 에고는 언제나 내면의 안내나 그것에 대한 여러분의 해석을 방해하고 색을 입히려고 한다는 것을 깨닫고, 이를 마음 깊이 새김으로써, 내면의 안내를 받아들이는 능력을 계속 정련해 보세요. 따라서 이 과정은 그 안내가 상승 영역에서 온 것인지, 아니면 하위 마음에서 오거나 채색된 것인지를 분별하는 능력을 예리하게 함으로써, 그 연결됨을 정련해 가는 지속적인 과정입니다. 자기 초월로 이어지는 자기-점검의 필요성을 넘어섰다고 생각하는 것은 언제나 영적인 자만입니다.

자신이 어떤 목적을 위해 이 시대에 태어났고 이번 생애에 신성한 계획을 가지고 있다는 것을 알고 있는 영적인 구도자가 많이 있습니다. 그리고 그들은 그 계획이 무엇인지 찾아내기 위해 열심히 노력하고 있습니다. 하지만 어떤 사람들은 동굴 속에 오래 앉아 있으면, 어느 날 자신의 신성한 계획이 모든 영광 가운데 드러날 것이라는 환상을 가지고 있습니다. 다시 말하지만, 이것은 에고와 거짓 교사들의 함정입니다.

여러분은 실제로 어떻게 자신의 신성한 계획을 알 수 있을까요? 여러분이 받은 재능을 증식하고 여러분이 지금 가지고 있는 통찰력과 비전으로 다른 사람들에게 봉사함으로써 알게 됩니다. 그러므로 여러분이 봉사를 할 때만, 그리고 그때서야 더 깊은 통찰력이 주어질 것입니다. 여러분이 움직이기 시작할 때만 우리가 과정을 안내할 것입니다. 움직이기를 거부하고 가만히 서 있는 사람에게 길을 안내하는 것이 무슨 의미가 있을까요? 그래서 목적지로 가는 방법을 모른다면, 그것을 알아낼 수 있는 유일한 방법은 걷기 시작하는 것뿐입니다!

* * *

어떻게 걷기 시작할까요? 그냥 세상을 바라보세요. 그리고 세상에는 개선에 대한 요구가 무한히 많고, 일해야 할 수많은 이유가 있고, 제공될 수 있는 봉사가 무한하게 많다는 것을 생각해 보세요. 그런 다음 가슴에 와닿는 이유를 선택해서 비전과 안내를 더 얻을 때까지 그것을 추구하세요.

전반적인 대의는, 삶의 모든 측면뿐 아니라 삶의 전반적인 목적에 대한 사람들의 인식을 높이는 것임을 잊지 마세요. 그리고 물리적으로 결코 만날 수 없는 사람들도 인터넷을 통해서 접촉함으로써 사람들의 인식을 높일 수 있는 더 좋은 기회가 주어지고 있습니다.

이 시점에서, 두 가지 가능성이 있습니다.

- 여러분은 봉사하는 삶에 대한 열의로 불타고 있습니다.
- 여러분은 뜨겁지가 않습니다.

후자의 경우라면, 단 하나의 이유만 있을 수 있습니다. 여러분은 여전히 에고에서 오는 자기중심적인 초점에 갇혀 있는 것입니다. 만일 여러분이 이것을 넘어서려고 하지 않는다면, 나 또는 다른 참된 영적인 스승이 여러분을 위해 할 수 있는 것이 아무것도 없습니다. 거짓 교사들은 여러분의 현재 상황에 대해서 여러분이 대단하다고 느끼도록 만들겠지만, 나는 절대 그렇게 하지 않을 것입니다. 이 시점에서 내가 유일하게 제안할 수 있는 것은, 이 과정을 다시 거쳐서 여러분을 이러한 딜레마, 영적인 마비 상태에 빠지게 한 심리적 메커니즘을 진지하게 찾아보라는 것입니다. 솔직하게 살펴보면, 이 책에 포함된 미묘한 열쇠들 중 많은 것들을 처음에 이 과정을 거쳐 갈 때는 놓쳤었다는 것을 분명히 보게 될 것입니다. 또한 나는 여러분을 붙잡고 있는 것이 무엇인지 볼 수 있도록 여러분을 도와줄 전문적인 치유자를 찾아보기를 권합니다.

여러분이 정말로 열의로 불타고 있다면, 여러분의 그리스도 의식을 표현하는 방법에는 어떤 규칙이 없다는 것을 알아야 합니다. 실제로, 그리스도 의식을 부인하는 두 가지 방법이 있습니다. 하나는 자신이 그리스도가 될 수 없다고 부인하는 것이고, 다른 하나는 그리스도가 되기 위해서는, 어떤 특정한 방식으로 행동해야 한다고 생각하는 것입니다. 내가 설명하려고 했던 것처럼, 그리스도는 모든 멘탈 박스에 도전합니다. 그러므로 지구상의 특정한 멘탈 박스에 맞게 그리스도의 신성을 표현해야 한다고 생각한다면, 여러분은 그리스도 의식을 표현할 수 없을 것입니다. 그리고 이것이, 사람들이 갇혀 있다고 느끼고 그들이 실제로 달성한 그리스도 의식을 표현할 수 없는 것처럼 여기게 되는 또 다른 이유가 될 수 있습니다. 이것이 그들을 어두운 밤으로 밀어 넣은 것입니다. 따라서 그리스도가 되는 것은 모든 선입견을 뛰어넘어 궁극적으로는 창조적으로 되는 것임을 생각해 보세요.

여러분은 사람들이 그들의 멘탈 박스를 넘어설 수 있도록 돕기 위해서 이곳에 있습니다. 그런데 여러분이 자신과 사람들이 만든 멘탈 박스를 따라야 한다고 생각한다면, 어떻게 그렇게 할 수 있을까요? 분명히, 여러분은 균형을 찾을 수 있으며, 그리스도는 도발적으로 되기 위한 도발은 결코 하지 않습니다. 그리스도가 사람들을 돕기 위해서는, 사람들이 여러분을 그들 중 하나로 받아들여야 한다는 것을 알고 있습니다. 이것은 여러분이 어느 정도 그들의 멘탈 박스를 따라야 한다는 의미입니다. 하지만 여러분은 어떤 멘탈 박스가 여러분을 규정하거나 사람들이 틀을 넘어서도록 돕는 일을 하지 못하게 붙잡는 것은 절대로 허용하지 않습니다. 여러분은 인기를 얻기 위해 여기에 있는 것이 아닙니다. 여러분은 사람들이 세상을 바라보는 방식을 바꾸어서 세상을 변화시키기 위해 여기에 있습니다. 세상을 바꾸는 것은 창조적인 노력이고 창조성은 예측할 수가 없습니다. 그러므로 여러분 스스로가 창조적으로 되세요. 그리고 신의 영을 특정한 멘탈 박스에 강제로 집어넣으려 하지 말고 신의 영이 여러분을 통해 창조성을 표현하게 하세요.

그리스도가 특정한 방식으로 행동해야만 하고, 반드시 규칙을 따르고 그들의 멘탈 박스에 맞아야 한다는 생각은 에고와 거짓 교사들의 큰 오류 중 하나입니다. 그리고 그리스도가 그들의 틀에 맞지 않으면, 율법학자들과 바리새인들이 나를 거부했듯이, 그들은 그리스도를 거부하기 위한 완벽한 정당성을 가지게 됩니다. 하지만 여러분은 나에게서 배웠으며, 사람들이 여러분을 거부하더라도 그들에게 여전히 선택권이 주어졌고, 그들에게 이 선택권을 주는 것이 여러분의 진정한 임무임을 알아야 합니다. 항상 기억하세요. 여러분이 사람들의 틀에 맞춘다면, 어떻게 삶이 변화할 수 있을까요? 그러면 단지 아인슈타인이 말한 대로, 같은 일을 계속하면서 다른 결과를 기대하는, 제 정신이 아닌 상태에 빠져들게 될 것입니다.

또 다른 멘탈 박스는 일단 한 상황에서 무언가를 했다면, 비슷한 상황에서는 항상 똑같이 해야만 한다는 것입니다. 그러나 사람들이 어떤 멘탈 박스에 있든지, 그것을 흔들어서 그곳을 나오게 하는 것이 목표라는 것을 기억하세요. 그래서 어떤 경우에는 이것이 어떤 유형의 행동을 요구할 수도 있고, 다른 경우에는 반대로 보이는 행동을 요구할 수도 있습니다. 오직 영으로부터 오는 영감을 따른다는 측면에서 일관적일 때만, 일관성은 괜찮습니다. 일단 물리적 일관성이 위에서 오는 영감을 차단하게 되면, 여러분의 일관성은 감옥이 될 뿐입니다. 따라서 먼저 신의 나라와 신의 의를 구하는 데 일관되고, 다른 모든 것이 그 하나됨에서 흘러나오게 하세요.

창조력은 아무 데서나 갑자기 나오지 않는다는 것을 알아야 합니다. 창조력은 값비싼 진주입니다. 신은 그 진주를 돼지에게 던져주지 않을 것입니다. 따라서 신의 창조력을 위한 도구가 되는 유일한 방법은 여러분의 마음을 창조적인 자극을 받아들일 수 있는 성배로 바꾸는 것입니다. 그러나 또한 다른 사람들에게 봉사하기 위해 그것을 사용할 수 있는 심리적인 온전함과 실용적인 지식을 가지고 있어야 합니다. 어떤 사람들은 모든 유형의 창조적인 아이디어에 열려 있는 마음을 가지고 있지만, 실제로 인류를 도울 수 있는 심리적인 온전함이나 실용적인 지식은 가지고 있지 않은 이유를 살펴보세요. 다른 사람들이 자신만을 풍요롭게 하기 위해 새로운 아이디어를 내놓는 것에 얼마나 마음을 쓰는지 살펴보세요.

자신의 상위자아와 연결되어 있지만, 자신이 받는 창조적인 자극을 사용할 수 있는 실용적 지식이 없는 영적인 사람이 많다는 것을 생각해 보세요. 그래서 심리적인 온전성과 실용적인 지식의 균형을 추구해야 합니다. 삶의 어떤 실용적인 측면이든 마음이 끌리는 것을 스스로 배워보세요. 여러분은 영적인 주제들과 인간 심리에 대한 충분한 지식이 있어야 합니다. 하지만 그 외에도, 여러분이 보통 사람들보다 훨씬 더 많이 알고 전문가가 되는 사회의 어떤 분야가 있어야 합니다. 여러분의 마음이 온전함과 실용적인 지식을 갖추고 있을 때만, 진실로 신이 창조적인 영을 쏟아부을 수 있는 성배가 될 것입니다. 성서에서는 다음과 같이 말하고 있습니다.

> 10 너희는 열의 하나를 바칠 때, 조금도 덜지 말고 성전 곳간에 가져다 넣어 내 집 양식으로 쓰게 하여라. 그렇게 바치고 나서 내가 하늘 창고의 문을 열고 갚아주는지 갚아주지 않는지 두고 보아라. 만군의 야훼가 말한다. (말라기 3:10)

* * *

내가 말했듯이, 여러분의 가슴을 불타오르게 하는 대의를 찾고, 내면의 안내에 따라 그것을 추구하세요. 여러분의 개인적인 비전을 따르는 것을 두려워하지 마세요. 하지만 여러분이 어떤 안내를 원한다면, 여기 상승 호스트의 전반적인 임무를 위한 틀에 확실히 포함되는 대의 목록이 있습니다. 그렇지만 여러분의 개인적인 창조성에는 무한한 여지가 있습니다.

- 삶에는 그 이상이 있다는 사실에 대해 사람들을 일깨우기. 과학과 종교를 모두 뛰어넘게 하는 삶의 영적인 측면에 대해 사람들의 이해력을 확장시키기.
- 마이트레야의 책에 묘사된 대로, 종교적인 논쟁의 분위기와 목표

를 바꾸기. 인간의 에고가 종교와 사회의 모든 다른 측면에 미치는 영향을 이해할 수 있도록 사람들에게 기회를 제공하기. 여기에는 "비-전쟁의 기술(The Art of Non-war)"이라는 책에서 중립적인 용어로 설명했듯이, 이원적 사고와 비이원적 사고의 차이를 사람들이 이해하도록 돕는 것이 포함됩니다.

- 성모 마리아의 책에 묘사된 대로, 사람들이 자신의 심리를 치유하고 풍요로운 삶을 구현하도록 힘을 실어주기.
- 이 책과 나의 다른 책들에서 묘사된 대로, 나의 임무의 진정한 목적과 내면의 가르침을 이해하도록 사람들을 일깨우기.
- 신성한 여성성의 회복과 종교에서 균형의 회복.
- 인류가 삶의 문제에 대한 해답을 찾기 위한 두 가지 보완적 방식인 과학과 종교를 통합하기.
- 성 저메인의 황금시대 구현하기, 여기에는 새로운 발명과 기술뿐 아니라 사회의 모든 영역에서 새로운 아이디어를 내놓는 것을 포함합니다.

이러한 대의 중 하나가 여러분의 가슴에 다가오지 않는다면, 또 다른 대의를 찾아서, 이 행성에서의 삶을 더 풍요롭게 만드는 대의를 발전시키고 여러분을 통해서 자신을 표현하려는 영의 열린 문이 되려는 열망을 가지고 그것을 추구하세요. 그리고 자신의 재능을 증식함에 따라, 더 많은 봉사를 하게 하는 창조력의 증가를 보상으로 받을 수 있게 하세요. 봉사에 대한 대가는 더 많은 봉사이며, 영원한 기쁨의 원천이 되고 결코 끝나지 않는 성장의 과정입니다. 나는 기쁨의 화염이며, 기쁨을 세상에 주기 위해서 왔습니다. 다른 사람들에게 기뿜을 줌으로써 기쁨을 받으세요!

* * *

그리스도 의식은 선택입니다. 그러나 단지 한 번의 선택이 아닙니다. 그리스도 의식은, 여러분이 육화 중에 있는 한, 그리고 그 너머에서도 끊임없이 이루어지는 많은 선택의 연속입니다. 그리스도 의식은 죽음의 분리를 넘어 생명의 하나됨을 선택하는 것입니다. 즉 죽음을 실제로 받아들이기를 강요하는 외적인 현상에 개의치 않고 여러분이 마주치는 모든 상황에서 그렇게 선택하는 것입니다.

저 멀리 영적인 영역에서 여러분 위에 있는 존재인 그리스도와 하나됨을 추구하는 것을 멈추세요. 다른 사람들에게서 나를 보고 다른 사람들과 하나가 됨으로써 나와 하나됨을 추구하여, 지구상에 그리스도의 공동체, 성령의 공동체를 만드세요.

물병자리 시대는, 위에 계신 아버지 신과, 아래에 계신 어머니 신이 연합하는 공동체의 시대입니다.

아버지와 어머니가 하나가 될 때 우리는 승리한다는 것을 알게 됩니다.

그리스도 의식은 하늘에 관한 것이 아닙니다. 그리스도 의식은 어머니 영역을 아버지 영역과 하나됨을 이루게 함으로써 지구상의 조건을 개선하는 것입니다. 즉 물질이 영의 반영이 되게 함으로써, 신은 형상으로 표현되는 동안에도 분리되지 않은 영(Spirit)이며, 다시 하나가 될 수 있습니다. 그리스도는 자신을 형상으로 표현하는 동안에도 자신이 신이라는 것을 알고 있는 존재입니다.

모두에게 봉사하면서 내가 여러분을 통해 나를 표현하도록 함으로써 나를 발견하세요. 나는 진실로 모두를 섬기는 봉사자입니다. 그러므로 내가 행성 그리스도로서, 모두의 주님이라는 직함을 얻고 이 사무국을 맡은 것입니다.

이 책은 여러분을 위해 열린 나의 마음이며, 나의 존재입니다. 듣고, 받아들이고, 그리고 나를 기억하면서 모든 생명을 섬기세요!

열쇠 16을 위한 연습

이 열쇠의 연습으로, 33일 집중 기도 동안 매일 'INV10: 영원한 현재의 기원(the Invocation of Eternal Now)'을 낭송하기 바랍니다. 기원문을 낭송한 후, 이전에 주었던 '내면의 그리스도에 조율하기 연습'을 사용하여, 이 시점에서 여러분이 받을 준비가 되어 있는 개인적인 대의와 여러분의 신성한 계획에 대해 모든 것을 발견할 수 있도록 도와달라고 요청하세요. 하지만, 나는 오직 여러분이 재능을 증식하는 것에 따라 여러분에게 줄 수 있다는 것을 기억하세요. 그것은 여러분이 지금 가지고 있는 것을 생명을 섬기는 데 어떻게 사용하고 있는지에 달려 있다는 의미입니다.

열쇠 17
그리스도 의식의 여정을 초월하기

　이 과정에서 나의 목표는 실용적인 현실주의에 바탕을 두고 있습니다. 책으로는 외부의 스승과 상호 작용할 수 없는데, 그러면 무엇을 할 수 있을까요? 따라서 나의 목표는 여러분이 내면의 스승과 연결되도록 해서, 그리스도 의식의 여정에 확고하게 정박하도록 돕는 일입니다. 이 책에서 제시된 것과 내면에서 받게 될 것을 활용한다면, 여러분이 올바른 길로 나아가는 데 필요한 모든 것을 얻을 수 있을 것입니다. 그러면 여러분은 자신이 받은 것을 증식하려는 의지에 따라 계속 나아갈 수 있습니다. 그러나 개인적인 그리스도 의식의 여정이 영원히 계속될 수는 없습니다. 왜냐하면, 여러분은 그 여정마저 초월해야 하는 지점에 도달하기 때문입니다. 왜 그럴까요? 여정에서 자신이 앞으로 나아가고 있다고 보는 한, 여러분은 분명히 자신을 아직 목표에 도달하지 못한 존재로 생각하기 때문입니다. 그리고 여러분이 목표를 향해 나아가기만 하고, 앞으로도 그곳에 도달하지 못한다는 바로 그 개념을 초월하지 못한다면, 어떻게 목표에 도달할 수 있을까요?

내가 여러 번 말했듯이, 여러분이 어떠한 멘탈 박스이든 초월하도록 돕는 것이 살아 있는 그리스도의 역할입니다. 그래서 나는 내 일을 해야 하며, 먼 곳에 있는 목표를 향해서 가는 여정이라는, 그 개념의 바탕이 되는 멘탈 박스를 산산조각 내야 합니다. 여러분이 자신의 비전을 바꾸고 여러분이 이미 그곳에 도착했다는 것을 받아들일 때까지, 그 목표는 저 멀리에 있을 것입니다.

내 말을 오해하지는 마세요. 그리스도 의식에는 여러 단계가 있습니다. 여러분이 그리스도 의식이라는 멀리 있는 목표를 향해서 점진적인 여정을 걷고 있는 존재로 자신을 보는 단계를 거치는 것은 필요하고 피할 수가 없습니다. 그리고 여정의 이 부분을 통과하기 위해서는, 여러분은 바깥으로 나가 모든 생명 안에서 나를 보고 자신의 내면에 있는 나와 하나가 될 때까지, 다른 생명에게 봉사해야 합니다. 이 과정의 목표는 여러분이 이 단계를 탐색하는 데 도움이 되는 비전과 이해를 제공하는 것입니다. 이 과정의 마지막 부분으로써, 나는 이 단계 너머에 있는 논리적 결론에 대해 말해 보겠습니다.

여정이라는 개념은 최종 목표가 있다는 의미입니다. 하지만 여러분이 여전히 목표에서 멀리 떨어져 있다고 생각하는 한, 어떻게 그 목표에 도달할 수 있을까요? 그리스도 의식의 여정은 하나됨의 여정이며, 논리적인 결론은 여러분이 최종 목표에서 떨어져 있지 않다는 것을 받아들이는 지점에 도달한다는 것입니다. 즉 여러분이 이제 도착했고, 여러분과 그리스도가 하나임을 받아들이는 것입니다.

여기가 상황이 미묘해지는 지점입니다. 여러분이 도달했다는 것을 받아들일 준비가 되지 않은 단계가 있습니다. 왜냐하면, 여러분은 여전히 자신의 존재 안에 너무 많은 분열, 너무 많은 변환되지 않은 에너지와 너무 많은 이원적인 신념과 이미지를 가지고 있기 때문입니다. 하지만 여러분은 자신과 그리스도 의식 사이의 간격을 보는 것을 멈출 준비가 되고, 내면의 온전함을 충분히 달성하는 지점에 도달하게 될 것입니다. 그러나 이 세상의 강렬하고 교묘한 프로그램 때문에, 여러분이 내면의 수준에서는 준비되었을 수 있지만 외면의 마음은 이것을 받아들이지 못할 가능성이 큽니다. 공식적인 그리스도교의 가장 안타까운 영향 중 하나는 많은 사람이 그리스도 의식을 이 세상을 떠난 후에나 달성할 수 있다고 생각하거나, 나 예수만이 그리스도 의식을 달성할 권리가 있다고 생각하게 해서 사람들이 그리스도 의식을 주장하지 못하게 막았다는 것입니다. 그래서 나는 이 과정이, 이 마지막 장애물을 극복하고 자신이 목표에 도달했음을 의식적으로 받아들여, 그들의 그리스도 의식을 주장하고 위에서 인도하는 대로 그것을 외칠 수 있도록, 준비된 사람들을 도울 수 있기를 바랍니다.

여러분이 나를 스승으로 생각한다면, 내가 2,000년 전에 이 행성에 와서 그리스도 의식에 어떻게 도달할 수 있는지 가르쳤음을 알 수 있을 것입니다. 그런데 2,000년이 지난 지금, 실제로 몇 명이나 졸업했을까요? 그리고 어떤 스승이, 아무도 마지막 시험을 통과할 수 없는 과정을 추구하도록 학생들을 참여시킬 수 있을까요?! 따라서 나는 이 과정이 명백하게 부족한 부분을 바로잡는 데 도움이 될 수 있기를 바랍니다. 그래서 내 가르침이 늦게나마 열매를 맺어, 더 이상 학생이 아니라 스승이 될 준비가 된 학생들을 배출할 수 있기를 바랍니다. 그들은 내가 했던 것과 같은 일뿐 아니라, 내가 아버지께 상승함으로써 만들어진 추진력을 바탕으로 더 큰 일을 하게 될 것입니다.

* * *

여러분에게 여정에 대한 이미지가 있으면, 그리스도 의식이 지금 여러분이 있는 곳에서 멀리 떨어져 있고 항상 미래에 있는 것처럼 보게 될 위험이 있습니다. 따라서 여러분은 항상 자신과 그리스도 의식 사이에 간격이 있다고 생각하게 됩니다. 그리고 여러분이 간격이 있다고 받아들이는 한, 결코 그 간격을 넘어서지 못할 것입니다. 이것은 고대 그리스 철학자들이 말한 제노의 역설(Zeno's paradox)에 잘 나타나 있습니다. 그 개념은 한 사람이 어떤 지점과 지점 사이 거리의 절반을 지나고, 남아 있는 거리의 절반을 지나고, 다시 남아 있는 거리의 절반을 지나는 방식으로 다른 장소로 가려고 하는 것입니다. 그러나 남아 있는 거리를 항상 반으로 나눌 수 있으므로, 여러분은 결코 목표에 도달할 수가 없습니다. 즉 여러분과 목적지 사이에는 언제나 간격이 있을 것입니다.

에고는 결코 그 간격을 넘을 수 없고, 분리에서 하나됨으로 나아갈 수 없습니다. 여러분이 그 간격을 넘을 수 있는 유일한 방법은, 여러분의 의식하는 자아가 한 번의 도약으로 뛰어넘을 수 있을 만큼 목표에 가까워질 때까지 목표를 향해 계속 나아가는 것입니다. 에고는 그 도약을 할 수 없지만, 의식하는 자아는 할 수 있습니다. 하지만 여러분이 전통적으로 "믿음의 도약"이라고 하는 것을 해낼 때까지는 그 간격을 넘어설 수 없습니다. 그러나 그것은 진정 내면의 앎의 도약임을 여러분이 알 수 있기를 바랍니다. 여러분이 에고 이상의 존재임을 알게 되면, 에고를 포기하고 필멸의 정체감을 죽게 할 수 있습니다. 실재하는 여러분은 사라지지 않고 진정한 영적 정체성으로 다시 태어나리라는 것을 알기 때문입니다.

영적인 구도자들과 종교인들을 잘 살펴보면, 그들 중 많은 사람이 수십 년 혹은 평생 동안, 이룰 수 없는 어떤 목표를 추구하고 있음을 알 수 있습니다. 너무나 많은 종교인이 먼 미래에 있다고 여기는 파라다이스를 찾고 있습니다. 다른 사람들은 지구상에서 어떤 큰 돌파구를 찾고 있지만, 그들도 항상 그것에서 한 걸음 떨어져 있는 것처럼 보입니다. 아니면 결국 그들은 불가능한 꿈을 좇고 있음을 깨닫고, 곧바로 방향을 돌려 또 다른 무지개 끝의 황금 단지를 좇기 시작합니다. 이원성 영역에서는 언제나 또 다른 무지개가 있다는 것을 볼 수 있기를 바랍니다. 왜냐하면 에고와 거짓 교사들은 무한히 다양한 무지개를 생각해 낼 수 있기 때문입니다. 그러나 어떤 무지개 끝에도 황금 단지는 없습니다. 왜냐하면 황금 단지는 그리스도 의식이고, 그것은 오직 여러분 내면에서만 찾을 수 있기 때문입니다.

여러분이 열심히 이 과정을 따르고, 모든 연습, 특히 글쓰기 연습을 실천했다면, 의식의 극적인 변화를 겪었을 것입니다. 그러나 여러분이 이러한 변화를 경험하지 못했다면, 그 이유는 여러분이 여전히 에고의 필터와 누군가가 모든 것을 해줄 것이라는 에고의 꿈을 통해서 이 과정을 보고 있기 때문입니다. 따라서 이 과정에 대한 자신의 충족되지 않은 기대를 솔직하게 살펴보는 것이 현명할 것입니다. 그 기대 뒤에서, 여러분의 개인적인 에고가 여러분이 자신의 여정에 대해 모든 책임을 지겠다는 결정을 하지 못하도록 어떻게 방해하고 있는지 발견할 수 있기 때문입니다. 즉 여러분이 삶의 방정식을 바꾸려면, 먼저 자신을 바꾸기 시작해야 한다는 것을 인정해야 합니다. 내가 말했듯이, 나는 여러분을 대신해서 그 일을 해줄 수 없습니다. 나는 단지 여러분 앞에 생명과 죽음을 놓아둘 수는 있을 뿐, 하나됨과 분리 중에서 선택하는 일은 여러분의 몫입니다.

내 말의 요점은, 여러분이 그리스도 의식을 "저 바깥"이나 미래에서 찾으려는 시도를 멈추기 전까지는 결코 그것을 발견할 수 없다는 것입니다. 결국, 여러분이 그리스도가 되겠다는 결정을 해야만 한다는 것을 받아들이기 전까지는 그것을 찾지 못할 것입니다. 그리고 여러분은 그리스도 의식이 지금 여기(HERE NOW)에 있다고 받아들임으로써 그것을 발견할 수 있습니다. 하지만 오직 여러분만이 바로 그 시간과 장소, 언제 그 지점에 도달하는지를 결정할 수 있습니다. 어떤 경우는 아직 도착하지 못했지만, 어떤 경우는 받아들일 수 있는 시점이 바로 지금(NOW)이라는 결심만 필요할 수도 있습니다.

* * *

나는 앞에서, 에고와 거짓 교사들은 매우 교묘하며, 완전한 그리스도 의식에 미치지 못하는 어떤 수준에서라도 여러분을 중단시키기 위해 무슨 일이든 다 할 것이라고 말했습니다. 그렇다면 그들이, 실제로 여러분이 그리스도 의식을 나타낼 준비가 되기 전에 이미 그 수준에 도달했다고 생각하게 만드는 아주 교활한 방법을 찾아내는 것을, 여러분이 어떻게 피할 수 있을까요? 세상에 있는 정신 병원들을 살펴보면, 자신이 특정한 궁극적 지위에 도달했다고 주장하지만, 그런 주장을 뒷받침할만한 심리적인 완전성을 확실하게 갖추지 못한 사람들이

상당히 많은 것을 알 수 있습니다. 분명히, 나는 이 과정에 있는 어떤 학생도 이런 범주로 들어가는 것을 보고 싶지 않습니다. 그리고 이 과정을 근면하게 거쳤지만, 그리스도 의식에 도달했다고 주장할 시점에는 훨씬 못 미쳤으며, 중도를 찾고 균형을 이루기 위해서는 여전히 심리적, 영적 치유가 필요한 사람들도 있을 것입니다. 여러분도 그들 중 하나가 아닌지 현실적으로 평가해 보기 바랍니다.

나는 이 여정이 계속 진행되는 과정이라고 말했는데, 이것은 여러분이 항상 다음 단계로 나아가는 여정을 걷고 있다는 의미입니다. 그래서 에고와 거짓 교사들이 여러분을 여정에서 멈추게 하는 것을 피하는 방법은, 항상 다음 단계를 밟고, 그들이 여러분을 목표에 도달했다고 생각하게 만들도록 허용하지 않는 것입니다. 하지만, 여러분이 항상 다음 단계를 밟아야 한다면, 어떻게 여정을 초월할 수 있을까요? 만일 여러분이 도달했다는 생각을 결코 하지 못한다면, 어떻게 여러분과 최종 목표 사이의 간격을 극복할 수 있을까요?

내가 이전에 여러 번 말했던 것을 이해하는 것이 중요합니다. 즉 그리스도 의식은 정지 상태가 아니라, 생명의 강과 함께 나아가는 역동적이고 창조적인 상태입니다. 그래서 여정을 초월하는 열쇠는 여정을 절대로 떠나지 않고 항상 다음 단계로 나아가지만, 무언가를 얻으려고 하거나 궁극적인 상태에 도달하려고 하는 것은 아닙니다. 여러분은 생명의 강에 있고 다른 사람들을 끌어올리기 위해, 다음 단계를 밟고 있습니다. 다시 말해, 여러분은 더 이상 자신의 분리된 자아를 위해서 뭔가를 추구하지 않고, 여러분의 에고를 궁극적인 상태로 높이려고도 하지 않습니다. 그 대신 여러분은 다른 사람들을 높이는 데 도움이 되는 더 나은 봉사를 제공하고 생명의 강의 흐름을 가속하기 위해 스스로를 높이려고 노력하고 있습니다.

이원성 의식이 어떻게 모든 것을 물들여서, 그리스도 의식에 이르는 여정의 끝에 도달하는 것이, 더 이상 나아갈 필요가 없다는 의미라고 생각하게 만드는지를 볼 수 있나요? 사실, 그리스도 의식의 여정에서 끝에 도착했다는 것은 여러분이 이제 생명의 강과 하나가 되었다는 의미이며, 생명의 강은 끊임없이 현재 상태를 초월하면서 그 이상이 되고 있으므로 그 강과 함께 흘러가는 것입니다. 따라서 여러분은 계속해서 다음 단계를 밟고 있지만, 그 어떤 조건도 여러분의 성장을 멈추게 하거나 그 순간을 즐기는 것을 막지 못하게 하면서, 조건 없는 사랑으로 그것을 받아들이고 있습니다. 여러분은 다음 단계를 밟고 있지만, 최종 목적지가 바로 강 자체임을 알기 때문에 여러분과 최종 목적지 사이에는 간격이 없음을 알 수 있습니다.

미리 정해진 어떤 목표에 아직 도달하지 못했다는 이유로, 여러분의 여정이 더 이상 불완전하게 느껴지지 않습니다. 여러분의 여정은 초월의 순간마다 완전한 성취와 평화를 발견하는 기쁨이 계속됩니다. 여러분은 더 이상 어떤 최종 목적지에 도달하기 위해 다음 발걸음을 떼는 것이 아닙니다. 여러분은 단계를 밟아가면서 우주의 춤이 펼쳐지는 것을 보고, 생명의 강 물결이 대양을 향해 미끄러지듯 휘어져 방향을 바꾸어 흐르는 것을 보면서, 그것을 순수한 기쁨으로 받아들입니다. 이제 그 강이, 존재하는 모든 것(all that IS)으로 보이기 때문에, 더 이상 대양이 따로 있는 것이 아닙니다.

여러분은 자신이 생명의 강에 도착할 때까지는 삶을 감사하며 누릴 수 없다고 더 이상 느끼지 않습니다. 그 대신 여러분은 현재의 순간에 존재하는 것을 감사하며 받아들입니다. 그 순간이 지나가게 하고,

지금 현재의 순간에 존재하는 것에 감사합니다. 그리고 다음 현재의 순간에 깨어 감사하기 위해 그 순간을 지나가게 합니다. 따라서 여러분의 삶을, 끊임없이 성장하며 현재를 감사하며 받아들이는 과정으로 바꾸게 됩니다. 그리고 여러분이 존재하는 모든 것에 온전히 감사할 때, "나는 이제 단일한 눈(single eye; 제3의 눈)으로 내가 신이고 신이 나임을 보고 있습니다."라고 말할 수 있습니다.

* * *

여러분은 이 과정을 따르면서 많은 분야에서 상당한 진전을 이룰 수 있지만, 삶에서 변화가 없고 돌파할 수 없는 것처럼 보이는 분야도 여전히 있을 것입니다. 그 이유는 이 특정한 분야에서, 여러분이 강과 함께 흘러가는 대신 여전히 강과 싸우고 있기 때문입니다.

자신의 삶 중 어느 한 분야에서 내가 중도라고 말한 매우 섬세한 균형을 아직 찾지 못한 영적인 학생들이 많습니다. 따라서 그들은 자신이 원하는 일에 대한 비전과 이해가 있지만, 아무리 열심히 노력해도 그 일을 이룰 수가 없습니다. 내 조언은 언제나 그렇듯이, 같은 일을 계속하면서 다른 결과를 기대하지 말고, 뒤로 물러나 더 큰 그림을 보라는 것입니다. 변화가 일어나지 않는 이유는 무엇일까요? 거기에는 한 가지 이유만 있습니다. 여러분에게는 여전히 변화가 일어나지 못하게 방해하는 집착이 있습니다.

의식적인 마음은 특정한 변화가 반드시 일어나야 한다는 생각에 빠져 있기 쉽습니다. 종종 종교적인 가르침이 그런 것을 요구한다고 여기기 때문입니다. 그러나 물질 우주에서 여러분 삶의 근본적인 목적은 특정한 교훈을 배우는 것임을 인식할 필요가 있습니다. 여러분은 육화 전에 이미 특정한 교훈을 배우기로 결정했고, 그 교훈에 직면하도록 "강요"하는 물리적인 조건들과 마주치는 환경에서 육화하기로 선택했습니다. 따라서 여러분은 특정한 교훈을 배울 때까지, 외부 환경이 변하는 것을 무의식적으로 막게 될 것입니다. 이것은 외면의 마음이 변화가 일어나야 한다고 생각하더라도, 여러분의 잠재의식적인 마음, 이 경우에는 여러분의 상위 마음은, 그 변화를 막고 있다는 의미입니다.

그런 상황에서 내가 권하는 것은 여러분이 아직 보지 못한 특정한 교훈이 있음을 알아차리라는 것입니다. 따라서 변화가 일어나도록 더 열심히 노력하는 대신, 변화가 일어나기를 바라는 모든 욕망을 놓아 버려야 합니다. 여러분은 있는 그대로를 받아들이고, 심지어 그것이 이번 생애 동안 바뀌지 않더라도 있는 그대로 완전하게 평화로울 수 있음을 받아들여야 합니다. 그리고 현재의 비전을 통해 최선을 다하며 여러분의 신성한 계획을 성취해 갑니다. 다시 말해, 변화하지 않는 상황이 여러분이 생명에 대한 봉사를 향해 나아가지 못하게 막는 것을 허용하지 않습니다.

내가 여기서 말하는 것은, 물질 환경이 근본적인 교훈이 아니라는 것입니다. 근본적인 교훈은 항상 지구상의 어떤 조건도 자신이 행동하는 그리스도가 되는 것을 막지 못한다는 사실입니다. 변화가 일어나지 않는 실제 이유는, 여러분이 이런저런 변화가 일어나기 전에는 그리스도가 될 수 없다는 잘못된 정체성을 구축했기 때문입니다. 이것은 잘못된 생각입니다. 왜냐하면 지구상의 어떤 것도 여러분의 그리스도 의식을 막을 수 없기 때문입니다. 따라서 여러분은 진정한 여러분이 다시 태어날 수 있도록 잘못된 정체성을 죽게 해야 합니다. 그래야 변화가 쉽게 일어나게 할 수 있습니다. 변화가 필요하다고 더 이상 생각하지 않을 때, 변화는 일어날 것입니다.

알다시피, 살아 있는 그리스도는 완전히 자급자족합니다. 여러분은 모든 것을 신에게 내맡기며, 이 세상에서 그리스도 의식을 표현하는 데 어떤 것이 부족하다고 생각하지 않습니다. 따라서 여러분은 그리스도 의식을 지금 당장 표현하는 데 필요한 모든 것을 신께서 주실 것이며, 이미 주셨음을 알게 됩니다. 이것은 여러분이 지금 그것을 가지고 있지 않다면, 여러분에게 필요하지 않다는 의미입니다. 여러분은 단지 그것이 필요하지 않으며 이에 상관없이 그리스도가 되어야 한다는 것을 깨달아야 합니다.

항상 그렇듯이, 여기에는 균형이 있습니다. 그리스도로서, 여러분은 수동적이지 않으며, 때때로 일이 일어나도록 적극적인 조치를 취하기도 합니다. 그러나 여러분이 일이 일어나게 만들 수 없을 때는, 뒤로 물러나서 자신을 바라보며 모든 기대와 정신적인 이미지를 내려놓고, 그저 생명의 강과 함께 흘러가며 일들이 일어나도록 놔둬야 할 때입니다. 어떤 일이 일어나게 할 수 없다면, 그냥 내버려두어야 합니다.

* * *

정신적인 이미지에 대해 말하자면, 여러분의 에고는 여러분이 변화를 만들고, 세상을 바꾸고, 심지어 세상을 구하는 데 도움을 주기 위해 여기에 있다는 개념을 좋아합니다. 사실, 에고는 할 수만 있다면, 혼자서 세상을 구하려고 할 것입니다. 어떤 사람들의 에고는 정말로 그들이 세상을 구하고 모든 공을 차지할 수 있다고 생각합니다. 따라서 여러분의 에고와 거짓 교사들은 세상을 구하는 것이 무엇을 의미하고 세상이 어떻게 바뀌어야 하는지에 대한 이원적인 이미지들을 믿게 하려고 할 것입니다.

나는 앞에서 모든 기대를 놓아야 한다고 말했지만, 이것이 모든 정신적인 이미지를 놓아버려야 한다는 말이 아니라는 것을 주의 깊게 알아차려야 합니다. 여러분은 이원적인 정신적 이미지를 모두 놓아버려야 하지만, 모든 이미지를 버린다면, 어떻게 신과 함께하는 공동창조자로서의 역할을 수행할 수 있을까요? 여러분도 알다시피, 여러분은 정신적인 이미지를 만들고 마음의 힘을 사용하여 그것을 마터 빛 위에 겹쳐 놓음으로써 공동창조합니다. 그러면 마터 빛은 여러분이 구상한 형태를 취하게 됩니다.

지구는 현재 고통과 불균형을 겪고 있습니다. 왜냐하면, 오랫동안 인류가 이원성 의식을 바탕으로 정신적인 이미지를 만들어 왔기 때문입니다. 사람들의 마음을 모든 정신적인 이미지에서 해방시킨다고 여기서 벗어날 수 있는 것은 아닙니다. 이원성 의식에서 벗어나는 방법은 사람들이 그리스도 마음의 실재에 따른 새로운 이미지를 형성하도록 돕는 것입니다. 이 행성에 풍요로운 삶을 구현하는 것은 신의 참된 기쁨이기 때문에, 이것만이 지구에 신의 나라를 구현할 수 있는 유일한 방법입니다.

그런데 어떻게 하면 여러분의 마음을 이원적인 이미지에서 자유롭게 할 수 있을까요? 이원적인 것과 그렇지 않은 것을 어떻게 분별할 수 있을까요? 왜 그렇게 에고를 쉽게 볼 수 없는 것일까요? 지금쯤이면 여러분은 그리스도는 절대로 삶에 저항하지 않고 어떤 것에도 집착하지 않는다는 것을 배웠을 것입니다. 따라서 저항을 느낄 때, 마음속에 있는 뭔가가 특정한 이미지나 신념을 붙잡고 있다고 느낄 때, 이것이 에고라는 것을 알 수 있습니다. 따라서 여러분은 에고가 붙잡고 있는 것이 모두 이원적인 이미지임을 알 수 있습니다. 왜냐하면 에고는 다른 것은 아무것도 볼 수 없기 때문입니다.

이원적인 이미지는 지구에서 만들어진 다음 절대적이고 오류가 없는 지위로 격상된 것이기 때문에 우상입니다. 내가 설명했듯이, 그리스도는 항상 모든 것이 끊임없이 스스로를 초월하는 생명의 강과 함께 흐르고 있으므로, 절대적인 진리나 이미지를 찾지 않습니다. 따라서 그리스도 마음은 정신적인 이미지를 담고 있지만, 이러한 이미지들은 언제나 초월에 열려 있습니다.

여러분 안에 세상을 구하는 방법과 같은 특정한 이미지를 놓아버리는 것에 대한 저항이 있다는 것을 알게 되면, 이것이 에고의 작용이라는 것을 알 수 있습니다. 그러면 여러분은 의식적으로 이미지를 놓아버리기로 선택하고, 대신 신 또는 여러분의 상위자아가 새로운 비전을 줄 수 있도록 자신을 내맡길 수 있습니다. 여러분이 저항을 느낄 때, 의식적으로 놓아버리고, 신께 내맡기는 습관을 들이세요. 여러분은 이미지를 붙잡으려는 노력을 멈추고, 대신 신이 행위자가 되어 여러분을 통해 변화를 나타내도록 하겠다고 결정해야 합니다.

알다시피, 에고는 정신적인 이미지를 "실재"를 통제하는 수단으로 사용하지만, 에고는 절대로 실재를 통제할 수 없습니다. 따라서 에고는 지구상에서 어떤 궁극적인 사고 체계를 찾고, 그것에 기반을 둔 이미지를 만들어냅니다. 즉 에고는 실재가 그 체계를 따르도록 강요하고 있는 것입니다. 이와는 대조적으로, 그리스도는 체계가 없고, 기계적인 변화가 아니라 창조적인 변화를 추구합니다. 이것은 때때로 여러분이 의식적인 마음으로는 상상하지도 못했던 변화의 도구가 된다는 의미입니다. 그런 경우에는, 여러분이 마터 빛 위에 겹친 정신적인 이미지를 가지고 있지 않았던 것처럼 보일 수도 있지만, 실제로는 의식적인 마음이 그 정신적인 이미지를 알지 못했을 뿐입니다. 그 이미지는 여전히 여러분 마음의 상위 부분에 있었고, 여러분이 한 일은 의식적인 마음에 있던 이미지를 포기하여 상위의 이미지가 나타날 수 있도록 했던 것입니다. 이렇게 할 때, 여러분이 의식적인 마음으로 상상했던 것보다 훨씬 나은 일이 실제로 일어난다는 것을 종종 알게 됩니다. 여러분에게 그 나라를 주는 것은 아버지의 참된 기쁨입니다. 이런 일은, 단지 외면의 마음이 물러나게 하면 이루어지는 경우가 많습니다.

예상치 못했던 일이 펼쳐지는 것을 보면서 여러분은 상위 존재가 가장 잘 알고 있다는 신뢰를 점차 쌓아가게 됩니다. 그리고 이것은 더 이상 의식적인 마음으로 이미지를 만들려고 하지 않는 지점으로 이어질 수 있습니다. 그 대신, 여러분은 그런 이미지가 마음의 상위 부분에서 의식적인 마음으로 내려오도록 허용합니다. 그렇다고 의식적인 마음의 수준에서 여러분이 창조적이지 않다는 의미가 아닙니다. 이것은 상위 마음이 여러분에게 전반적인 이미지를 줄 수 있게 하고, 여러분은 세부적인 내용을 채우기 위해 의식적인 마음을 사용한다는 뜻입니다. 따라서, 여러분의 상위 존재인 아버지가 이제까지 일하시니 여러분, 곧 여러분의 의식적인 마음도 일하는 것입니다.

여러분이 위와 아래 사이에서 이러한 균형을 찾으면, 일이 일어나게 하려고 애쓰는 대신 상위 존재의 더 큰 계획이 펼쳐지도록 해야

함을 알게 됩니다. 이것은 자연스러운 구현이라 할 수 있으며, 그리스도 의식의 더 높은 단계의 표시입니다. 다른 모든 것과 마찬가지로, 그리스도 의식은 정적인 완벽한 상태가 아니라, 그 자체의 단계를 가지고 있습니다. 그리스도조차, 더 정확히 말하면 특히 그리스도는 그 이상(MORE)을 향해 나아가기 위해, 더 작아져야 하는 창조주의 우주적인 춤에 참여하고 있기 때문입니다. 자기의식을 지닌 존재들은 모두 이 춤의 일부이지만, 그리스도가 된 존재들은 의식적으로 이 춤을 인식하고 있으므로, 그것을 온전하게 즐길 수 있습니다.

* * *

어떤 학생들은 자신이 어떻게 진보하고 있는지 측정하고 싶어 합니다. 비록 내가 그리스도 의식에는 규칙이 없고, 그리스도가 되는 방법에 대한 기준도 없다고 말했지만, 자신의 진보를 가늠할 수 있는 한 가지 방법을 알려주겠습니다. 그러면, 그리스도가 된 존재의 궁극적인 목표는 모든 상황에서 완전한 내면의 평화를 이루는 것이라고 생각해 보세요. 그리스도는 지상의 모든 정체성을 초월했기 때문에 내면의 평화는 자연스러운 결과입니다.

이제 여러분이 완전하게 평화롭지 않다면, 여러분은 여전히 이원적인 신념에 근거한 일종의 집착을 가지고 있다는 것을 알 수 있습니다. 그러한 집착만이 여러분 내면의 평화를 빼앗아 갈 수 있기 때문입니다. 내가 말한 대로, 의식하는 자아는 창조주 존재에서 나왔으므로 궁극적인 실재입니다. 물질 영역에 있는 모든 것은 결국은 실재가 아닙니다. 그리고 지금쯤은 여러분도 알고 있겠지만, 실재하지 않는 것은 실재를 통제할 힘이 없습니다. 그래서 이 세상의 어떤 것이 여러분의 평화를 빼앗아 간다면, 여러분이 그것을 실재라고 생각하기 때문입니다. 이것은 여러분이 누구인지를 부인하는 것이며, "사람에게는 이것이 불가능하지만, 신에게는 그렇지 않다. 신은 모든 것이 가능하기 때문이다."라는 사실을 부인하는 것입니다. 여러분이 신의 존재의 확장체임을 알고 받아들일 때, 이 세상의 어떤 것도 여러분을 위협할 수 없습니다. 그런데 어떻게 내면의 평화를 느끼지 못할 수 있을까요? 이 세상의 것들은 완전하지 않습니다. 하지만 그것이 여러분과 무슨 상관이 있을까요? 여러분은 신의 평화를 누리며 나를 따르세요.

그래서 여러분의 평화를 앗아가는 무언가를 볼 때, 외부 조건에 초점을 맞추기보다는 기꺼이 자신의 반응을 살펴보세요. 평화를 잃게 하는 여러분의 신념은 무엇입니까? 여러분이 보는 진리에 다른 사람들도 동의하게 만들려는 욕망이 있나요? 다른 사람들 또는 전 세계로부터 승인, 인정이나 관심을 받기를 바라나요? 여러분은 세상에 어떤 변화가 일어나기를 바라지만, 세상이 따라주지 않아 낙심하고 있나요?

다시 말하지만, 다른 사람들을 변화시키는 데 초점을 두지 말고, 그들이 어떤 순간에도 그들 자신이 될 수 있게 하세요. 그 대신, 다른 사람들의 반응과 관계없이 여러분이 가진 빛과 진리를 나누고, 진정한 여러분이 되는 것에 모든 주의를 집중하세요.

여러분은 어떻게 내면의 평화를 이루는 이 지점에 도달할 수 있을까요? 다시 말하지만, 거기에는 알파와 오메가 측면이 있습니다. 오메가 측면은, 이 세상의 모든 것이 실재이고 여러분을 지배할 수 있다고 생각하게 만드는 이원적인 믿음을 정화하는 데 초점을 두는 것입니다. 알파 측면은, 여러분의 상위 존재와 하나가 되는 것에 초점을 둠으로써 영적으로 자급자족하게 되어, 지구상에서 아무 부족함 없이 자신의 빛을 비추는 영적인 태양이 되는 것입니다.

여러분이 자신의 상위 존재에 조율함에 따라, 여러분은 이 존재가 매우 높은 진동의 에너지로 만들어진 영적인 존재임을 발견하게 될 것입니다. 여러분은 이것을 하나의 불꽃으로, 여러분이 알게 될 어떤 특성을 가진 신의 불꽃(God Flame)으로 볼 수도 있습니다. 따라서 여러분이 지구에 온 주요한 목적은, 이 땅을 뒤덮고 있는 어둠 속에서 여러분 신의 불꽃을 빛나게 하는 것입니다. 여러분은 빛을 비출 수 있는 열린 문이 되기 위해 여기에 있는 것입니다. 그리고 사람들이 여러분의 빛을 거부하더라도, 그 빛은 여전히 물질 영역으로 들어가서, 어둠을 몰아내고 전체 물질 우주의 진동을 높이는 데 기여할 것입니다. 점점 더 많은 사람이 이렇게 함으로써, 지구가 어둠을 벗어나 더 높은 진동의 빛으로 올라가는 것은 단지 시간문제일 뿐입니다. 따라서 여러분은 빛을 비추는 것에 성취감과 평화로움을 느낄 수 있습니다. 왜냐하면 이것이 여러분의 주된 일이고, 비실재가 실재에 대해 힘을 갖도록 하지 않는다면 지구상의 어떤 힘도 여러분을 멈추게 할 수 없다는 것을 여러분은 알고 있기 때문입니다.

여러분 신의 불꽃은 어떤 특성이 있을까요? 여러분이 더 많이 조율하게 되면 그것을 발견할 것입니다. 하지만, 여러분에게 큰 사랑을 주는 것과 커다란 반감을 주는 것에 대해 생각해 보세요. 여러분은 자신의 신의 불꽃에 대한 사랑이 있지만, 여러분 신의 불꽃이 왜곡된 의식을 자발적으로 받아들이기로 했기 때문에, 종종 이러한 도전과 반대가 되는 특성을 마주하게 됩니다. 예를 들어, 여러분 신의 불꽃이 다양한 종류의 자유 중 하나라면, 여러분은 자유를 향한 큰 사랑을 느끼겠지만, 자유에 반(反)하는 사람들이나 조건들과 마주쳤을 것입니다. 여러분 신의 불꽃이 진리의 종류 중 하나라면, 여러분은 진리를 발견하고 표현하는 것을 좋아하지만, 평화를 유지하기 위해 거짓말을 해야 하는 도전을 받았을 수 있고, 사람들이나 단체들이 여러분이 진리를 표현하지 못하게 막으려고 하는 상황에 직면했을 수도 있습니다.

나는 일부러 모호하게 말하고 있습니다. 이 시점에서, 분석적인 마음이 신의 불꽃 개념을 또 다른 멘탈 박스로 바꾸는 데 유리한 정보를 제공하고 싶지 않기 때문입니다. 신의 불꽃은 지상의 말이나 특성으로 국한될 수 없습니다. 어떤 긍정적인 특성을 사용하여 신의 불꽃을 묘사할 수 있지만, 신의 불꽃은 언제나 지상의 언어 그 이상이기 때문에, 그 불꽃에 대한 개념을 제한하지 않도록 매우 주의해야 합니다. 왜냐하면, 여러분을 통해 표현되는 신의 불꽃을 제한하면 여러분 스스로를 제한하게 되기 때문입니다. 우리의 신은 자신과 같지 않은 모든 것을 소멸하는 불꽃입니다. 그러므로 여러분의 개인적인 신의 불꽃이 여러분의 존재 안에서 상위 존재와 같지 않은 모든 것을 소멸하게 하세요.

어떤 의미에서, 신의 불꽃은 여러분의 성장에 반대되는 모든 것을 소멸하고 신성한 계획을 실현할 수 있으므로 영적인 성장을 위한 궁극적인 도구입니다. 여러분이 자신의 의식 안에 있는 이원적인 이미지를 없앨 때까지는, 그 불꽃에 충분히 조율할 수 없고, 그 불꽃이 여러분을 통해 흐르게 할 수 없으므로, 그것에 대해 미리 말하지 않은 것입니다. 알다시피, 여러분 신의 불꽃은 의식하는 자아가 어떤 주어진 시점에 처리할 수 있는 것보다 더 낮은 자아만 태워 버리지는 않을 것입니다. 신의 불꽃은 그 자체와 다른 모든 것을 불태울 것입니다. 하지만 그 불꽃은 이 순간에 여러분이 제한된 자아감을 가지고 있고, 그것이 즉시 불타버리면 여러분이 정체성 위기에 빠지게 될 것을 알고 있습니다. 그래서 그 불꽃은, 여러분이 자아감을 높여서 물로 다시 태어날 때까지 기다릴 것입니다. 그런 다음, 여러분은 불로 다시 태어나, 지상에서 신의 태양이 될 것입니다.

내가 얼마나 많이 빛에 대해서 말했고 영적인 빛을 비추는 것이 얼마나 중요한지를 어떻게 암시했는지 다음 구문을 살펴보세요.

14 너희는 세상의 빛이다. 산 위에 있는 마을은 드러나기 마련이다.
15 등불을 켜서 됫박으로 덮어두는 사람은 없다. 누구나 등경 위에 얹어 둔다. 그래야 집 안에 있는 사람들을 다 밝게 비출 수 있지 않겠느냐?
16 너희도 이와 같이 너희의 빛을 사람들 앞에 비추어 그들이 너희의 착한 행실을 보고 하늘에 계신 아버지를 찬양하게 하여라. (마태 5장)

22 눈은 몸의 등불이다. 그러므로 네 눈이 온전하면(eye be single) 온몸이 밝을 것이며
23 네 눈이 성하지 못하면 온몸이 어두울 것이다. 그러니 만일 네 마음 안에 있는 빛이 빛이 아니라 어둠이라면, 그 어둠이 얼미니 심하겠느냐?"(마태 6장)

내가 어두운 데서 말하는 것을 너희는 밝은 데서 말하고, 귀에 대고 속삭이는 말을 지붕 위에서 외쳐라. (마태 10:27)

28 고생하며 무거운 짐을 지고 허덕이는 사람은 다 나에게로 오라. 내가 편히 쉬게 하리라.
29 나는 마음이 온유하고 겸손하니 내 멍에를 메고 나에게 배워라. 그러면 너희의 영혼이 안식을 얻을 것이다.
30 내 멍에는 편하고 내 짐은 가볍다. (마태 11장)

18 그를 믿는 사람은 죄인으로 판결받지 않으나 믿지 않는 사람은 이미 죄인으로 판결을 받았다. 신의 유일한 아들(그리스도)을 믿지 않았기 때문이다.
19 빛이 세상에 왔지만, 사람들은 자기들의 행실이 악하여 빛보다 어둠을 더 사랑했다. 이것이 벌써 죄인으로 판결받았다는 것을 말해 준다.
20 과연 악한 일을 일삼는 자는 누구나 자기 죄상이 드러날까 봐 빛을 미워하고 멀리한다.
21 그러나 진리를 따라 사는 사람은 빛이 있는 데로 나아간다. 그리하여 그가 한 일은 모두 신의 뜻을 따라 한 일이라는 것이 드러나게 된다. (요한 3장)

예수께서는 사람들에게 또 말씀하셨다. "나는 세상의 빛이다. 나를 따라오는 사람은 어둠 속을 걷지 않고 생명의 빛을 얻을 것이다."(요한 8:12)

내가 이 세상에 있는 동안은 내가 세상의 빛이다. (요한 9:5)

9 예수께서는 "낮은 열두 시간이나 되지 않느냐? 낮에 걸어 다니는 사람은 세상의 빛을 보기 때문에 걸려 넘어지지 않는다.
10 그러나 밤에 걸어 다니면 빛이 없으므로 걸려 넘어질 것이다. (요한 11장)

35 예수께서는 이렇게 대답하셨다. "빛이 너희와 같이 있는 것도 잠시뿐이니. 빛이 있는 동안에 걸어가라. 그리하면 어둠이 너희를 덮치지 못할 것이다. 어둠 속을 걸어가는 사람은 자기가 어디로 가는지 모른다.
36 그러니 빛이 있는 동안에 빛을 믿고 빛의 자녀가 되어라. (요한 12장)

44 예수께서 큰소리로 이렇게 말씀하셨다. "나를 믿는 사람은 나뿐 아니라 나를 보내신 분까지 믿는 것이고
45 나를 보는 사람은 나를 보내신 분도 보는 것이다.
46 나는 빛으로서 이 세상에 왔다. 그러므로 누구든지 나를 믿는 사람은 어둠 속에서 살지 않을 것이다. (요한 12장)

"내가 이 세상에 있는 동안에는, 나는 이 세상의 빛이나."라는 말에 주목하세요. 그 의미는 보편적인 그리스도 마음이 이 세상에 있는 한, 그것이 세상의 빛이라는 것입니다. 하지만 이 세상에 그리스도의 빛이 없다면, 세상은 불타는 대재앙과 같은 영화 내용처럼 자멸할 것입니다. 내가 육화해 있는 동안, 나는 이 세상의 빛이었고 이 행성을 위

한 영적인 균형을 유지했습니다. 그 이후로 모든 시대에 소수의 사람이 그 빛을 유지해 왔습니다. 그러나 수백만 명의 사람이 내 참된 가르침을 이해하고 내 발자취를 따라 이 세상의 빛이 됨으로써 내가 했던 일을 하는 것이 내 희망과 비전이었습니다. 충분히 많은 사람이 이 일을 할 때, 여러분은 내가 했던 것보다 더 큰 일을 할 수 있으며, 무지와 어둠에서 벗어나 자신에 대한 참된 앎(self-knowledge)의 빛 안으로, 즉 진아가 신이라는 앎 안으로 세상을 끌어올릴 수 있습니다. 그러므로 여러분이 이 세상에 있는 동안, 이 세상의 빛이 되세요!

* * *

죽음을 왜 마지막 적이라고 할까요? 글쎄요, 여러분은 어떻게 적을 물리칠 수 있을까요? 이원적인 마음의 관점에서는, 적을 파괴함으로써 적을 물리칩니다. 물론, 이원적인 마음의 틀 안에 있는 사람은 아직 누구도 죽음을 물리칠 방법을 알아내지 못했습니다. 그리스도 마음의 관점에서는, 적을 친구로 만듦으로써 적을 물리칩니다.

내가 왜 여러분에게 죽음을 친구로 보라고 말하고 있을까요? 그렇다면, 죽음이란 무엇입니까? 죽음은 뭔가를 최종적으로 중단하는 것입니다. 예를 들어, 여러분은 육체적으로 죽을 때, 몸과 모든 물질적인 소유물을 남겨두고 떠난다는 것을 알고 있습니다. "빈손으로 왔다가 빈손으로 간다."라는 속담이 있습니다.

일반적으로 사람들은 죽음을 생명의 중단이라고 말할 것입니다. 하지만 영적인 학생으로서, 여러분은 이것이 사실이 아니라는 것을 알고 있습니다. 우선 여러분은 육체 그 이상이기 때문에, 몸이 죽어도 여러분은 죽지 않습니다. 게다가, 여러분은 다른 몸을 받을 수 있으므로, 육체적인 차원에서도 죽음으로 인해 생명이 완전히 중단되는 것은 아닙니다. 이제 여러분이 어떠한 물질적인 것도 가져갈 수 없지만, 실제로 육체를 내려놓고 뭔가를 가져간다고 생각해 보세요. 여러분은 영적인 자아를 가져가지만, 분리된 자아도 또한 가져갑니다. 여러분의 에고와 에고가 만든 분리된 자아들은 생애에서 다음 생애로 여러분을 따라다닐 것입니다.

어떻게 여러분이 최종적으로 에고를 극복할 수 있을까요? 에고가 그냥 죽게 내버려두는 것입니다. 즉 에고라는 존재가 최종적이고 완전한 소멸을 겪게 한다는 의미입니다. 다시 말해, 여러분의 존재에서 죽을 수 있는 유일한 측면은 에고 뿐입니다. 즉, 죽음에 대한 두려움은 의식하는 자아에게서 오는 것이 아니라 에고에게서 오는 것입니다. 그러므로 에고는 계속해서 자기 죽음에 저항하고, 여러분을 에고의 죽음에 저항하게 만들려고 애를 쓸 것입니다. 이것은 그리스도 의식을 향해 여러분이 성장하지 못하도록 에고가 끝까지 저항할 것이라는 의미입니다. 십자가에서의 나의 죽음은 에고가 죽도록 내버려두는 것에 대해 저항하는 유령을 마침내 포기한 것이기 때문에, 에고의 죽음을 상징하기 위한 것이었습니다. 그리고 에고가 사라진 완전히 자유로운 존재로 내가 부활할 수 있게 한 것은, 그 완전하고 최종적이며 무조건적인 내맡김이었습니다.

여러분이 이 사실을 완전히 통합하게 될 때, 실재는 어떤 것도 죽지 않으며 의식하는 자아가 실재라는 것을 알게 됩니다. 또한 비실재는 모두 죽어야 하고, 에고가 비실재라는 것을 알게 됩니다. 따라서 여러분은 자신의 존재에서 죽음에 대한 저항은 모두 에고로부터만 올 수 있다는 것을 볼 수 있습니다. 에고만이 존재가 소멸되는 것을 두려워하기 때문입니다. 하지만 실재인 여러분, 의식하는 자아는 존재의 소멸을 두려워할 이유가 없습니다. 그것은 창조주의 존재에서 나왔고 결코 죽을 수 없기 때문입니다. 따라서 여러분은 죽음을 두려워할 실제적인 이유가 전혀 없습니다. 사실, 여러분이 실재에 깨어 있으면, 의식하는 자아에게 죽음은 궁극적인 친구가 될 수 있습니다. 왜냐하면, 죽음은 실재하지 않는 모든 것의 전체적이고 최종적인 중단을 의미하기 때문입니다. 그리고 여러분이 에고가 존재로서의 소멸을 완전하고 최종적으로 겪도록 할 때, 마침내 의식하는 자아는 위에서처럼 여기 아래에서도 자유롭게 될 것입니다. 그런데 여러분은 왜 나를 위해서 여러분의 "생명"을 잃는 것을 거부하는 것일까요?

마지막 과제

이제 여러분에게 이 과정의 마지막 과제를 제시할 때입니다. 그것은 여러분이 어떻게 영적인 여정을 발견했고 어떻게 현재 수준까지 걸어왔는지에 대한 자신의 이야기를 적는 것입니다. 어린 시절의 신념 체계에 어떻게 의문을 갖기 시작했나요? 이원적인 거짓말들을 꿰뚫어 보는 것을 어떻게 배웠습니까? 에고의 가면을 벗겨내고 그것을 극복하는 것을 어떻게 배웠습니까? 어떤 도전을 마주했고, 그것을 어떻게 극복했나요? 영성 단체와 스승들과 함께 어떤 경험을 했고, 그 경험이 어떻게 여러분의 성장을 돕거나 방해했나요?

여러분이 글을 쓸 때, 편안하게 글을 쓰는 것을 방해하는 것이 무엇인지 생각해 보세요. 그리고 중심을 잡고 평화를 찾도록 노력하세요.

정직하고, 솔직해지세요. 그러나 무엇보다 먼저 진정한 여러분 자신이 되세요.

스스로 창조적으로 되도록 하고 이야기가 흘러가도록 하세요!

아직 그 길을 발견하지 못했지만, 삶에는 그 이상이 있음을 느끼고 있는 어떤 사람을 위해, 글을 적고 있는 것처럼 쓰세요. 그런 다음 그 사람에게 여러분의 개인적인 여정을 공유함으로써, 영적인 인식의 시작 단계부터 여러분의 현재 수준까지 그 사람을 인도해 주세요.

항상 그렇듯이, 여기에도 알파와 오메가 측면이 있습니다. 알파 측면은 자신의 이야기를 기록함으로써, 여러분은 더 큰 명료함을 얻게 되고, 이것은 여러분의 존재 안에서 아직 해결되지 못한 요소들을 처리하는 데 도움이 될 것입니다. 이것은 치유 과정입니다. 오메가 측면은 여러분이 다른 사람들을 돕고, 전통적인 종교와 무신론의 이원성에 대한 대안이 있다는 사실을 입증하는 것입니다. 오늘날 얼마나 많은 사람이 전통적인 종교에 실망하고, 과학적인 물질주의에 기반을 둔 무신론 외에는 다른 대안이 없다고 생각하고 있는지 숙고해 보세요. 따라서 나는 이런 이원적인 극단 사이에 실제로 중도가 있다는 것을 보여줄 수백만 명의 사람이 필요합니다.

그런 다음 적절하다고 여겨지는 대로 여러분의 이야기를 출판하세요. 하지만, 최소한 인터넷에 올려서 내용을 공유하세요.

파트 3

영적 위기를 극복할 수 있는
도구를 여러분에게 줍니다

상승 마스터 대천사 미카엘

안내: 이 구술문은 여러분이 영적 위기를 극복하고 삶을 긍정적인 나선으로 바꾸는 데 도움을 주기 위해 대천사 미카엘, 예수, 성모 마리아께서 특별히 발표한 영적 위기를 위한 도구의 일부입니다.

나는(I AM) 대천사 미카엘이며, 나는(I AM) 지구상의 어떠한 세력의 맹공에도 견딜 수 있는 주님의 현존(Presence of the Lord)입니다. 따라서 나는 대중의식, 과거의 타성, 또는 무구한 세월 동안 이 행성에 자신을 구현해 왔던 어둠의 세력들의 부정적인 에너지로 인해 부담을 느끼는 사람들을 위해, 특별한 시혜를 가지고 왔습니다.

여러분은 자신이 영적 위기에 직면하고 있음을 알고 있는 사람들입니다. 왜냐하면 여러분이 통제할 수 없는 것처럼 보이는 세력들, 즉 여러분 밖에 있는 세력들에 의해서 여러분이 공격받고 있음을 기꺼이 인정하는 지점에 이르렀기 때문입니다. 따라서, 여러분은 인류 대부분이 내딛기 꺼려하는 발걸음을 내디딘 것입니다. 그들은 이 세상에 그런 세력들이 존재한다는 것을 인정하려 하지 않습니다.

사랑하는 이들이여, 나는 이 특별한 발표를 통해 도움을 받을 수 있는 사람들을 돕는 것에 관심을 두고 있습니다. 왜냐하면 그들은 자신에게 문제가 있고, 그들이 직접 통제할 수 없는 세력들에 의해 공격받고 있음을 기꺼이 인정하기 때문입니다. 그래서 나는 여러분을 돕기 위해, 내 현존(I AM)의 추진력, 신의 의지(God's Will)의 추진력, 신의 보호의 추진력 일부를 여러분에게 전해 주려고 합니다.

하지만 사랑하는 이들이여, 대천사의 현실을 이해하기를 바랍니다. 다양한 종교에서 천사들과 대천사들을 묘사해온 방식과 관계없이, 나, 대천사 미카엘은 악마와 데몬들과 어둠의 세력들과의 이원적 전투에 갇혀 있지 않음을 분명히 말할 수 있습니다. 왜냐하면 나는(I AM) 이원성 안에 있지 않고, 모든 이원성 의식을 초월해 있으며, 그것이 바로 대천사의 권능이 지구상의 어떤 힘보다 더 큰 이유입니다. 따라서 우리가 완전한 권능으로 우리의 현존(Presence)을 드러낸다면, 지구상의 어떠한 세력도 우리에게 맞서서 우리를 이길 수가 없습니다.

그런데, 사랑하는 이들이여, 우리는 왜 우리의 현존을 드러내고 지구에서 모든 어둠을 쓸어내 버리지 않는 것일까요? 그것은, 자유의지의 법칙에 따라, 지구에 무엇을 남겨두고 무엇을 빛의 형태로 구현할지를 결정할 사람들은, 지구에 육화한 사람들이라고 규정되어 있기 때문입니다.

영적 위기를 극복하는 열쇠

사랑하는 이들이여, 여러분은 영적 위기에 직면해 있습니다. 여러분은 자신이 무력하고 마비된 것처럼 느껴지고, 여러분 외면의 마음과 존재의 힘으로는 이겨낼 수 없는 부담과 힘에 의해 공격을 받거나 짓눌리는 것처럼 느낍니다. 지금 당장은 그럴지 모르지만, 이 모든 것이 환영일 뿐이라고 나는 분명히 말하겠습니다. 그리고 이 환영에서 알아야 할 핵심은 바로 여러분(YOU)이 자신의 역장을 통제해야 하는 주체라는 것입니다.

사랑하는 이들이여, 대천사와 어둠의 세력들의 본질적인 차이점은 이것입니다. 나는 여러분의 자유의지를 침해하지 않을 테지만, 어둠의 세력들은 여러분의 자유의지를 침해할 것입니다. 하지만 그들은 여러분이 자유의지로 그들에게 허용해 주는 만큼만 여러분의 자유의지를 침해할 수가 있습니다. 그렇기 때문에, 내가 여러분의 에너지장 안으로 들어가서 여러분의 존재로부터 어둠을 내몰아 줄 수 없는 것입니다. 나는 초대를 받아야만 합니다. 진심으로 초대를 받아야 합니다. 내 현존이 여러분 안의 어둠을 소멸하기 전에, 어둠을 몰아내겠다고 선택해야만 하는 사람이 바로 여러분임을 이해해야 합니다.

사랑하는 이들이여, 여기서 방정식(equation)이 보입니까? 여러분이 어둠의 세력들을 자신의 존재로 끌어들이는 방식에는 여러 가지가 있는데, 그 중에게는 여러분이 아예 모르고 있는 방식도 많이 있습니다. 이 세상은 정말로 교묘한 뱀 같은 거짓말로 가득 차 있기 때문에, 많은 사람이 자신이 하는 일을 알지 못한 채 자기 존재 안으로 어둠의 세력들을 받아들이고 있습니다. 하지만, 나는 언젠가 여러분이 선택했음이 틀림없다는 사실을 말해야만 합니다. 그리고 그들을 여러분 존재 안으로 들여보내고, 지금까지 남아 있게 허용했던 그 선택을 되돌리기 전까지, 여러분은 궁극적으로 어둠으로부터 자유로워질 수 없습니다.

그러므로 사랑하는 이들이여, 여러분은 기꺼이 깨어나 더 높이 올라가서, 여러분 자신과, 삶의 여정과, 자신의 구원에 이르기까지 완전하고 최종적인 책임을 질 수 있는 지점으로 가야 합니다. 보다시피, 사랑하는 이들이여, 어둠의 세력은 단순히 약물이나 알코올 남용처럼 명백하게 어둠으로 보이는 활동들을 통해서만 여러분에게 침투하는 것이 아니기 때문입니다. 그들은 종종 겉보기에는 해가 없어 보이는 수단들, 즉 여러분은 스스로를 구원할 수 없으므로 외부의 구원자가 필요하다는 영원한 거짓말을 지어내는 종교의 활동들을 통해서도 들어옵니다.

따라서 사랑하는 이들이여, 여러분은 깨어나야 합니다. 여러분이 책임을 받아들여야만 내 권능과 현존이 여러분의 존재 안으로 들어갈 수 있습니다. 만일 여러분이 그렇게 하지 않으면, 내 현존은 여러분 존재 안에서 단지 긴장을 증가시킬 뿐입니다. 왜냐하면 여러분 존재의 일부는 어둠이 지속되기를 원하므로, 여러분은 단지 어둠의 세력과 맞서 싸우는 것이 아니라, 내 빛과도 싸우게 되기 때문입니다.

사랑하는 이들이여, 여기서 방정식의 핵심이 보입니까? 여러분이 어둠을 놓아버릴 수 있다면, 즉 여러분 존재 안에 어둠이 남아 있게 만드는 환영을 의식적으로 놓아버릴 수 있다면, 내 현존은 (여러분의 에너지장 속으로) 들어갈 수 있고, 어둠을 추방할 수 있습니다. 하지만 여러분이 환영을 내려놓기 전까지는 여러분 존재의 일부, 에고의 어떤 부분은 어둠을 붙잡고 있을 것입니다. 사실, 어둠의 세력들은 에고에게 여러분을 통제할 수 있는 특정한 힘을 주기 때문에, 에고에게는 어둠의 세력들이 편안하게 느껴집니다.

따라서 사랑하는 이들이여, 기존의 많은 종교에 묘사된 것처럼, 내가 그냥 여러분의 에너지장 속으로 들어가 그 안의 어둠을 모두 몰아낼 수는 없습니다. 설령 그렇게 해달라고 진심으로 기도하는 경우에도 말입니다. 우선, 여러분이 어둠의 세력들을 초청하게 된 이유를 기꺼이 살펴보려는 의지가 반드시 있어야 합니다.

그리고 사랑하는 이들이여, 여러분이 정말로 부담스럽고 마비된 것처럼 느낄 때, 자신이 이 어둠을 자발적으로 자기 존재 안에 허용했을 수도 있다고 생각하는 것이 거의 불가능함을 나는 알고 있습니다. 그리고 내가 말했듯이, 많은 경우에 그것은 의식적이고 자발적인 결정이 아니었습니다. 그것은 겉보기에는 아무런 잘못이 없는 결정이었지만, 그럼에도 불구하고 내가 말하고 싶은 점은, 여러분이 그 결정을 기꺼이 직시하고 의식적으로 그것을 되돌리지 않으면, 여러분은 궁극적으로 자유로워질 수 없다는 것입니다.

내가 여러분을 위해서 할 수 있고 여러분을 위해서 할 일은, 이 목적을 위해서 여러분이 나의 특별한 로자리를 낭송하고 이 구술을 반복해서 듣는 것을 통해 지금보다 더 심각한 갈등에 빠지지 않게 하고, 여러분이 견딜 수 있을 만큼만 여러분의 존재 안에 내 현존을 드러내는 것입니다.

첫걸음 걷기

따라서 사랑하는 이들이여, 내가 여러분에게 제공하는 것은 점진적인 여정입니다. 여러분이 이 여정에서 몇 가지 일을 해주기를 요청합니다. 지금 당장 가슴을 열고 마음속으로나 큰 소리로 나를 여러분의 존재 안으로 초대해서, 한 걸음도 더 올라갈 수 없다고 느껴질 정도로 여러분을 짓누르고 있는 어둠을 추방하기 위해 간단한 기도를 하기 바랍니다.

사랑하는 이들이여, 여러분이 이 간단한 요청을 할 때, 나는 현재 여러분이 지고 있는 부담을 다소 덜어낼 수 있도록 내 현존을 어느 정도 나타낼 수 있습니다. 하지만, 사랑하는 이들이여, 여러분이 그 안도감을 이용해서 "아, 이제는 내 부담에 대해 걱정할 필요가 없고, 내 환영을 볼 필요도 없어, 어쨌든 이제는 살 만하니까, 그냥 그대로 둘 거야"라고 말한다면, 내 가슴으로부터 주어지는 것이 효과가 없을 것입니다.

사랑하는 이들이여, 이것은 통할 수가 없습니다. 여러분이 다시 어둠에 짓눌리는 시점이 오게 되고, 여러분은 다시 마비되고 압도된 느낌이 들 것이기 때문입니다. 따라서 나는 여러분이 예수의 말씀을 행하면서 자신이 받은 재능을 증식시키는 지혜로운 일꾼이 되기를 바랍니다. 사랑하는 이들이여, 오직 증식을 할 때만 나는 자유의지의 법칙에 따라 여러분에게 더욱더 많은 보호와 도움을 줄 수가 있습니다. 여러분이 기꺼이 나의 로자리를 계속하고, 이 구술을 계속 듣고, 자신의 심리에 대한 통제권을 갖기 위해 필요한 가르침을 계속 공부해야만 그것을 보장받을 수 있습니다.

그리고 사랑하는 이들이여, 여러분이 영적 위기를 극복하기 위해서, 무엇보다 먼저 공부할 필요가 있는 가르침은 성모 마리아의 "풍요로운 삶에 이르는 핵심 열쇠(Master Keys to the Abundant Life)"라는 놀라운 책입니다. 이 책은 해결할 수 없고 벗어날 수 없는 것처럼 보이는 심리적인 문제로 인해 부담을 느끼고 있거나 오랫동안 부담을 느껴온 사람들을 위해 특별히 고안되었습니다. 따라서, 나는 영적 위기에 직면해 있고 기꺼이 어떤 일을 하려고 하는 사람들, 즉 그 위기를 극복하기 위해서 자신의 눈에 있는 들보를 기꺼이 살펴보려고 하는 모든 사람에게 이 책을 추천합니다.

사랑하는 이들이여, 내가 왜 여러분에게 무언가를 해야 한다고 강조할까요? 여기에는 두 가지 이유가 있습니다. 사랑하는 이들이여, 전통적인 종교는 여러분을 수동적으로 하늘의 은총을 받는 사람으로 묘사하고 있습니다. 따라서 여러분은 정말로 내가 대천사이고 하늘과 땅에서 모든 권세를 가지고 있다면, 여러분은 나에게 여러분의 부담을 덜어 달라고 요청할 수 있어야 하며, 나는 즉시 뛰어들어서 여러분을 위해 그것을 해주어야 한다고 생각하게 되었습니다. 사랑하는 이들이여, 이것은 어둠의 세력들이 여러분 존재 속으로 침투하는 길을 열기 위해 조장해온 거짓 종교입니다.

그리고 그것이 두 번째 이유로 이어집니다. 사랑하는 이들이여, 여러분이 수동적이고 자신에게는 힘이 없다는 바로 그 믿음이, 여러분을 어둠의 세력들에 취약하게 만듭니다. 따라서 내가 그 믿음을 확인해 주는 일을 한다면, 실제로 내가 어둠의 세력들에 대한 여러분의 궁극적인 자유를 막게 된다는 것을 알겠습니까? 물론, 나는 일시적으로 여러분의 부담을 덜어줄 수도 있습니다. 하지만 여러분이 책임을 지면서, "아니야. 내가 나 자신에게 속한 것(household)에 대해 책임을 져야 해, 내가 내 여정에 대해 책임을 져야 해. 내가 믿어온 환영, 내가 만든 조건들, 내가 가진 삶에 대한 기대를 기꺼이 살펴봐야 해. 따라서 나는 무엇이 실재가 아닌지를 보고 그것을 내려놓아야 하고, 그 대신 나를 비실재로부터 해방해 줄 그리스도의 진리를 받아들여야 해"라고 말하기 전까지는, 그 부담에서 영원히 벗어나지 못할 것입니다.

영적 실재를 알기

사랑하는 이들이여, 이것이 신의 진정한 대리자인 상승 호스트와, 물질, 감정, 멘탈층과 가장 낮은 에테르층에 존재하는 수많은 거짓 교사들 사이의 차이점입니다. 알다시피, 그들은 모두 여러분이 자신을 구원할 수 없고, 여러분 스스로의 힘으로 일어설 수 없으며, 여러분을 위해 뭔가를 하기 위해서는 그들이 필요하다고 말하고 싶어합니다.

자, 사랑하는 이들이여, 여러분은 자기 존재의 힘 외에는 아무것도 필요하지 않습니다. 왜 그럴까요? 그것은 신의 나라가 여러분 안에 있기 때문입니다. 여러분은 창조주의 존재로부터 창조되었다는 의미입니다. 사랑하는 이들이여, 여러분과 나의 차이점은, 내가 자신 안에 신의 권능을 가지고 있고, 나는(I AM) 신의 확장체이고, 창조주의 개체화임을 기꺼이 인정했기 때문에, 대천사 반열로 상승했다는 것입니다. 그래서 나는 먼 옛날 내가 나의 신으로부터 분리되었고 나머지 창조물과도 분리되었다고 믿게 했던 그 분리의 환영을 놓아버릴 수 있었습니다.

이 분리의 환영은 뱀 의식의 핵심적인 환영이며, 타락한 의식을 가진 존재들은 지구의 모든 사람을 노예로 만들어서 그들의 빛과 에너지를 빨아들이려고 합니다. 이 어둠의 존재들은 신으로부터 빛을 얻을 능력이 더 이상 없기 때문입니다. 그들은 신의 빛을 견딜 수 없기에 그것을 조금도 사용할 수 없습니다. 따라서, 그들은 하늘로부터 여전히 그 빛을 받고 있는 여러분이 그 빛에 부정적인 감정을 부여해 그들이 그 빛을 빨아들일 수 있도록, 여러분이 그 빛을 오용하게 만들어야 합니다.

 사랑하는 이들이여, 이것이 바로 그들이 밤낮으로 맹공격을 가해서 여러분을 불균형하고 조화롭지 못한 마음 상태에 빠뜨리는 이유임을 알고 있나요? 이런 이유로 그들은 이 지구에서 그토록 많은 거짓말과 환영을 꾸며내고, 그토록 많은 활동을 하고 있는 것입니다. 여기에는, 모든 사람을 아주 점진적으로 속여서, 더 이상 자연적인 오라장을 방어하지 못하고 영적으로 침해될 수 있는 의식 상태에 빠지도록 하는 것 말고는 다른 이유가 없습니다.

 그 오라장(field)은 파괴되고 너무 많은 틈이 만들어져서, 어둠의 세력들이 아무 때나 밤낮으로 들어와 여러분의 존재를 장악할 수 있는 길이 열리게 되었습니다. 그리고 갑자기, 여러분은 더 이상 상황을 통제할 수 없고, 더 이상 자신의 행동과 감정과 생각을 통제할 수 없음을 깨닫게 됩니다. 심지어는 여러분은 자신이 누구인지에 대한 감각조차 점령당해서, 여러분이 고양되고 평화롭게 느끼는 순간들과는 달리, 여러분 자신을 인식하지 못하게 됩니다.

 그러므로 사랑하는 이들이여, 여러분은 이 세상에는 한 가지 목적만을 위해 만들어진 어떤 외적인 활동들이 있으며, 그 목적은 여러분을 어둠의 세력들에 열리도록 만드는 것임을 알아야 합니다. 그리고 여러분에게 꼭 하고 싶은 말은, 만일 여러분이 여전히 이런 외석인 활동에 빠져 있으면서도 나의 로자리를 낭송하고 이 구술을 들을 수 있고 책들을 공부할 수 있다고 생각한다면, 그것은 정말 착각이라는 것입니다. 결코 그렇게 될 수가 없습니다. 앞에서 말했듯이, 사랑하는 이들이여, 여러분의 노력에 대해 내가 증식해 줄 수 있는 것은, 단지 여러분이 노력한 것일 뿐이기 때문입니다.

따라서 여러분이 특정한 외부 활동에서 스스로 벗어나려는 노력을 기울이지 않는다면, 나는 여러분을 계속 도와줄 수가 없습니다. 나는 여러분이 이런 활동에서 벗어나도록 명료함과 평화를 얻게 해줄 수는 있지만, 그 일은 결코 자동으로 일어나지 않는다는 말을 해야겠습니다. 왜냐하면 여러분은 선택을 통해 현재의 의식 상태로 들어갔고, 그렇기 때문에 오직 자신의 선택을 통해서만 그곳에서 빠져나올 수 있기 때문입니다.

이것을 이해할 수 있나요? 나는 여러분의 에고가 이것을 이해하지 못한다는 것을 잘 알고 있지만, 여러분의 에고에게 말하는 것이 아닙니다. 나는 여러분의 의식하는 자아(conscious self)에게 말하고 있습니다. 의식하는 자아가 무엇인지 아직 모른다면, 성모 마리아의 책을 공부하세요. 그러면 여러분 존재에 실재인 부분이 있고, 여러분 존재에는 신, 창조주의 확장체인 부분이 있음을 알고 이해하게 될 것입니다. 그리고 여러분 존재의 그 부분은 더 높게 올라갈 수 있는 선택을 할 능력이 있으며, 그 선택을 통해 이렇게 말할 수 있습니다. "불완전함과 비실재의 이러한 외적 구현, 부조화와 불균형의 이러한 외적 구현은 나(I AM)의 진정한 현존이 아니다. 그러므로 나는 여기에 더 이상 빠져 있지 않을 것이고, 나에게 아무런 힘도 행사하지 못하는 환영에 더 이상 빠져 있지 않을 것이다."

이 세상의 어느 것도 실재인 여러분을 지배할 수는 없습니다

사랑하는 이들이여, 내가 여러분에게 말하고 싶은 것은 그 무엇이든 이 세상에는 어떠한 궁극적인 실재를 가지고 있는 조건이 없다는 것입니다. 그리고 궁극적인 실재에 대해 말하자면, 이 세상에는, 실재하는 여러분, 의식하는 자아, 여러분의 상위 존재에 대해서 어떠한 힘을 행사할 수 있는 조건이란 없다는 것입니다. 따라서 사랑하는 이들이여, 이 세상의 세력들로부터 벗어나는 궁극적인 방법은, 그것들은 실재가 아니며 그리고 그것들이 실재가 아니라면, 여러분에게 힘을 행사할 수 없음을 깨닫는 것입니다.

실재가 아닌 어떤 것도 실재인 것을 위협할 수 없습니다. 그렇다면 실재가 아닌 것을 극복하는 열쇠는 무엇일까요? 자, 사랑하는 이들이여, 우리가 여러 번 말했듯이, 그것은 그리스도 분별력입니다. 그리고 나는 여러분이 이런저런 에너지와 힘에 의해 부담을 느낄 때는 완전한 그리스도 분별력을 가질 수 없음을 충분히 잘 알고 있습니다. 하지만 여러분 존재 안에는 여러분이 처한 상황에서 무엇이 실재이고 무엇이 아닌지, 지금 바로 알 수 있는 실재가 있습니다. 여러분은 현재의 부담을 극복하고 현재의 위기를 벗어나기 위해 취해야 할 다음 단계를 지금 바로 알 수 있습니다.

사랑하는 이들이여, 나는 지금 여러분 안에 있는 그 실재와 이야기하고 있는 것입니다. 그리고 나는 이렇게 말합니다. "깨어나서 당신이 신임을 알아차리세요. 당신은 개체화된 신입니다!" 그리고 나서 여러분의 현재 상황에서 신이 할 수 있는 선택을 하세요. 그러면 여러분의 인간적인 의식으로는 이겨낼 수 없을 것 같은 부담을 극복할 수 있습니다. 여러분의 외적인 의식으로는 그것을 극복할 수 없습니다. 그래서 예수가, 사람에게는 이것이 불가능하지만, 신에게는 모든 것이 가능하다고 말하지 않았나요?

사랑하는 이들이여, 여러분의 존재 안에는 신의 불꽃(spark)이 있습니다. 여러분은 아마도 아직은 그 실재를 완전히 내면화하지 못했을 것입니다. 그래서 자신의 내면에서 신의 힘을 발휘할 수가 없는 것입니다. 바로 이 때문에 내가 여러분에게 이 구술을 주고 있습니다. 당분간은 내가 신의 권능을 대리해 주려고 하기 때문입니다. 하지만, 사랑하는 이들이여, 이것을, 예수가 사람들을 구속(救贖)해 준다고 생각하는 것처럼, 내가 여러분을 대속(代贖)해 줄 것이라고 착각하지는 마세요.

나 대천사 미카엘은 누구도 영원히 구원하지 않을 것이기 때문입니다. 여러분이 자신 안에 있는 신의 힘에 연결될 수 있는 자유와 평화를 얻을 수 있도록, 나는 단지 일시적으로 여러분을 북돋아 줄 것입니다. 그래서 시간이 지나면, 여러분은 신의 외적인 권능으로서 내 현존을 더 이상 필요로 하지 않게 됩니다. 드디어 여러분은 진정한 여러분인 신의 내적인 힘을 발견할 것이기 때문입니다.

그러므로 사랑하는 이들이여, 여러분이 그 지점에 이르게 되면, 외면에 있는 존재로 여기던 나를 통해 흐르는 신의 힘이 더 이상 필요하지 않음을 알 수 있습니다. 왜냐하면 여러분은 자기 존재의 내면에서, 자신이 상승 호스트 전체와, 신의 전체 몸과 하나임을 깨닫기 때문입니다. 그래서 여러분은 대천사 미카엘이 실제로 여러분 밖에 있지 않음을 알게 됩니다.

나는 시간과 공간에 국한될 수 없는 보편적인 현존이며, 따라서 나는 여러분 안에도 있기 때문입니다. 이를 깨달을 때, 여러분은 내가 단순히 신의 권능을 대표하며, 신의 그 권능이 내면으로부터 여러분을 통해 흐를 수 있음을 알게 됩니다. 그때가 바로 여러분이 영적으로 자급자족하게 되는 때입니다. 그리고 어둠의 데몬들이 여러분에게서 달아날 때입니다. 여러분도 보았다시피, 그들이 그리스도에게 행사했던 힘을 잃었던 것처럼, 그들은 여러분에게 행사하던 힘을 잃어버렸음을 알게 되기 때문입니다.

하지만 사랑하는 이들이여, 궁극적인 자유를 얻기 위해서는, 여러분은 자신의 의식으로 스며들어온 모든 환영과 뱀의 거짓말을 기꺼이 보아야 합니다. 그것들은 땅을 따라 살금살금 기어서, 수풀 사이를 은밀히 지나, 여러분이 예견할 수 없는 틈을 타서 여러분 존재 속으로 갑자기 들어왔습니다. 사랑하는 이들이여, 다시 한번 말하지만, 여러분에게 그리스도 자아(Christ Self)가 내재하기 때문에, 여러분은 그것들을 볼 수 있습니다. 그리고 그리스도 자아와 연결될 때, 여러분은 내면의 인식을 얻을 수 있습니다. 종종 외적인 가르침을 읽을 때 "이 외적인 가르침이 내가 직면한 상황에 적용되는 방식이 바로 이것이구나"라고 말하는 내면의 인식을 얻을 수 있습니다.

그리고 여러분이 깨어 있고 그 내면의 자극에 진실할 때, 여러분은 외적인 가르침을 넘어서는 단계를 밟을 수 있습니다. 여러분은 자신의 여정에서 한 단계 더 높이 올라서고 어둠에서 벗어나 더 큰 자유를 얻는 데 도움이 될, 여러분의 상황에 맞는 구체적인 단계를 취할 수 있습니다. 따라서 여러분은 점차 그 어둠을 극복할 수 있습니다.

내가 말하는 것은, 여러분이 지금 당장은 부담을 느낀다 해도 갑자기 모든 어둠으로부터 자유로워진다면, 정체성의 위기를 겪게 될 것이라는 점입니다. 왜냐하면 여러분은 환영에 너무 익숙해져 있고, 어둠의 세력들의 존재가 일종의 중독이 될 수도 있기 때문입니다. 여러분 외면의 마음이 이 어둠의 세력들에게 중독되고, 또한 그들이 여러분을 통해 행하는 것에 너무나 중독이 되어서, 설령 불편하더라도 여러분은 그것을 놓아버릴 수가 없습니다.

이것에 대해 눈에 보이는 예를 원한다면, 담배를 피우는 사람들을 생각해 보세요. 그들이 이미 폐암에 걸렸다 해도, 그들은 멈출 수가 없습니다. 후두암에 걸려서 후두(喉頭, voice box)를 이식한 사람들을 보세요. 그럼에도 그들은 그 후두를 통해서 담배를 피웁니다. 한쪽 폐를 제거했지만 담배를 계속 피우는 사람들을 보세요. 사랑하는 이들이여, 이것이 바로 여러분이 느끼는 중독입니다. 그것은 어둠이 없이는 견딜 수 없다고 여러분 외면의 마음이 느끼는 중독입니다. 그들은 어둠을 너무나 내면화해서 자기자신의 일부로 만들었기 때문에, 문자 그대로 어둠 없이는 지속감과 정체성을 유지할 수 없게 된 것입니다.

지속하는 것의 중요성

사랑하는 이들이여, 여러분이 어둠과의 동일시에 깊이 빠져 있더라도, 나는 여러분에게 이렇게 말합니다. "여러분 앞에 먼 길이 놓여 있습니다. 하지만 여러분이 한 번에 한 걸음씩 기꺼이 계속 나아가려고 한다면, 나는 그 길에서 모든 걸음을 여러분과 함께 걷겠습니다. 나는 여러분이 눈 깜빡할 사이에 완전한 자유에 즉시 도달할 수 있다고 기대하지는 않습니다. 며칠이 걸릴 수도 있고, 몇 달이 걸릴 수도 있고, 몇 년, 몇십 년이 걸릴 수도 있고, 어떤 사람에게는 심지어 몇 생애가 걸릴 수도 있습니다. 그리고 어둠의 세력들은 이것은 너무 과도하고 너무 압도적이라는 환영 속에 여러분을 계속 가둬 둘 것입니다."

"하지만 여러분이 알아야 할 점은, 수천 마일의 여정도 한 걸음부터 시작하며, 한 번에 한 걸음씩 계속 걸어야만 그 여정을 끝마치게 된다는 것입니다. 그리고 여러분이 지금 당장 이 어둠에서 벗어나고 싶다고 결정하고, 한 번에 한 걸음씩 계속 나아가겠다고 결정한다면, 결국 어둠의 세력들이 여러분 외면의 마음을 장악할 수 없게 될 것이라고 장담할 수 있습니다. 한 번에 한 걸음씩 계속 나아간다면, 여러분은 진실로 자유로워질 수 있고, 진실로 자유로워지는 것을 깨닫게 됩니다. 아무리 부담을 느껴도 기꺼이 그렇게 할 마음만 있다면, 여러분은 언제든 조금씩 나아갈 수 있습니다."

그래서 다시 말하지만, 나는 스스로를 도우려 하지 않는 사람들을 도와줄 수 없습니다. 자유의지의 법칙은, 결정을 내리려 하지 않는 사람들을 내가 도울 수 없다고 규정하고 있기 때문에, 그것은 불가능합니다.

사랑하는 이들이여, 외면의 마음으로 이해하기 어려울 수도 있지만, 지구를 볼 때 여러분에게는 두 가지 선택권이 있을 뿐입니다. 여러분이 이 행성에 만연해 있는 어둠을 볼 때, 신이 이 어둠을 만들고 지구에 있도록 허용했다고 말하거나, 아니면 어둠은 자유의지의 법칙에 의해 만들어졌으며 지구의 사람들이 이 어둠을 이 행성에 들어오게 하고 여기 계속 존재하도록 허용해 왔다고 말해야 합니다.

사랑하는 이들이여, 다른 논리적인 선택은 없습니다. 그리고 나는 어둠을 원했던 것은 신이 아니었다고 확실히 말할 수 있습니다. 이원적인 전체에서 신과 악마(devil)가 양극성을 이루고 있다는 교묘한 믿음들은 명백히 거짓말이기 때문입니다. 에고는 이것을 결코 이해하지 못하지만, 의식하는 자아(Conscious You)는 이것을 이해할 수 있습니다. 왜냐하면 의식하는 자아는 신의 실재에 연결될 수 있는 능력이 있으며, 이원성을 넘어서는 경험을 할 수 있기 때문입니다. 따라서 사랑하는 이들이여, 한 번에 한 걸음씩 계속 나아가면서 여러분이 의식을 높여가면, 구름이 걷히고 불현듯 비이원적인 신의 실재를 일별할 수 있는 지점에 이르게 될 것입니다. 그러므로 사랑하는 이들이여, 여러분이 지금은 외면의 마음으로 그것을 알 수 없다고 해도, 그 지점에 이르면 내가 하는 말이 사실임을 알게 될 것입니다.

시작하는 방법

사랑하는 이들이여, 내 프로그램은 간단합니다. 이 구술, 이 발표가 여러분이 다음 단계로 나아가는 데 필요한 추동력을 주었습니다. 따라서 이 구술을 들은 후에, 나의 로자리를 낭송하세요. 그런 다음 구술을 다시 듣고, 로자리를 다시 한번 낭송하세요. 나는 24시간 집중해서 이렇게 하라고 말하는 것이 아니라, 지금 여러분에게 부담을 주고 있는 힘과 에너지에서 확실히 풀려나고 확실히 완화되는 것을 느낄 때까지, 여러분이 필요하다고 느끼는 만큼 자주 그것을 하라고 말하는 것입니다.

여러분이 정말로 부담을 느끼고, 흔히 말하듯 한계에 다다랐다면, 자신의 존재를 어느 정도 통제할 수 있다고 느낄 때까지 이 수행을 계속하세요. 사랑하는 이들이여, 여러분은 다른 어떤 일을 하며 시간을 보낼 것인가요? 어둠에 사로잡혀 있다는 이유로 여러분의 감정체와 생각이 마구 날뛰게 놔두는 이전의 타성이 지속되게 할 것인가요?

여러분이 어둠에서 충분히 벗어나서 어느 정도 명료하게 결정을 내릴 수 있을 때까지, 나의 현존 안에 머물러 있는 것이 더 낫지 않을까요? 그리고 일상생활을 계속해 나가면서, 내가 추천한 책들을 공부하고, 이 구술을 듣고, 하루에 한 번씩 나의 로자리를 낭송하는 일정을 시작해 보세요.

좌절감을 피하기

사랑하는 이들이여, 신은 스스로 돕는 사람들을 돕습니다. 솔직히 말하면, 세상에는 자기 파멸의 블랙홀인 하향나선으로 내려갔던 사람들이 있습니다. 그들은 스스로 결정을 내리려 하지 않았고, 스스로 더 높이 올라가기 위해 한 번에 한 걸음씩 계속 나아가려고 하지 않았기 때문에 그렇게 해왔습니다.

흔히 그들은 즉각적인 안도감을 기대하면서, 종종 낙담에 빠지고 지루해 하거나, 혹은 이것이 결국 효과가 있을지 의심하기 시작했습니다. 사랑하는 이들이여, 악마의 도구 상자에서 가장 날카로운 도구가 낙담이라고 말하는데, 거기에는 그럴 만한 이유가 있습니다. 어둠의 세력들은 여러분을 낙담시키려고 할 것이기 때문에, 여러분에게 알려주고 싶은 것이 있습니다. 수백만 명의 사람이 더 높은 의식 수준으로 돌파해갈 수 있는 지점에 가까이 이르렀지만, 마음속에 어떤 의심을 품게 되었고, 삶에서 전적으로 새로운 국면을 경험하기 직전의 마지막 순간에 낙담을 해버렸습니다.

사랑하는 이들이여, 이런 일이 여러분에게 일어날 수도 있고 일어나지 않을 수도 있습니다. 나는 그런 일이 일어나게 할 수 없고, 일어나지 않게 할 수도 없습니다. 그 선택은 반드시 여러분이 해야 하기 때문입니다. 내가 할 수 있는 일은 여러분에게 그 도구를 주는 것이고, 나는 그렇게 했습니다. 그리고 사랑하는 이들이여, 한 가지 말하고 싶은 것이 있습니다. 여러분이 기꺼이 이 구술을 들었다면, 그것은 여러분이 더 높이 올라가고 삶을 긍정적인 나선으로 바꿀 수 있는 잠재력을 가지고 있기 때문입니다. 만일 여러분이 그 지점에 있지 않고, 자신을 통제할 수 없을 정도로 아주 멀리 떨어져 있었다면, 여러분은 이 구술을 듣기를 꺼렸을 것입니다. 왜냐하면 어둠의 세력들은 그들을 매우 불쾌하게 만드는 이 빛의 방출을 꺼버려야 하는 구실을 만들어, 이미 오래전에 여러분이 그것을 받아들이도록 자극했을 것이기 때문입니다. 여러분이 외면의 마음으로 내 말을 듣고 있는 동안에도, 그들은 여러분의 오라장에서 견딜 수 없을 만큼 불편해지기 때문입니다.

  실제로, 이 구술을 통해 방출되는 말을 훨씬 넘어서는 것이 있습니다. 사랑하는 이들이여, 내 현존은 여러분이 허용하는 만큼, 그리고 여러분을 불균형한 상황에 빠뜨리지 않으면서 할 수 있는 한 많이 여러분의 존재 속으로 들어가기 때문에, 내 현존은 진정으로 여러분과 함께 있습니다. 그러므로 사랑하는 이들이여, 내 말을 들으면서, 그 말 너머에 있는 진동에 귀를 기울이세요. 비록 여러분에게 부담을 주고 여러분을 통제해온 어둠의 세력들이 힘을 가진 것처럼 보일지라도, 나 대천사 미카엘은 그들이 나에게 어떤 힘을 행사할 수 있다는 것을 받아들이지 않는다는 사실을 명심하세요. 나는 또한 그들이 여러분에게 어떤 힘을 행사할 수 있다는 것도 인정하지 않습니다.

  나는 물론 여러분이 자유의지를 가지고 있다는 것을 받아들입니다. 하지만, 지금 여러분은 완전히 자유로운 선택을 하고 있지 않다는 점을 이해하기 바랍니다. 왜냐하면, 어둠의 세력들과 여러분의 에고는, 여러분이 자유로운 선택을 할 수 있다는 사실을 볼 수 없을 정도로 여러분의 선택할 수 있는 능력을 통제해 왔기 때문입니다.

  따라서 여러분은 계속 어둠의 세력들이 자신의 선택에 영향을 주는 것을 허용하든지, 아니면 내 결단과 내 실재에 귀를 기울이라는 내 제안을 받아들일 수 있습니다. 이를 통해 여러분은 선택할 수 있는 힘을 되찾고, 평화와 편안함의 요소들과 자신의 에너지장을 뒤덮은 먹구름 위에 여전히 태양이 빛나고 있다는 희망의 감각을 얻음으로써, 자신의 선택을 스스로 할 수 있는 힘을 얻게 됩니다

그렇다면, 여러분을 압도하려고 끊임없이 울부짖는 데몬들과 에고의 목소리에 여러분은 계속해서 귀를 기울이겠습니까? 아니면 여기서 이렇게 말하는 대천사의 목소리에 귀를 기울이겠습니까? "신이 존재합니다. 신은 실재합니다. 그 신은 여러분 내면을 포함한 모든 곳에 계십니다. 내면에서 신을 찾으세요. 그리고 그 신이 실재이고, 신만이 유일한 실재이며, 지구상의 모든 현현이 궁극적으로 환영이며, 진정한 영적 존재인 여러분을 지배할 아무런 힘도 가지고 있음을 받아들이세요. 그러므로 그 실재를 향해 나아가세요. 여러분 자신의 상위 존재의 현존을 받아들일 수 있을 때까지, 대천사의 현존을 받아들이세요."

이로써, 나는 신의 의지를 나타내는 첫 번째 광선의 신의 권능(God Power) 안에 여러분을 봉인합니다. 신의 의지는 의심을 초월한 무한한 신앙입니다. 왜냐하면 이것은 신앙도 아니고 믿음도 아닌, 실재와의 하나됨, I AM인 실재와의 하나됨이기 때문입니다.

영적인 위기를 극복하기 위한
대천사 미카엘의 로자리

조건 없는 사랑이신 성부와 성자와 성령 그리고 기적의 어머니의 이름으로, 아멘.
사랑하는 대천사 미카엘이여, 나는 신의 의지와 신의 나라를 구현하기 위해 이 로자리를 바칩니다...
(대천사 미카엘과 그의 천사들이 해결해 주기를 바라는 상황과 조건을 설명하세요)

주 기도문
모든 생명 안에 계신 나의 아버지 어머니 신이시여, 내 안에 계신 당신의 현존인 I AM에 경배합니다. 나를 통해 당신의 나라가 지상에 구현됨을 받아들입니다. 하늘에서 당신의 뜻이 이루어지듯이 지상에서 이룰 책임이 나에게 있습니다.
매일 나에게 당신의 모든 현존이 될 기회를 주심을 받아들입니다. 내가 다른 사람을 용서하고 내 의지를 내면의 더 높은 의지에 맡길 때 당신도 내 불완전함을 용서하심을 압니다. 그러므로 우주는 내가 내보낸 것을 내게 되돌려준다는 진리를 받아들입니다.
내 마음과 내 삶에 대한 책임이 나에게 있습니다. 당신께서 모든 불완전한 에너지로부터 나를 구하실 수 있도록 하위자아의 유혹을 초월하겠다고 맹세합니다. 신의 나라와 권능과 영광이 지금 그리고 영원히, 내 존재 안에서 실현됨을 확언합니다. Amen.

대천사 미카엘이여, 나는 기꺼이 능동적인 접근법을 취하겠습니다
1. 대천사 미카엘이여, 나는 당신을 지구상의 어떤 맹공도 견딜 수 있는 주님의 현존으로 받아들입니다. 나는 당신의 특별한 시혜에 참여하기를 원하며, 모든 부정적인 에너지와 대중의식과 어둠의 세력과 내 과거의 여세를 초월해서 올라가겠습니다.

**천사들의 주님이신 대천사 미카엘이여,
당신의 현존은 항상 나와 함께합니다.
모든 어둠의 세력으로부터 나를 지켜주시고,
내 안의 적들을 결박하소서.
나는 내 마음에 대한 지배권을 취하고,
내 삶에 신의 나라를 구현합니다.**

**믿음의 수호자이신 신성한 미카엘이여.
나는 당신의 푸른 화염의 검을 기원합니다.
반-그리스도의 거짓말을 차단하여 나를 해방하시고,
내가 분리의 베일을 꿰뚫게 하소서.
나는 신과 하나됨을 확언하며,
지상에서 신의 몸과 합쳐집니다.**

2. 대천사 미카엘이여, 나는 영적인 위기에 직면해 있으며 내 통제력을 넘어선 외부 세력들의 공격을 받고 있음을 인정합니다. 나에게 문제가 있음을 인정하기에 나는 의식적으로 나 자신을, 도움을 받을 수 있는 그룹 안에 두겠습니다. 대천사 미카엘이여, 당신의 도움을 요청하며, 나는 당신의 추진력, 신의 의지의 추진력, 신의 보호의 추진력을 기꺼이 받아들이겠습니다.

천사들의 주님이신 대천사 미카엘이여,
당신의 현존은 항상 나와 함께합니다.
모든 어둠의 세력으로부터 나를 지켜주시고,
내 안의 적들을 결박하소서.
나는 내 마음에 대한 지배권을 취하고,
내 삶에 신의 나라를 구현합니다.

믿음의 수호자이신 신성한 미카엘이여.
나는 당신의 푸른 화염의 검을 기원합니다.
반-그리스도의 거짓말을 차단하여 나를 해방하시고,
내가 분리의 베일을 꿰뚫게 하소서.
나는 신과 하나됨을 확언하며,
지상에서 신의 몸과 합쳐집니다.

3. 대천사 미카엘이여, 당신은 악마와 데몬과 어둠의 세력들과의 이원성 전쟁에 구속되어 있지 않음을 받아들입니다. 당신은 이원성 안에 있지 않기 때문입니다. 이것이 바로 당신이 완전한 권능(full power)으로 그 현존을 드러낼 때, 지구상의 어떤 세력도 당신을 이길 수 없는 이유입니다. 자유의지의 법칙에 의해 나는 내 역장(forcefield)에 어떤 어둠을 남겨둘지, 어떤 빛을 구현할지 결정해야 함을 인정합니다. 그러므로 나는 말합니다. "나는 어둠을 넘어서서 신의 빛인 당신 현존의 빛 속으로 올라가겠습니다!"

천사들의 주님이신 대천사 미카엘이여,
당신의 현존은 항상 나와 함께합니다.
모든 어둠의 세력으로부터 나를 지켜주시고,
내 안의 적들을 결박하소서.
나는 내 마음에 대한 지배권을 취하고,
내 삶에 신의 나라를 구현합니다.

믿음의 수호자이신 신성한 미카엘이여.
나는 당신의 푸른 화염의 검을 기원합니다.
반-그리스도의 거짓말을 차단하여 나를 해방하시고,
내가 분리의 베일을 꿰뚫게 하소서.
나는 신과 하나됨을 확언하며,
지상에서 신의 몸과 합쳐집니다.

4. 대천사 미카엘이여, 내 에고와 어둠의 세력들은 이 로자리의 낭송을 원하지 않음을 압니다. 내가 불러일으키는 빛이 그들을 불편하게 하기 때문입니다. 하지만 나는 포기하라고 교묘하게 유혹하는 그들의 먹잇감이 되지 않겠습니다. 그 대신 나는 내 반응을 관찰하여 그들의 저항을 그들을 드러내는 데 사용하겠습니다. 대천사 미카엘의 무한한 의지력의 지원을 받으며 내 신성한 의지력을 사용하여, 나는 반대하는 세력을 돌파하고 신의 의지의 대천사인 미카엘과 개인적인 연결을 확립하겠습니다.

천사들의 주님이신 대천사 미카엘이여,
당신의 현존은 항상 나와 함께합니다.
모든 어둠의 세력으로부터 나를 지켜주시고,
내 안의 적들을 결박하소서.
나는 내 마음에 대한 지배권을 취하고,
내 삶에 신의 나라를 구현합니다.

믿음의 수호자이신 신성한 미카엘이여.
나는 당신의 푸른 화염의 검을 기원합니다.
반-그리스도의 거짓말을 차단하여 나를 해방하시고,
내가 분리의 베일을 꿰뚫게 하소서.
나는 신과 하나됨을 확언하며,
지상에서 신의 몸과 합쳐집니다.

5. 대천사 미카엘이여, 내가 무력하고 마비되었다고 느끼거나, 내 외면의 마음과 존재의 힘으로는 이길 수 없는 세력에 의해 공격받거나 중압감을 느낄 때, 이것이 모두 환영임을 인정합니다. 그리고 이런 경우에 핵심은, 내 역장을 책임지고 통제해야 하는 존재가 나 자신임을 자각해야 한다는 점입니다.

**천사들의 주님이신 대천사 미카엘이여,
당신의 현존은 항상 나와 함께합니다.
모든 어둠의 세력으로부터 나를 지켜주시고,
내 안의 적들을 결박하소서.
나는 내 마음에 대한 지배권을 취하고,
내 삶에 신의 나라를 구현합니다.**

**믿음의 수호자이신 신성한 미카엘이여.
나는 당신의 푸른 화염의 검을 기원합니다.
반-그리스도의 거짓말을 차단하여 나를 해방하시고,
내가 분리의 베일을 꿰뚫게 하소서.
나는 신과 하나됨을 확언하며,
지상에서 신의 몸과 합쳐집니다.**

6. 대천사 미카엘이여, 어둠의 세력들은 내 자유의지를 침해하는 반면, 당신은 내 자유의지를 침해하지 않는다는 사실을 인정합니다. 어둠의 세력들은 단지 내가 허용하는 만큼만 내 자유의지를 침해할 수 있음을 압니다. 그러므로 대천사 미카엘이여, 당신이 내 존재에서 어둠을 소멸하도록 나는 당신을 내 역장에 초대합니다. 당신의 현존이 어둠을 불태우기 이전에 나 자신이 어둠을 몰아내겠다고 선택해야 함을 이해합니다.

**천사들의 주님이신 대천사 미카엘이여,
당신의 현존은 항상 나와 함께합니다.**

모든 어둠의 세력으로부터 나를 지켜주시고,
내 안의 적들을 결박하소서.
나는 내 마음에 대한 지배권을 취하고,
내 삶에 신의 나라를 구현합니다.

믿음의 수호자이신 신성한 미카엘이여.
나는 당신의 푸른 화염의 검을 기원합니다.
반-그리스도의 거짓말을 차단하여 나를 해방하시고,
내가 분리의 베일을 꿰뚫게 하소서.
나는 신과 하나됨을 확언하며,
지상에서 신의 몸과 합쳐집니다.

7. 대천사 미카엘이여, 나는 자유의지의 방정식을 이해합니다. 내가 어떻게 내 존재 안으로 어둠의 세력들을 초대했는지, 설령 모르고 했다 할지라도, 나는 기꺼이 살펴봐야 합니다. 세상에는 뱀의 교묘한 거짓말이 널리 퍼져 있어서 나는 자신이 무슨 일을 하는지도 모른 채 내 안으로 어둠의 세력들을 불러들였습니다. 나는 기꺼이 내가 했던 선택들을 살펴보면서, 그것을 불러들이고 머물게 한 내 선택을 철회하겠습니다.

천사들의 주님이신 대천사 미카엘이여,
당신의 현존은 항상 나와 함께합니다.
모든 어둠의 세력으로부터 나를 지켜주시고,
내 안의 적들을 결박하소서.
나는 내 마음에 대한 지배권을 취하고,
내 삶에 신의 나라를 구현합니다.

믿음의 수호자이신 신성한 미카엘이여.
나는 당신의 푸른 화염의 검을 기원합니다.
반-그리스도의 거짓말을 차단하여 나를 해방하시고,

내가 분리의 베일을 꿰뚫게 하소서.
나는 신과 하나됨을 확언하며,
지상에서 신의 몸과 합쳐집니다.

8. 대천사 미카엘이여, 나는 기꺼이 깨어나서 더 높이 올라가, 나 자신, 내 존재, 내 삶의 여정과 구원에 이르기까지 전적이고 최종적인 책임을 지겠습니다. 나는 어둠의 세력들이 명확하게 어둠으로 보이는 활동을 통해서만 들어오지 않는다는 사실을 압니다. 어둠은 겉으로는 잘못이 없어 보이는 수단들, 즉 내가 자신을 구원할 수 없으므로 외부의 구원자가 필요하다는 영원한 거짓말을 지어내는 종교의 활동을 통해서도 들어옵니다.

천사들의 주님이신 대천사 미카엘이여,
당신의 현존은 항상 나와 함께합니다.
모든 어둠의 세력으로부터 나를 지켜주시고,
내 안의 적들을 결박하소서.
나는 내 마음에 대한 지배권을 취하고,
내 삶에 신의 나라를 구현합니다.

믿음의 수호자이신 신성한 미카엘이여.
나는 당신의 푸른 화염의 검을 기원합니다.
반-그리스도의 거짓말을 차단하여 나를 해방하시고,
내가 분리의 베일을 꿰뚫게 하소서.
나는 신과 하나됨을 확언하며,
지상에서 신의 몸과 합쳐집니다.

9. 대천사 미카엘이여, 나는 기꺼이 깨어나 책임을 지겠으며, 이로써 당신의 권능과 현존이 내 존재 안으로 들어오게 하겠습니다. 나는 당신의 빛에 대항해서 싸우지 않겠으며 어둠에 머물지 않겠습니다. 내 에고는 자신에게 어느 정도 힘과 통제력을 주는 어둠의 세력들을 편

안하게 느끼기 때문에 어둠을 유지하고 싶어함을 나는 압니다. 그러나 내 의식하는 자아(conscious self)는 에고 이상의 존재이기에 내가 왜 어둠의 세력들을 불러들였는지 볼 수 있습니다. 나는 자신을 어둠에 열어준 모든 결정을 살펴보고 의식적으로 그 결정을 철회하겠습니다. 이로써 나는 궁극적인 자유에 이를 수 있습니다.

천사들의 주님이신 대천사 미카엘이여,
당신의 현존은 항상 나와 함께합니다.
모든 어둠의 세력으로부터 나를 지켜주시고,
내 안의 적들을 결박하소서.
나는 내 마음에 대한 지배권을 취하고,
내 삶에 신의 나라를 구현합니다.

믿음의 수호자이신 신성한 미카엘이여.
나는 당신의 푸른 화염의 검을 기원합니다.
반-그리스도의 거짓말을 차단하여 나를 해방하시고,
내가 분리의 베일을 꿰뚫게 하소서.
나는 신과 하나됨을 확언하며,
지상에서 신의 몸과 합쳐집니다.

나는 생명을 선택합니다!

사랑하는 대천사 미카엘이여, 나를 구하소서. 아니면 나는 소멸합니다! (3X)

대천사 미카엘이여, 나 자신을 신과 분리된 필멸의 인간으로 여기는 죽음의 의식에서 나를 구하소서.
내 믿음의 수호자이신 대천사 미카엘이여, 더 나은 앎은 더 나은 행동을 가져오기에, 나는 신이 주신 자유의지의 권한으로 더 나은 앎에 이르겠다고 선언합니다. 나는 내 영혼을 뒤덮어 출구가 없어 보이는 거짓말의 그물에 잡혀 있게 만든 반-그리스도의 거짓말을 단절하고 자유를 얻겠습니다.

대천사 미카엘이여, 나는 죽음의 의식 너머로 올라가 자유롭게 그리스도의 진리와 빛나는 신의 실재를 보겠습니다. 나는 나의 신을 보고자 하며, 더 이상 인간 존재로 살지 않고 진정한 나 자신인 영적인 존재로 살겠습니다.

대천사 미카엘이여, 나는 기꺼이 내 삶을 변화시키겠습니다. 나는 이 세상의 한계와 육적인 마음의 이원성에 기반을 둔 삶에 대한 필멸의 감각, 내가 죽을 수밖에 없는 존재라는 정체감을 버리겠습니다. 나는 단일한 지혜의 눈(제3의 눈)을 열어 뱀 마음의 거짓말을 넘어서 통찰하며, 그리스도의 빛으로 충만해지겠습니다. 나는 이 세상 것들에 대한 감정적인 집착과, 마치 현실처럼 보이던 제한들을 놓아버리겠습니다. 나는 그리스도 의식의 불멸하는 생명을 얻기 위해 이러한 삶의 감각을 버리고, 신과 함께하는 공동창조자인 내 진정한 정체성을 받아들이겠습니다.

그러므로 나는 이제 내 자유의지의 전적인 권한과 내 안의 그리스도 화염의 권능으로 말합니다.

나는 생명을 선택합니다! (4X)

나는 생명의 의식을 선택하고 그리스도 의식을 선택하며, 그리스도 빛 안에서의 영원한 삶을 받아들입니다. 나는 이 세상의 모든 현상 배후에 신의 실재가 현존하심을 받아들입니다. 따라서 어떤 세상적인 외양에도 영원성을 부여하지 않겠다고 맹세합니다. 신은 모든 곳에 계시며, 따라서 내 안에도 계신다고 확언합니다.

나는 나의 신과 하나됨을 선택합니다. 따라서 나는 이 세상에서 대천사 미카엘의 현존입니다.

대천사 미카엘이여, 나는 내면에 있는 신의 권능을 인정합니다

1. 대천사 미카엘이여, 내가 견딜 수 있는 만큼 내 존재 안에 당신의

현존을 구현해 주소서. 나는 당신이 제공하는 점진적인 여정을 따르겠다고 맹세합니다. 그러므로 나는 어둠을 소멸하도록 당신을 내 존재 안에 초대합니다. 나는 부담에서 풀려나 내 환영을 성찰하고, 나를 어둠의 세력과 에너지에 취약하게 만들었던 내 선택들을 철회하겠습니다. 나는 더 높은 의식으로 올라가 내 상위 존재인 아이앰 현존과 하나가 되기를 원합니다. 나는 자신의 재능을 증식하는 지혜로운 일꾼이 되어, 다시는 어둠이 지우는 짐을 지지 않겠습니다.

천사들의 주님이신 대천사 미카엘이여,
당신의 현존은 항상 나와 함께합니다.
모든 어둠의 세력으로부터 나를 지켜주시고,
내 안의 적들을 결박하소서.
나는 내 마음에 대한 지배권을 취하고,
내 삶에 신의 나라를 구현합니다.

믿음의 수호자이신 신성한 미카엘이여.
나는 당신의 푸른 화염의 검을 기원합니다.
반-그리스도의 거짓말을 차단하여 나를 해방하시고,
내가 분리의 베일을 꿰뚫게 하소서.
나는 신과 하나됨을 확언하며,
지상에서 신의 몸과 합쳐집니다.

2. 대천사 미카엘이여, 나는 당신과 지속적인 관계로 들어가기를 바라며, 내가 받은 것을 증식할 때 당신은 내게 그 이상의 보호와 안도를 줄 수 있습니다. 나는 당신의 로자리를 계속하고 당신의 구술을 들으며, 내 심리를 통솔하는 데 필요한 가르침을 공부해 나감으로써 이것을 보장받습니다.

천사들의 주님이신 대천사 미카엘이여,
당신의 현존은 항상 나와 함께합니다.

모든 어둠의 세력으로부터 나를 지켜주시고,
내 안의 적들을 결박하소서.
나는 내 마음에 대한 지배권을 취하고,
내 삶에 신의 나라를 구현합니다.

믿음의 수호자이신 신성한 미카엘이여.
나는 당신의 푸른 화염의 검을 기원합니다.
반-그리스도의 거짓말을 차단하여 나를 해방하시고,
내가 분리의 베일을 꿰뚫게 하소서.
나는 신과 하나됨을 확언하며,
지상에서 신의 몸과 합쳐집니다.

3. 대천사 미카엘이여, 당신과 개인적인 관계로 들어가기 위해서는 내가 능동적인접근법을 취해야 합니다. 이에 나는 하늘의 은총을 수동적으로 받는 자로 자신을 묘사하는 전통 종교의 환영을 놓아버립니다. 따라서 나는 내 부담을 덜기 위해 당신에게 부탁해야 하고, 당신이 즉각 개입하여 나 대신 그 일을 해주어야 한다고 기대하지 않습니다. 이것은, 어둠의 세력들이 내 존재로 들어오기 위해 조장해 온 잘못된 종교임을 압니다.

천사들의 주님이신 대천사 미카엘이여,
당신의 현존은 항상 나와 함께합니다.
모든 어둠의 세력으로부터 나를 지켜주시고,
내 안의 적늘을 결박하소서.
나는 내 마음에 대한 지배권을 취하고,
내 삶에 신의 나라를 구현합니다.

믿음의 수호자이신 신성한 미카엘이여.
나는 당신의 푸른 화염의 검을 기원합니다.
반-그리스도의 거짓말을 차단하여 나를 해방하시고,

내가 분리의 베일을 꿰뚫게 하소서.
나는 신과 하나됨을 확언하며,
지상에서 신의 몸과 합쳐집니다.

4. 대천사 미카엘이여, 내가 수동적이며 나 자신에게는 힘이 없다는 바로 그 믿음이 나를 어둠의 세력들에 취약하게 만들었음을 인정합니다. 당신이 그 믿음을 확인해 주는 무언가를 한다면 당신은 내 궁극적인 자유를 가로막게 됩니다. 따라서 이제 나는 책임을 받아들이며 말합니다. "나는 나 자신에게 속한 것(household)을 책임지고, 내 여정에 대한 책임을 지겠습니다. 내가 믿게 된 환영과 내가 만든 조건과 내가 가진 삶에 대한 기대를 기꺼이 살펴보겠습니다. 따라서 나는 무엇이 실재가 아닌지를 보고 그것을 놓아버리며, 대신 나를 비실재에서 해방해 줄 그리스도의 진리를 받아들입니다."

천사들의 주님이신 대천사 미카엘이여,
당신의 현존은 항상 나와 함께합니다.
모든 어둠의 세력으로부터 나를 지켜주시고,
내 안의 적들을 결박하소서.
나는 내 마음에 대한 지배권을 취하고,
내 삶에 신의 나라를 구현합니다.

믿음의 수호자이신 신성한 미카엘이여.
나는 당신의 푸른 화염의 검을 기원합니다.
반-그리스도의 거짓말을 차단하여 나를 해방하시고,
내가 분리의 베일을 꿰뚫게 하소서.
나는 신과 하나됨을 확언하며,
지상에서 신의 몸과 합쳐집니다.

5. 대천사 미카엘이여, 나는 신의 진정한 대리자인 상승 호스트와, 물질, 감정, 멘탈층 및 하위 에테르층에 속한 무수한 거짓 교사들이 어

떻게 다른지를 봅니다. 그들은 모두, 내가 자신을 구원할 수 없고 나 자신의 힘으로 상승할 수 없으며, 나를 위해 무언가 해줄 교사들이 필요하다고 말합니다. 나는 내 존재 안에 있는 힘 외부의 어떤 것도 필요하지 않다는 진실을 인정합니다. 신의 나라는 이미 내 안에 있기 때문이며, 이것은 내가 창조주의 존재로부터 창조되었다는 의미입니다.

천사들의 주님이신 대천사 미카엘이여,
당신의 현존은 항상 나와 함께합니다.
모든 어둠의 세력으로부터 나를 지켜주시고,
내 안의 적들을 결박하소서.
나는 내 마음에 대한 지배권을 취하고,
내 삶에 신의 나라를 구현합니다.

믿음의 수호자이신 신성한 미카엘이여.
나는 당신의 푸른 화염의 검을 기원합니다.
반-그리스도의 거짓말을 차단하여 나를 해방하시고,
내가 분리의 베일을 꿰뚫게 하소서.
나는 신과 하나됨을 확언하며,
지상에서 신의 몸과 합쳐집니다.

6. 대천사 미카엘이여, 신의 권능이 내 안에 있으며, 나는(I AM) 신으로부터 나온 확장체이고, 창조주의 개체화라는 사실을 인정합니다. 그러므로 나는 자신이 신과 분리되고 다른 모든 창조물과도 분리되어 있다고 믿게 만드는 분리의 환영을 놓아버립니다. 이것은 뱀의 의식이 가진 핵심 환영이며, 타락한 의식 안에 있는 자들은 지구의 모든 사람을 노예화해서 그들에게서 빛과 에너지를 탈취하려 합니다. 이 어둠의 존재들은 더 이상 신으로부터 빛을 받을 수 없으므로, 우리가 빛을 오용하게 만들어 그 빛을 흡수해야 한다는 것을 나는 압니다.

천사들의 주님이신 대천사 미카엘이여,
당신의 현존은 항상 나와 함께합니다.
모든 어둠의 세력으로부터 나를 지켜주시고,
내 안의 적들을 결박하소서.
나는 내 마음에 대한 지배권을 취하고,
내 삶에 신의 나라를 구현합니다.

믿음의 수호자이신 신성한 미카엘이여.
나는 당신의 푸른 화염의 검을 기원합니다.
반-그리스도의 거짓말을 차단하여 나를 해방하시고,
내가 분리의 베일을 꿰뚫게 하소서.
나는 신과 하나됨을 확언하며,
지상에서 신의 몸과 합쳐집니다.

7. 대천사 미카엘이여, 이제 나는 왜 어둠의 세력들이 밤낮으로 나를 내리쳐서 마음의 부조화와 불균형 상태로 끌어넣는지 압니다. 나는 왜 그들이 그렇게 많은 거짓말과 활동을 하는지 압니다. 그들의 목적은 단지, 나를 조종하여 내가 더 이상 내 에너지장(auric field)을 방어하지 못하고 영적으로 침해될 수 있는 의식 상태에 빠지도록 만드는 것입니다. 나는 내 에너지장에서, 밤낮으로 어둠의 세력들이 들어와 내 존재를 접수할 수 있도록 길을 내주는 모든 틈을 닫아버리겠다고 결정합니다. 당신의 도움을 받으며 나는 모든 상황을 통솔하겠습니다. 나는 내 행동과 감정과 생각과 내 존재에 대한 감각을 통솔하여, 항상 고양되고 평화로운 느낌을 유지하겠습니다.

천사들의 주님이신 대천사 미카엘이여,
당신의 현존은 항상 나와 함께합니다.
모든 어둠의 세력으로부터 나를 지켜주시고,
내 안의 적들을 결박하소서.
나는 내 마음에 대한 지배권을 취하고,

내 삶에 신의 나라를 구현합니다.

믿음의 수호자이신 신성한 미카엘이여.
나는 당신의 푸른 화염의 검을 기원합니다.
반-그리스도의 거짓말을 차단하여 나를 해방하시고,
내가 분리의 베일을 꿰뚫게 하소서.
나는 신과 하나됨을 확언하며,
지상에서 신의 몸과 합쳐집니다.

8. 대천사 미카엘이여, 이 세상에는 나를 어둠의 세력들에 열어놓도록 고안된 외부 활동들이 존재한다는 사실을 인정합니다. 내가 이런 활동에 빠져 있는 동안은 영적인 위기를 극복할 수도 없고 마음의 평화를 얻을 수도 없습니다. 그러므로 나는 평화를 빼앗아가는 모든 외부 활동에서 나 자신을 해방하기 위한 노력을 시작합니다. 나는 이런 활동에서 자유로워질 힘을 주는 명료함과 평화를 추구하며, 이는 과거의 내 선택에 책임을 지고 현재와 미래에 더 나은 선택을 함으로써 이루어집니다.

천사들의 주님이신 대천사 미카엘이여,
당신의 현존은 항상 나와 함께합니다.
모든 어둠의 세력으로부터 나를 지켜주시고,
내 안의 적들을 결박하소서.
나는 내 마음에 대한 지배권을 취하고,
내 삶에 신의 나라를 구현합니다.

믿음의 수호자이신 신성한 미카엘이여.
나는 당신의 푸른 화염의 검을 기원합니다.
반-그리스도의 거짓말을 차단하여 나를 해방하시고,
내가 분리의 베일을 꿰뚫게 하소서.
나는 신과 하나됨을 확언하며,

지상에서 신의 몸과 합쳐집니다.

9. 대천사 미카엘이여, 내 에고는 이런 활동들을 내려놓는 이점을 알지 못하지만, 나는 에고 이상의 존재이며, 내 의식하는 자아는 진리를 인식합니다. 내 존재의 이 부분(의식하는 자아)은 신의 확장체이며 창조주 그 자신입니다. 그러므로 나는 더 높이 올라가기를 선택할 수 있으며, 이렇게 말합니다. "외부에 구현된 이 불완전함과 비실재, 외부에 구현된 이 부조화와 불균형은 진정한 내 존재가 아닙니다. 그러므로 나는 여기에 더 이상 빠져 있지 않을 것이고, 나에게 아무런 힘도 행사하지 못하는 환영에 더 이상 빠져 있지 않을 것이다."

천사들의 주님이신 대천사 미카엘이여,
당신의 현존은 항상 나와 함께합니다.
모든 어둠의 세력으로부터 나를 지켜주시고,
내 안의 적들을 결박하소서.
나는 내 마음에 대한 지배권을 취하고,
내 삶에 신의 나라를 구현합니다.

믿음의 수호자이신 신성한 미카엘이여.
나는 당신의 푸른 화염의 검을 기원합니다.
반-그리스도의 거짓말을 차단하여 나를 해방하시고,
내가 분리의 베일을 꿰뚫게 하소서.
나는 신과 하나됨을 확언하며,
지상에서 신의 몸과 합쳐집니다.

나는 생명을 선택합니다!

사랑하는 대천사 미카엘이여, 나를 구하소서. 아니면 나는 소멸합니다! (3X)

대천사 미카엘이여, 나 자신을 신과 분리된 필멸의 인간으로 여기는 죽음의 의식에서 나를 구하소서.

내 믿음의 수호자이신 대천사 미카엘이여, 더 나은 앎은 더 나은 행동을 가져오기에, 나는 신이 주신 자유의지의 권한으로 더 나은 앎에 이르겠다고 선언합니다. 나는 내 영혼을 뒤덮어 출구가 없어 보이는 거짓말의 그물에 잡혀 있게 만든 반-그리스도의 거짓말을 단절하고 자유를 얻겠습니다.

대천사 미카엘이여, 나는 죽음의 의식 너머로 올라가 자유롭게 그리스도의 진리와 빛나는 신의 실재를 보겠습니다. 나는 나의 신을 보고자 하며, 더 이상 인간 존재로 살지 않고 진정한 나 자신인 영적인 존재로 살겠습니다.

대천사 미카엘이여, 나는 기꺼이 내 삶을 변화시키겠습니다. 나는 이 세상의 한계와 육적인 마음의 이원성에 기반을 둔 삶에 대한 필멸의 감각, 내가 죽을 수밖에 없는 존재라는 정체감을 버리겠습니다. 나는 단일한 지혜의 눈(제3의 눈)을 열어 뱀 마음의 거짓말을 넘어서 통찰하며, 그리스도의 빛으로 충만해지겠습니다. 나는 이 세상 것들에 대한 감정적인 집착과, 마치 현실처럼 보이던 제한들을 놓아버리겠습니다. 나는 그리스도 의식의 불멸하는 생명을 얻기 위해 이러한 삶의 감각을 버리고, 신과 함께하는 공동창조자인 내 진정한 정체성을 받아들이겠습니다.

그러므로 나는 이제 내 자유의지의 전적인 권한과 내 안의 그리스도 화염의 권능으로 말합니다.

나는 생명을 선택합니다! (4X)

나는 생명의 의식을 선택하고 그리스도 의식을 선택하며, 그리스도 빛 안에서의 영원한 삶을 받아들입니다. 나는 이 세상의 모든 현상 배후에 신의 실재가 현존하심을 받아들입니다. 따라서 어떤 세상적인 외양에도 영원성을 부여하지 않겠다고 맹세합니다. 신은 모든 곳에 계시며, 따라서 내 안에도 계신다고 확언합니다.

나는 나의 신과 하나됨을 선택합니다. 따라서 나는 이 세상에서 대천사 미카엘의 현존입니다.

대천사 미카엘이여, 나는 영적으로 자급자족하는 존재가 되겠습니다
1. 대천사 미카엘이여, 이 세상의 그 어느 조건이든 궁극적인 실재를 지니고 있지 않음을 인정합니다. 이 세상에는 진정한 나 자신이자 내 상위 존재인 의식하는 자아를 능가하는 힘을 지닌 조건은 없습니다. 이 세상의 세력들로부터 자유로워지는 궁극적인 방법은 그들이 실재가 아님을 깨닫고, 그들이 실재가 아니므로 나를 지배할 힘이 없음을 깨닫는 것입니다.

천사들의 주님이신 대천사 미카엘이여,
당신의 현존은 항상 나와 함께합니다.
모든 어둠의 세력으로부터 나를 지켜주시고,
내 안의 적들을 결박하소서.
나는 내 마음에 대한 지배권을 취하고,
내 삶에 신의 나라를 구현합니다.

믿음의 수호자이신 신성한 미카엘이여.
나는 당신의 푸른 화염의 검을 기원합니다.
반-그리스도의 거짓말을 차단하여 나를 해방하시고,
내가 분리의 베일을 꿰뚫게 하소서.
나는 신과 하나됨을 확언하며,
지상에서 신의 몸과 합쳐집니다.

2. 대천사 미카엘이여, 실재가 아닌 그 무엇도 실재를 위협할 수 없음을 깨닫습니다. 그러므로 나는 내 그리스도 자아에게 요청합니다. 내가 세상과 내 존재 안에서 비실재와 실재를 분별하는 그리스도 분별력을 얻도록 도와주소서. 내가 이런저런 에너지와 세력에 의해 부담을 안고 있다면 나는 온전한 그리스도 의식의 분별력을 발휘할 수 없

습니다. 그러나 내 존재 안에는 현 상황에서 무엇이 실재이고 비실재인지 알 수 있는 실재가 있습니다. 나는 현재의 부담을 극복하고 위기에서 빠져나오기 위해 취해야 할 다음 단계를 알 수 있습니다.

천사들의 주님이신 대천사 미카엘이여,
당신의 현존은 항상 나와 함께합니다.
모든 어둠의 세력으로부터 나를 지켜주시고,
내 안의 적들을 결박하소서.
나는 내 마음에 대한 지배권을 취하고,
내 삶에 신의 나라를 구현합니다.

믿음의 수호자이신 신성한 미카엘이여.
나는 당신의 푸른 화염의 검을 기원합니다.
반-그리스도의 거짓말을 차단하여 나를 해방하시고,
내가 분리의 베일을 꿰뚫게 하소서.
나는 신과 하나됨을 확언하며,
지상에서 신의 몸과 합쳐집니다.

3. 대천사 미카엘이여, 나는 내 존재 안에 있는 실재를 인식합니다. 그리고 자신이 신이며, 개체화된 신임을 자각하며 깨어납니다! 나는 현재의 내 상황에서 신이 했을 선택을 취함으로써, 인간 의식으로는 대처할 수 없을 것 같은 부담을 극복합니다. 나는 예수님의 말씀에 담긴 진리를 인정합니다. "인간에게는 불가능한 일이나, 신이 함께하시면 모든 일이 가능합니다."

천사들의 주님이신 대천사 미카엘이여,
당신의 현존은 항상 나와 함께합니다.
모든 어둠의 세력으로부터 나를 지켜주시고,
내 안의 적들을 결박하소서.
나는 내 마음에 대한 지배권을 취하고,

내 삶에 신의 나라를 구현합니다.

믿음의 수호자이신 신성한 미카엘이여.
나는 당신의 푸른 화염의 검을 기원합니다.
반-그리스도의 거짓말을 차단하여 나를 해방하시고,
내가 분리의 베일을 꿰뚫게 하소서.
나는 신과 하나됨을 확언하며,
지상에서 신의 몸과 합쳐집니다.

4. 대천사 미카엘이여, 나는 내면에 존재하는 신의 불꽃을 인식합니다. 또한 내가 아직은 나 자신 안에 있는 신의 권능을 펼쳐낼 수 없음을 압니다. 그러므로 내가 내면에 있는 신의 권능에 완전히 연결되어 영적으로 자급자족하는 존재가 될 때까지, 당신께서 한동안 신의 권능을 대리해 주시기를 요청합니다.

천사들의 주님이신 대천사 미카엘이여,
당신의 현존은 항상 나와 함께합니다.
모든 어둠의 세력으로부터 나를 지켜주시고,
내 안의 적들을 결박하소서.
나는 내 마음에 대한 지배권을 취하고,
내 삶에 신의 나라를 구현합니다.

믿음의 수호자이신 신성한 미카엘이여.
나는 당신의 푸른 화염의 검을 기원합니다.
반-그리스도의 거짓말을 차단하여 나를 해방하시고,
내가 분리의 베일을 꿰뚫게 하소서.
나는 신과 하나됨을 확언하며,
지상에서 신의 몸과 합쳐집니다.

5. 대천사 미카엘이여, 나는 당신이 나를 영구적으로 구해 주시기를

기대하지 않습니다. 나는 당신이 오셔서 한시적으로 나를 들어올려 주시기를 요청하며, 그럼으로써 나는 자유와 평화를 얻고 나 자신 안에 있는 신의 권능과 연결될 수 있습니다. 그러고 나서 얼마 후 나는 신의 외적인 권능인 당신의 현존을 더 이상 필요로 하지 않게 됩니다. 왜냐하면, 나는 이제 진정한 나 자신인 내면의 신이 지닌 권능을 발견했기 때문입니다. 그럼으로써 나는 내면의 어느 부분에서 자신이 전체 상승 호스트와 하나이고 신의 몸과 하나임을 깨닫습니다.

천사들의 주님이신 대천사 미카엘이여,
당신의 현존은 항상 나와 함께합니다.
모든 어둠의 세력으로부터 나를 지켜주시고,
내 안의 적들을 결박하소서.
나는 내 마음에 대한 지배권을 취하고,
내 삶에 신의 나라를 구현합니다.

믿음의 수호자이신 신성한 미카엘이여.
나는 당신의 푸른 화염의 검을 기원합니다.
반-그리스도의 거짓말을 차단하여 나를 해방하시고,
내가 분리의 베일을 꿰뚫게 하소서.
나는 신과 하나됨을 확언하며,
지상에서 신의 몸과 합쳐집니다.

6. 대천사 미카엘이여, 진실로 당신이 내 밖에 계신 것이 아님을 깨닫습니다. 당신은 시간과 공간에 한정될 수 없는 보편적인 현존이며, 따라서 내 안에도 당신이 계심을 깨닫습니다. 당신은 신의 권능을 대표하고, 신의 권능은 내면에서 나를 통해 흐르며 나를 영적으로 자급자족하게 만듭니다. 그리고 이때 어둠의 데몬들은 그리스도에게 행사하던 힘을 잃었듯이 나에게 행사하던 힘도 잃어버렸다는 사실을 알고, 내게서 달아나버릴 것입니다.

천사들의 주님이신 대천사 미카엘이여,
당신의 현존은 항상 나와 함께합니다.
모든 어둠의 세력으로부터 나를 지켜주시고,
내 안의 적들을 결박하소서.
나는 내 마음에 대한 지배권을 취하고,
내 삶에 신의 나라를 구현합니다.

믿음의 수호자이신 신성한 미카엘이여.
나는 당신의 푸른 화염의 검을 기원합니다.
반-그리스도의 거짓말을 차단하여 나를 해방하시고,
내가 분리의 베일을 꿰뚫게 하소서.
나는 신과 하나됨을 확언하며,
지상에서 신의 몸과 합쳐집니다.

7. 대천사 미카엘이여, 나는 궁극적인 자유를 원합니다. 나는 기꺼이 모든 환영과 내 의식 안으로 스며들어 온 뱀의 거짓말을 직시하겠습니다. 내가 이렇게 할 수 있음을 아는 이유는, 나의 내면에 그리스도 자아가 있기 때문입니다. 내가 그리스도 자아와 연결될 때 나는 내 존재와 세상에서 무엇이 실재이고 무엇이 실재가 아닌지를 파악하는 내적인 인식을 하게 됩니다.

천사들의 주님이신 대천사 미카엘이여,
당신의 현존은 항상 나와 함께합니다.
모든 어둠의 세력으로부터 나를 지켜주시고,
내 안의 적들을 결박하소서.
나는 내 마음에 대한 지배권을 취하고,
내 삶에 신의 나라를 구현합니다.

믿음의 수호자이신 신성한 미카엘이여.
나는 당신의 푸른 화염의 검을 기원합니다.

반-그리스도의 거짓말을 차단하여 나를 해방하시고,
내가 분리의 베일을 꿰뚫게 하소서.
나는 신과 하나됨을 확언하며,
지상에서 신의 몸과 합쳐집니다.

8. 대천사 미카엘이여, 나는 그리스도 자아의 내적인 촉구에 주의를 기울이며 진실하게 대하겠습니다. 그럼으로써 내 현 상황에 적절한 행보를 취할 수 있고, 내 여정에서 한 단계 더 높이 올라가며, 어둠에서 벗어나 더 큰 자유를 얻을 수 있습니다. 나는 한 번에 가능한 한 걸음씩 내디딤으로써 점진적으로 모든 어둠을 극복해 나가겠습니다.

천사들의 주님이신 대천사 미카엘이여,
당신의 현존은 항상 나와 함께합니다.
모든 어둠의 세력으로부터 나를 지켜주시고,
내 안의 적들을 결박하소서.
나는 내 마음에 대한 지배권을 취하고,
내 삶에 신의 나라를 구현합니다.

믿음의 수호자이신 신성한 미카엘이여.
나는 당신의 푸른 화염의 검을 기원합니다.
반-그리스도의 거짓말을 차단하여 나를 해방하시고,
내가 분리의 베일을 꿰뚫게 하소서.
나는 신과 하나됨을 확언하며,
지상에서 신의 몸과 합쳐집니다.

9. 대천사 미카엘이여, 사람들은 환영에 익숙해질 수 있고, 심지어 어둠의 세력들에 거의 중독이 될 수도 있습니다. 외면의 마음이 이 어둠의 세력들과 그들이 하는 일에 중독이 되어버리면, 외면의 마음은 그것들을 놓아버리지 못합니다. 모든 중독의 배후에는 어둠 없이는 살아갈 수 없다는 외면의 마음의 감각이 있습니다. 그들은 어둠을 너

무나 내면화해서 자기자신의 일부로 만들었기 때문에, 문자 그대로 어둠 없이는 지속감과 정체성을 유지할 수 없게 된 것입니다. 그러나 나는 자신이 외면의 마음과 몸을 넘어서는 존재임을 압니다. 그러므로 의식하는 자아는 내 안에 있는 모든 어둠을 놓아버립니다.

천사들의 주님이신 대천사 미카엘이여,
당신의 현존은 항상 나와 함께합니다.
모든 어둠의 세력으로부터 나를 지켜주시고,
내 안의 적들을 결박하소서.
나는 내 마음에 대한 지배권을 취하고,
내 삶에 신의 나라를 구현합니다.

믿음의 수호자이신 신성한 미카엘이여.
나는 당신의 푸른 화염의 검을 기원합니다.
반-그리스도의 거짓말을 차단하여 나를 해방하시고,
내가 분리의 베일을 꿰뚫게 하소서.
나는 신과 하나됨을 확언하며,
지상에서 신의 몸과 합쳐집니다.

나는 생명을 선택합니다!

사랑하는 대천사 미카엘이여, 나를 구하소서. 아니면 나는 소멸합니다! (3X)

대천사 미카엘이여, 나 자신을 신과 분리된 필멸의 인간으로 여기는 죽음의 의식에서 나를 구하소서.
내 믿음의 수호자이신 대천사 미카엘이여, 더 나은 앎은 더 나은 행동을 가져오기에, 나는 신이 주신 자유의지의 권한으로 더 나은 앎에 이르겠다고 선언합니다. 나는 내 영혼을 뒤덮어 출구가 없어 보이는 거짓말의 그물에 잡혀 있게 만든 반-그리스도의 거짓말을 단절하고 자유를 얻겠습니다.

대천사 미카엘이여, 나는 죽음의 의식 너머로 올라가 자유롭게 그리스도의 진리와 빛나는 신의 실재를 보겠습니다. 나는 나의 신을 보고자 하며, 더 이상 인간 존재로 살지 않고 진정한 나 자신인 영적인 존재로 살겠습니다.

대천사 미카엘이여, 나는 기꺼이 내 삶을 변화시키겠습니다. 나는 이 세상의 한계와 육적인 마음의 이원성에 기반을 둔 삶에 대한 필멸의 감각, 내가 죽을 수밖에 없는 존재라는 정체감을 버리겠습니다. 나는 단일한 지혜의 눈(제3의 눈)을 열어 뱀 마음의 거짓말을 넘어서 통찰하며, 그리스도의 빛으로 충만해지겠습니다. 나는 이 세상 것들에 대한 감정적인 집착과, 마치 현실처럼 보이던 제한들을 놓아버리겠습니다. 나는 그리스도 의식의 불멸하는 생명을 얻기 위해 이러한 삶의 감각을 버리고, 신과 함께하는 공동창조자인 내 진정한 정체성을 받아들이겠습니다.

그러므로 나는 이제 내 자유의지의 전적인 권한과 내 안의 그리스도 화염의 권능으로 말합니다.

나는 생명을 선택합니다! (4X)

나는 생명의 의식을 선택하고 그리스도 의식을 선택하며, 그리스도 빛 안에서의 영원한 삶을 받아들입니다. 나는 이 세상의 모든 현상 배후에 신의 실재가 현존하심을 받아들입니다. 따라서 어떤 세상적인 외양에도 영원성을 부여하지 않겠다고 맹세합니다. 신은 모든 곳에 계시며, 따라서 내 안에도 계신다고 확언합니다.

나는 나의 신과 하나됨을 선택합니다. 따라서 나는 이 세상에서 대천사 미카엘의 현존입니다.

대천사 미카엘이여, 나는 승리를 향해 계속 나아가겠습니다

1. 대천사 미카엘이여, 내가 가야 할 길이 멀다 해도 당신은 기꺼이 그 길에서 모든 걸음을 저와 함께합니다. 나는 한 번에 작은 한 걸음

씩 계속 나아가겠습니다. 나는 단번에 완전한 자유에 이른다고 기대하지 않습니다. 천 마일의 여정도 내가 한 번에 한 걸음씩 계속 나아갈 때만 완수됩니다.

천사들의 주님이신 대천사 미카엘이여,
당신의 현존은 항상 나와 함께합니다.
모든 어둠의 세력으로부터 나를 지켜주시고,
내 안의 적들을 결박하소서.
나는 내 마음에 대한 지배권을 취하고,
내 삶에 신의 나라를 구현합니다.

믿음의 수호자이신 신성한 미카엘이여.
나는 당신의 푸른 화염의 검을 기원합니다.
반-그리스도의 거짓말을 차단하여 나를 해방하시고,
내가 분리의 베일을 꿰뚫게 하소서.
나는 신과 하나됨을 확언하며,
지상에서 신의 몸과 합쳐집니다.

2. 대천사 미카엘이여, 나는 지금 이 어둠을 몰아내겠다고 결정하며, 한 번에 작은 한 걸음씩 계속 나아가겠습니다. 대천사 미카엘이여, 결국은 어둠의 세력들이 내 마음에 대한 장악력을 잃게 된다는 당신의 약속을 믿습니다. 내가 한 번에 한 걸음씩 계속 나아간다면 나는 진실로 자유로워질 수 있고, 진실로 자유로워질 것입니다.

천사들의 주님이신 대천사 미카엘이여,
당신의 현존은 항상 나와 함께합니다.
모든 어둠의 세력으로부터 나를 지켜주시고,
내 안의 적들을 결박하소서.
나는 내 마음에 대한 지배권을 취하고,
내 삶에 신의 나라를 구현합니다.

믿음의 수호자이신 신성한 미카엘이여.
나는 당신의 푸른 화염의 검을 기원합니다.
반-그리스도의 거짓말을 차단하여 나를 해방하시고,
내가 분리의 베일을 꿰뚫게 하소서.
나는 신과 하나됨을 확언하며,
지상에서 신의 몸과 합쳐집니다.

3. 대천사 미카엘이여, 내가 어떤 부담을 지고 있는지에 상관없이, 내가 하고자 한다면 언제나 조금씩 걸어 나갈 수 있습니다. 자유의지의 법칙에 따라 당신은, 스스로 결단하며 자신을 도우려는 자만을 도울 수 있습니다. 신은 어둠을 창조하지 않으셨고, 지구에 어둠이 존재하도록 허락하신 적도 없습니다. 어둠은 자유의지의 법칙을 통해 생겨났고 이에 의해 지구인들은 어둠이 이 행성에 들어와 계속 존재할 수 있도록 허용했습니다.

천사들의 주님이신 대천사 미카엘이여,
당신의 현존은 항상 나와 함께합니다.
모든 어둠의 세력으로부터 나를 지켜주시고,
내 안의 적들을 결박하소서.
나는 내 마음에 대한 지배권을 취하고,
내 삶에 신의 나라를 구현합니다.

믿음의 수호자이신 신성한 미카엘이여.
나는 당신의 푸른 화염의 검을 기원합니다.
반-그리스도의 거짓말을 차단하여 나를 해방하시고,
내가 분리의 베일을 꿰뚫게 하소서.
나는 신과 하나됨을 확언하며,
지상에서 신의 몸과 합쳐집니다.

4. 대천사 미카엘이여, 내 의식하는 자아는 신의 실재와 연결되어 신

이 이원성 너머에 존재한다는 사실을 경험할 수 있습니다. 나는 의식 안에서 내면의 구름이 흩어지고 갑자기 비이원적인 신의 실재를 일별하게 될 때까지 작은 한 걸음씩 계속 올라가겠습니다. 비록 지금 외면의 마음은 그것을 알 수 없지만, 그 지점에서 나는 당신이 말한 내용이 진실임을 알게 될 것입니다.

천사들의 주님이신 대천사 미카엘이여,
당신의 현존은 항상 나와 함께합니다.
모든 어둠의 세력으로부터 나를 지켜주시고,
내 안의 적들을 결박하소서.
나는 내 마음에 대한 지배권을 취하고,
내 삶에 신의 나라를 구현합니다.

믿음의 수호자이신 신성한 미카엘이여.
나는 당신의 푸른 화염의 검을 기원합니다.
반-그리스도의 거짓말을 차단하여 나를 해방하시고,
내가 분리의 베일을 꿰뚫게 하소서.
나는 신과 하나됨을 확언하며,
지상에서 신의 몸과 합쳐집니다.

5. 대천사 미카엘이여, 나는 내 존재에 대한 지휘권을 되찾을 때까지 로자리를 계속 낭송하고 당신의 구술을 듣겠습니다. 나는 어둠에 사로잡혔다는 이유로 내 감정체와 생각이 거칠게 날뛰도록 두던 과거의 여세가 지속되는 것을 거부합니다. 그 대신 내가 명료한 결정을 내릴 수 있을 만큼 어둠이 물러난 상태를 일상에서 유지할 수 있을 때까지, 나는 당신의 현존 안에 필요한 만큼 머물겠습니다. 나는 자멸의 블랙홀인 하향나선으로 들어가는 이들 가운데 있지 않겠다고, 당신이 주시는 힘과 함께 결단합니다. 대신 나는 더 높이 올라가도록 스스로를 도우면서, 한 번에 한 걸음씩 계속 나아가겠다고 결단합니다.

천사들의 주님이신 대천사 미카엘이여,
당신의 현존은 항상 나와 함께합니다.
모든 어둠의 세력으로부터 나를 지켜주시고,
내 안의 적들을 결박하소서.
나는 내 마음에 대한 지배권을 취하고,
내 삶에 신의 나라를 구현합니다.

믿음의 수호자이신 신성한 미카엘이여.
나는 당신의 푸른 화염의 검을 기원합니다.
반-그리스도의 거짓말을 차단하여 나를 해방하시고,
내가 분리의 베일을 꿰뚫게 하소서.
나는 신과 하나됨을 확언하며,
지상에서 신의 몸과 합쳐집니다.

6. 대천사 미카엘이여, 나는 당신의 도움이 즉각적인 구제를 해준다고 기대하지 않겠으며, 낙담하거나 지겨워하지도 않겠습니다. 혹은 이 일의 궁극적 효력에 대해 의심하지도 않겠습니다. 낙담이야말로 악마의 도구 상자 안에 있는 가장 날카로운 도구임을 압니다. 어둠의 세력들은 나를 낙담에 빠뜨리려고 노력하겠지만, 나는 가장 높은 의식 수준을 돌파할 때까지 계속 전진하겠습니다. 나는 의심이 내 마음속으로 스며들게 하지도, 마지막 순간에 낙담하지도 않겠습니다. 내 삶에서 완전히 새로운 장을 체험할 때까지 나는 늘 당신과 함께 가겠습니다.

천사들의 주님이신 대천사 미카엘이여,
당신의 현존은 항상 나와 함께합니다.
모든 어둠의 세력으로부터 나를 지켜주시고,
내 안의 적들을 결박하소서.
나는 내 마음에 대한 지배권을 취하고,
내 삶에 신의 나라를 구현합니다.

믿음의 수호자이신 신성한 미카엘이여.
나는 당신의 푸른 화염의 검을 기원합니다.
반-그리스도의 거짓말을 차단하여 나를 해방하시고,
내가 분리의 베일을 꿰뚫게 하소서.
나는 신과 하나됨을 확언하며,
지상에서 신의 몸과 합쳐집니다.

7. 대천사 미카엘이여, 당신은 내 삶을 전환할 도구를 주었습니다. 나에게 더 높이 올라가고 내 삶을 긍정적인 나선으로 전환할 잠재력이 있음을 압니다. 나는 에고나 어둠의 세력들이 이것을 중단시키기 위해 하는 어떤 변명에도 넘어가지 않겠습니다. 내가 당신의 말을 들으며 이 로자리를 할 때, 그들은 내 에너지장에 있는 것을 견딜 수 없을 만큼 불편해한다는 사실을 압니다. 나는 단지 그들이 떠나는 것을 보고, 내 상위 존재와의 하나됨을 이루며 마음의 평화를 얻기를 원합니다.

천사들의 주님이신 대천사 미카엘이여,
당신의 현존은 항상 나와 함께합니다.
모든 어둠의 세력으로부터 나를 지켜주시고,
내 안의 적들을 결박하소서.
나는 내 마음에 대한 지배권을 취하고,
내 삶에 신의 나라를 구현합니다.

믿음의 수호자이신 신성한 미카엘이여.
나는 당신의 푸른 화염의 검을 기원합니다.
반-그리스도의 거짓말을 차단하여 나를 해방하시고,
내가 분리의 베일을 꿰뚫게 하소서.
나는 신과 하나됨을 확언하며,
지상에서 신의 몸과 합쳐집니다.

8. 대천사 미카엘이여, 나는 당신의 현존과 함께하겠습니다. 나는 당신이 전적으로 제한 없이 나에게 접근하여 당신의 빛을 발하고 어둠의 은신처를 모두 제거하도록 허용합니다. 나는 당신의 말을 초월한 당신 존재의 진동에 귀를 기울이겠습니다. 비록 나에게 짐을 지우면서 통제하고 있는 어둠의 세력들에게 힘이 있어 보일지라도 대천사 미카엘은 그들이 나에게 힘을 행사하도록 용납하지 않습니다. 따라서 나도 그들이 나에게 힘을 행사하도록 용납하지 않습니다.

천사들의 주님이신 대천사 미카엘이여,
당신의 현존은 항상 나와 함께합니다.
모든 어둠의 세력으로부터 나를 지켜주시고,
내 안의 적들을 결박하소서.
나는 내 마음에 대한 지배권을 취하고,
내 삶에 신의 나라를 구현합니다.

믿음의 수호자이신 신성한 미카엘이여,
나는 당신의 푸른 화염의 검을 기원합니다.
반-그리스도의 거짓말을 차단하여 나를 해방하시고,
내가 분리의 베일을 꿰뚫게 하소서.
나는 신과 하나됨을 확언하며,
지상에서 신의 몸과 합쳐집니다.

9. 대천사 미카엘이여, 나의 에고와 어둠의 세력들은, 내가 자유로운 선택을 할 수 있다는 현실을 보지 못하는 지점까지 내 선택 능력을 조종해 왔습니다. 그러나 나는 더 이상 어둠의 세력들이 내 선택에 영향을 미치도록 허용하지 않겠습니다. 나는 당신의 실재 및 의지력과 하나가 되라는 당신의 제안을 받아들입니다. 그럼으로써 나는 내 의지력을 되찾아 나 자신의 선택을 할 수 있는 강건함을 얻습니다. 나는 평화와 편안함과 앞으로 희망이 있다는 느낌을 가지겠습니다. 그러므로 내 역장의 먹구름 위에는 여전히 태양이 빛나고 있음을 받

아들입니다. 그 태양은 나의 아이앰 현존이며, 신 안에 있는 내 진정한 정체성입니다. 나는 모든 저급한 정체감이 실재가 아님을 알며, 따라서 그들을 놓아버립니다. 나는 그리스도의 영원한 삶을 얻기 위해 내 필멸의 삶을 기꺼이 버리겠습니다.

천사들의 주님이신 대천사 미카엘이여,
당신의 현존은 항상 나와 함께합니다.
모든 어둠의 세력으로부터 나를 지켜주시고,
내 안의 적들을 결박하소서.
나는 내 마음에 대한 지배권을 취하고,
내 삶에 신의 나라를 구현합니다.

믿음의 수호자이신 신성한 미카엘이여.
나는 당신의 푸른 화염의 검을 기원합니다.
반-그리스도의 거짓말을 차단하여 나를 해방하시고,
내가 분리의 베일을 꿰뚫게 하소서.
나는 신과 하나됨을 확언하며,
지상에서 신의 몸과 합쳐집니다.

나는 생명을 선택합니다!

사랑하는 대천사 미카엘이여, 나를 구하소서. 아니면 나는 소멸합니다! (3X)

대천사 미카엘이여, 나 자신을 신과 분리된 필멸의 인간으로 여기는 죽음의 의식에서 나를 구하소서.
내 믿음의 수호자이신 대천사 미카엘이여, 더 나은 앎은 더 나은 행동을 가져오기에, 나는 신이 주신 자유의지의 권한으로 더 나은 앎에 이르겠다고 선언합니다. 나는 내 영혼을 뒤덮어 출구가 없어 보이는 거짓말의 그물에 잡혀 있게 만든 반-그리스도의 거짓말을 단절하고 자유를 얻겠습니다.

대천사 미카엘이여, 나는 죽음의 의식 너머로 올라가 자유롭게 그리스도의 진리와 빛나는 신의 실재를 보겠습니다. 나는 나의 신을 보고자 하며, 더 이상 인간 존재로 살지 않고 진정한 나 자신인 영적인 존재로 살겠습니다.

대천사 미카엘이여, 나는 기꺼이 내 삶을 변화시키겠습니다. 나는 이 세상의 한계와 육적인 마음의 이원성에 기반을 둔 삶에 대한 필멸의 감각, 내가 죽을 수밖에 없는 존재라는 정체감을 버리겠습니다. 나는 단일한 지혜의 눈(제3의 눈)을 열어 뱀 마음의 거짓말을 넘어서 통찰하며, 그리스도의 빛으로 충만해지겠습니다. 나는 이 세상 것들에 대한 감정적인 집착과, 마치 현실처럼 보이던 제한들을 놓아버리겠습니다. 나는 그리스도 의식의 불멸하는 생명을 얻기 위해 이러한 삶의 감각을 버리고, 신과 함께하는 공동창조자인 내 진정한 정체성을 받아들이겠습니다.

그러므로 나는 이제 내 자유의지의 전적인 권한과 내 안의 그리스도 화염의 권능으로 말합니다.

나는 생명을 선택합니다! (4X)

나는 생명의 의식을 선택하고 그리스도 의식을 선택하며, 그리스도 빛 안에서의 영원한 삶을 받아들입니다. 나는 이 세상의 모든 현상 배후에 신의 실재가 현존하심을 받아들입니다. 따라서 어떤 세상적인 외양에도 영원성을 부여하지 않겠다고 맹세합니다. 신은 모든 곳에 계시며, 따라서 내 안에도 계신다고 확언합니다.

나는 나의 신과 하나됨을 선택합니다. 따라서 나는 이 세상에서 대천사 미카엘의 현존입니다.

나는 대천사 미카엘과 그의 수십억 푸른 화염의 천사들이 어둠의 영체와 어둠의 에너지로부터 나를 해방하고 있다고 확언합니다.

나는 대천사 미카엘과 그의 수십억 푸른 화염의 천사들이 반-그리스도의 거짓말로부터 나를 해방하고 있다고 확언합니다.

나는 대천사 미카엘과 그의 수십억 푸른 화염의 천사들이 반-그리스도 세력 아래의 영적인 노예제로부터 나를 해방하고 있다고 확언합니다.

나는 대천사 미카엘과 그의 수십억 푸른 화염의 천사들이 파워 엘리트 아래의 물질적인 노예제로부터 나를 해방하고 있다고 확언합니다.

내 존재와 세상은 주님의 것이며, 주님으로 충만합니다. (3X) Amen.

조건 없는 사랑이신 성부와 성자와 성령 그리고 기적의 어머니의 이름으로, 아멘.

봉인
대천사 미카엘이여, 나는 더 이상 나를 압도하려고 끊임없이 소리치는 데몬들과 에고의 지껄임을 듣지 않겠습니다. 나는 대천사의 음성에 귀기울이고 그 진동을 흡수하겠습니다. 그리고 나는 당신의 진동 안에서 어떤 외부의 힘도 빼앗아갈 수 없는 내면의 지혜에 봉인됩니다. 나는 신께서 존재하심을 압니다. 신은 실재하시며, 신은 나의 내면을 포함한 모든 곳에 계십니다. 나는 지금 내면에서 신을 발견합니다. 나는 신의 실재를 받아들이고 신만이 유일한 실재임을 받아들입니다. 나는 지구상의 모든 현현이 궁극적으로 환영이며, 이 환영은 I AM이라는 진정한 영적 존재를 지배할 아무런 힘도 가지고 있지 않다는 앎 안에 봉인됩니다. 나는 그 실재 안에 봉인되며, 내가 자신의 상위 존재의 현존을 수용할 수 있을 때까지 대천사의 현존을 받아들입니다.
나는 신의 의지를 나타내는 1광선의 신의 권능 안에 봉인됩니다. 신의 의지는 의심을 초월한 무한한 신앙입니다. 왜냐하면, 그것은 신앙도 아니고 믿음도 아니며, 실재와의 하나됨, I AM인 실재와의 하나됨이기 때문입니다.

마음의 상태를 지휘하기

상승 마스터 성모 마리아

 진정으로 사랑하는 여러분, 나는 여러분이 부담을 느끼고 있다는 것을 알고 있습니다. 마치 여러분이 통제할 수 없어 보이는 세력들이나 에너지, 또는 외부의 상황에 맞서고 있는 것처럼, 마치 자신의 삶에 대한 통제력을 잃어버린 것처럼 느낀다는 것을 알고 있습니다. 따라서 여러분은 무력감에 빠져서, 갇혀 있고 마비된 것처럼 느껴집니다. 여러분은 물질세계에 대해 화가 나거나 분한 느낌마저 듭니다. 물질세계가 여러분의 여정에 극복할 수 없는 이러한 장애들을 만들고, 여러분이 할 수 있거나 할 수 없는 것에 너무 많은 한계를 두고 있는 것처럼 보입니다.
 사랑하는 이들이여, 나는 여러분의 고통을 느끼고 있고, 어떤 고통을 겪고 있는지 알고 있습니다. 어떻게 이렇게 말할 수 있을까요? 사랑하는 이들이여, 나도 역시 지구에 육화했었기 때문에, 이렇게 말할 수 있습니다. 내가 육화 중이었을 때, 온갖 종류의 고통과 좌절을 겪었으며 개인적으로 경험하지 못한 고통이 거의 없습니다.

2,000년 전에 일어났던 나의 마지막 육화에서, 나는 예수의 어머니인 마리아로 알려졌습니다. 하지만, 나는(I AM) 가톨릭 신자들이 존경하는 성인 그 이상의 존재라고 명확하게 말할 수 있습니다. 나는 실제로 상승했습니다. 그리고 상승 영역에서는, 지구 행성을 위한 어머니 신의 화염(Mother Flame of God)의 대표로서 영적인 사무국을 유지하고 있는 반열에 올라섰습니다.

사랑하는 이들이여, 성서에 "지금 계시고 전에도 계셨고 장차 오실 전능하신 주께서 '나는 알파요 오메가다.'하고 말씀하셨습니다."(요한계시록 1:8)라는 구절을 기억할 것입니다. 여러분이 알다시피, 신은 남성적인 측면과 여성적인 측면, 알파와 오메가, 시작과 끝을 모두 가지고 있습니다. 그래서 이번 방출은 대천사 미카엘이 시작한 강력한 방출에 대한 끝맺음이 될 것입니다. 데몬과 어둠의 세력들은 대천사의 현존을 견딜 수 없기 때문에, 그 강력한 방출은 그것들이 여러분의 존재로부터 떠나가도록 설계된 것입니다.

사랑하는 여러분, 내가 대천사 미카엘처럼 남성적인 힘으로 강력하게 말하지는 않겠지만, 나도 그에 못지않게 강력하다고 분명히 말할 수 있습니다. 따라서 어떤 어둠의 세력도 나의 현존 앞에 있을 수 없습니다. 하지만 나는 무엇보다 먼저 여러분에게 새로운 의미의 평안, 새로운 의미의 희망, 새로운 의미의 자기가치(self-worth)와 자존감(self-esteem)을 주기 위해 왔습니다. 사랑하는 이들이여, 여러분이 삶에서 위기에 직면할 때 가장 먼저 가져야 하는 것이, 여러분의 자존감, 즉 자기 존중감이라는 것이 맞지 않나요? 사실, 정확히 말하면 자존감의 상실이 그 위기의 본질이라고 말할 수 있지 않을까요? 아니면 적어도 그 위기에서 벗어나는 것을 방해하는 요인이라고 말할 수 있지 않을까요? 사랑하는 이들이여, 현재 상황을 극복할 수 없다는 미묘한 생각을 믿게 되는 것은 바로 자존감이 부족해서가 아닐까요? 여러분이 이런저런 실수를 해왔기 때문에, 다시는 그런 실수에서 벗어날 수 없고, 순수해질 수 없고, 용서받을 수 없다는 그 미묘한 믿음에 취약하게 되는 것은 자기 존중감이 부족해서가 아닐까요?

  사랑하는 이들이여, 자존감의 부족으로 인해, 과거의 행동은 여러분이 변변치 않음(no good)을 증명한다는 교묘한 거짓말을 믿게 되는 것이 아닐까요? 따라서 자신은 더 나은 미래를 만들 수 없고, 현재의 상황이나 현재의 문제들을 절대 극복할 수 없다고 믿습니다. 여러분은 과거의 실수를, 그 문제들을 극복하는 데 필요한 것을 자신이 갖추고 있지 않다는 증거라고 여기기 때문입니다.

  자, 사랑하는 이들이여, 나는 진실로 지구 행성을 위한 어머니 신(Mother of God)을 대표하는 존재입니다. 그리고 어머니 신의 화염의 대표로서, 물질계, 물질 우주에 대해서 내가 알지 못하는 것은 아무것도 없다고, 여러분에게 확실히 말할 수 있습니다. 사랑하는 이들이여, 나는 이 세상의 모든 것을 알고 있습니다. 그러므로 나는 지구의 인간이 언제든 직면할 수 있는 모든 문제를 알고 있습니다. 따라서 그 앎에서 내가 여러분에게 분명하게 말할 수 있는 것은, 지구에서 해결책이 없는 문제는 단 한 가지도 없다는 것입니다.

  사랑하는 이들이여, 지금 여러분의 상황이 아무리 이겨낼 수 없는 것처럼 보이더라도, 그것은 문제가 되지 않습니다. 빠져나올 길(way out)이 있습니다. 사랑하는 이들이여, 더 정확히 말하면 넘어설 길

(way up)이 있습니다. 과거에 얼마나 큰 실수를 했는지, 여러분이 얼마나 불완전하고 불결하게 느끼는지는 문제가 되지는 않습니다. 지구에는 여러분이 이겨낼 수 없고, 정화될 수 없는 그 어떤 상황도 존재하지 않습니다. 사랑하는 이들이여, 어떻게 내가 이렇게 말할 수 있을까요? 나는 여러분이 학교에서, 심지어 주일학교에서도 배우지 못했던 물질세계에 대해 알고 있기 때문에, 이렇게 말할 수 있습니다.

 사랑하는 이들이여, 이 세상에는 내가 이제 말해 줄 진리를 여러분이 알지 않기를 바라는 세력들이 있습니다. 말하자면, 여러분이 지역 하수처리장으로 내려가서 그곳으로 들어오고 있는 가장 더러운 물을 보고 있다고 해봅시다. 그것은 화학 물질, 인간의 폐기물이나 온갖 종류의 더러운 것들에 의해서, 오염이 되었을 수 있습니다. 하지만, 사랑하는 이들이여, 여러분이 그 물을 한 주전자 떠서 난로 위에 놓고 끓인다면, 어떻게 될까요? 자, 사랑하는 이들이여, 물은 수증기로 변하겠지요. 그렇지 않나요? 그러면 물은 모든 불순물을 남겨두고, 주전자 위로 증발할 것입니다. 그런 다음 수소와 산소가 결합한 순수한 분자로서 인간의 눈에는 보이지 않는 증기를 형성하면서 다른 형태를 취할 것입니다. 그렇지만 이제 순수한 물방울로 다시 응축될 수 있습니다. 이전의 오염된 상태는 더 이상 존재하지 않기 때문에, 그것은 실제로 매우 순수합니다. 그것은 마치 주전자 안에 있었던 물이 더 이상 존재하지 않는 것과 같습니다. 그리고 실제로, 그것은 순수한 상태, 오염이 시작되기 전의 순수한 상태의 물로 바뀌었고, 더 이상 존재하지 않습니다.

 그래서 사랑하는 이들이여, 내가 여러분이 이해하기를 바라는 사실은, 물질세계의 모든 것은 한 가지 기본적인 질료, 즉 내가 마터 빛

(Ma-ter light), 어머니 빛(Mother light)이라고 부르는 것으로 만들어진 다는 사실입니다. 과학에서는 여러분이 보는 모든 물질이 분자라고 불리는 더 작은 구성 요소로 만들어졌다고 말하기 때문에, 이것을 이해하기는 어렵지 않습니다. 그리고 그것들조차 원자라고 불리는 더 작은 블록들로부터 만들어집니다. 그리고 원자조차도 아원자 입자라고 하는 더 작은 입자로 만들어집니다. 사랑하는 이들이여, 심지어 그 입자들도 더 미세한 질료인 에너지 자체, "빛"이라고 불리는 에너지로 만들어집니다.

그리고 알다시피, 사랑하는 이들이여, 현대과학에서도, 모든 것이 빛인 우주 안에서 여러분이 살고 있다는 사실을 발견했습니다. 따라서 이것을 요한복음의 "그가 없이 생겨난 것은 아무것도 없다."(요한 1:3)라는 구절과 연결해 보면, 이 세상의 모든 것이 신의 빛, 즉 형태를 취하는 마터 빛으로 만들어진다는 것을 알 수 있습니다. 하지만, 사랑하는 이들이여, 마터 빛이 취하고 있는 형태는, 빛의 근본적인 특질들이 바뀌지 않고 일시적으로 나타난 것일 뿐입니다. 실제로 그 빛은 마치 영사기를 통해서 비추고 있는 백색광과 같습니다. 백색광이 필름 스트립에 있는 이미지들에 의해서 색을 입게 되는 것이지요. 하지만, 그 빛은 여전히 빛입니다. 그리고 필름 스트립을 제거하면, 화면에 순수한 백색광이 비치는 것을 다시 볼 수 있습니다.

그래서 여러분도 알다시피, 사랑하는 이들이여, 신 없이는 만들어진 것이 아무것도 없습니다. 신의 빛이 없었다면 어떤 창조물도 존재하지 않을 것입니다. 따라서 여러분이 창조되었고, 분명히 여러분은 빛으로 만들어졌습니다. 그리고 그것은 여러분이 빛의 존재, 영적인 존재라는 의미입니다. 여러분은 죽을 수밖에 없는 인간이 아닙니다. 여러분은 죄를 짓는 것 말고는 아무것도 할 수 없는 필멸의 죄인으로 창조되지 않았습니다. 여러분은 정교한 원숭이로 창조되어 진화한 것도 아닙니다. 그리고 여러분의 생각이 전적으로 물리적 두뇌에서 일어나는 과정의 결과물만은 아닙니다.

사랑하는 이들이여, 여러분은 육신을 넘어서고, 이 지구를 넘어서며, 물질 우주 자체를 넘어서는 존재입니다. 여러분은 이 세상을 초월한 영적인 실재, 영적인 정체성을 가지고 있습니다. 그리고 사랑하는 이들이여, 정확히 말하면 그 정체성은 이 세상을 초월해 있기 때문에, 이 세상에서 여러분이 경험하거나 해왔던 그 어떤 일에도 영향을 받을 수 없습니다. 보세요. 사랑하는 이들이여, 여러분 존재의 핵심은 영원히 영적인 영역에 거하고 있습니다. 그 핵심은 여러분의 정체성에 대한 청사진과 신 안에서 여러분이 가진 개성에 대한 청사진을 포함하고 있습니다. 그것은 파괴되거나 바뀌지 않으며, 심지어는 여러분이 물질세계에서 경험해 온 어떤 것으로도 완전히 가려지지 않습니다.

따라서 사랑하는 이들이여, 비록 현재의 상황에서 여러분이 부담을 느끼거나 갇혀 있다는 느낌이 있을 수 있지만, 나는 여러분의 현재 상황에 조금도 영향을 받지 않는 여러분 존재의 더 높은 부분이 있다고 확실히 말할 수 있습니다. 사랑하는 이들이여, 나는 여러분이 현재의 의식 상태에서는 이것을 볼 수 없다는 것을 알고 있습니다. 그리고 그것이 바로, 내가 여러분의 영적인 어머니로서, 여러분의 현재 비전을 넘어선 이 실재에 대해 말해 주기 위해서 온 이유입니다. 이는 사랑하는 이들이여, 내가 여러분을 익히 잘 알고 있다고 여러분에게 분명히 말할 수 있기 때문입니다. 나는 여러분을 개인적으로 알고 있습니다. 나는 여러분이 누구인지 알고 있습니다. 나는 여러분 존재의 더 높은 실재를 알고 있습니다. 그리고 나는 여러분이 밀도가 더 높은 물질 영역으로 처음 내려갈 때부터, 여러분을 위한 무결한 관념(immaculate concept)을 간직해 왔습니다. 그것은 내가 여러분의 진정한 실재를 보고 있기 때문입니다. 나는 여러분의 진정한 정체성을 알고 있습니다. 그리고 나는 여러분이 이 세상에서 나타낼 수 있는 가장 높은 잠재력을 보고 있습니다.

사랑하는 이들이여, 알다시피 여러분의 현재 상황을 넘어서는 더 깊은 실재가 있습니다. 그리고 만일 여러분이 한순간이라도 그 실재에 연결될 수 있다면, 여러분은 현재 상황에 대해 전적으로 다른 관점을 얻게 될 것입니다. 사랑하는 이들이여, 내가 말했듯이, 여러분이 현재 상황에 부담을 느끼는 이유는 출구를 보지 못하기 때문이 아닙니다. 여러분은 자신의 문제점에 대한 해결책을 보지 못하고 있습니다. 여러분은 과거의 실수들로부터 어떻게 정화될 수 있는지 보지 못하고 있습니다.

하지만, 사랑하는 이들이여, 여러분이 출구를 보지 못하는 이유는, 자신이 누구인지(who you are)를 알지 못하기 때문입니다. 만일 여러분이 자신이 진정 누구인지 볼 수 있다면, 여러분은 자신이 현재 상황 그 이상이라는 것을 알 것이기 때문입니다. 따라서 출구가 있고, 그것은 진정한 영적인 존재인 여러분 자신에 다시 연결되는 것입니다. 그러면 사랑하는 이들이여, 우리가 여러분의 아이앰 현존이라고 부르고 있는, 여러분의 영적인 존재(spiritual being)에 다시 연결될 수 있는 것은 누구이며 무엇일까요? 자, 사랑하는 이들이여, 우리 존재의 핵심은 여기 물질 우주에서 여러분 자신의 존재에 대해서 의식하는 것입니다. 여러분 존재의 그 부분을 나는 의식하는 자아(Conscious

You)라고 부르고 싶습니다. 그리고 그 존재에 대해서는 여러분이 자유로워질 수 있고 여러분이 사용할 수 있도록, 내가 준비를 해왔던 책에서 훨씬 더 자세한 가르침을 주었습니다.

하지만 사랑하는 이들이여, 여러분이 의식하고 있다는 바로 그 사실을 깊이 생각해 본다면, 여러분이 의식하는 자아를 가지고 있음을 알 수 있습니다. 이것은 어렵지 않습니다. 사랑하는 이들이여, 만일 여러분이 의식하지 못한다면, 다시 말해 자신에 대해서 인식하지 못하거나, 자기의식이 없다면, 어떻게 여러분이 자신의 현재 상황에서 고통을 받을 수 있을까요? 이것은 매우 간단한 논리입니다. 여러분은 부담을 느끼고 있고 고통스러우며, 자신이 고통을 받고 있다는 사실을 잘 의식하고 있습니다. 자, 사랑하는 이들이여, 여러분이 자신의 고통을 의식하고 있다는 사실은 바로 여러분에게 스스로를 의식하는 부분이 있다는 의미입니다. 그리고 그것이 바로 내가 의식하는 자아(Conscious You), 또는 의식하는 자아(conscious self)라고 부르는 부분입니다. 사랑하는 이들이여, 여러분의 의식하는 자아는 여러분의 현재 상황과, 외면의 마음과 현재 정체감을 넘어선다는 점을 깨달아야 합니다.

사랑하는 이들이여, 의식하는 자아는 여러분의 영적인 존재의 확장체입니다. 그리고 여러분의 영적인 존재인 아이앰 현존은 바로 창조주의 존재, 신 자체의 확장체입니다. 따라서 여러분의 의식하는 자아 또한 이 세상을 넘어서 있습니다. 하지만 알다시피, 여러분의 의식하는 자아는 물질세계로 하강해서 이 세상을 경험하고 이 세상을 공동창조하는 것을 도와 결국은 지상에서 신의 나라를 구현하도록 설계되었습니다. 나는 여러분이 이 목적을 잊었음을 알고 있습니다. 여러분이 이 진정한 정체성을 망각했음을 알고 있습니다. 그래서 나는 여러분에게 그것을 상기시키고 있습니다. 사랑하는 이들이여, 자존감의 진정한 원천은 오직 자신에 대한 앎(self-knowledge), 즉 여러분이 실제로 누구이며, 어떤 존재인지를 깨닫는 것입니다.

 사랑하는 이들이여, 여러분이 현재 상황에서 알 수 있듯이, 이 세상의 조건이나 상황(things)에 근거한 자존감은 약하고, 덧없고, 쉽게 사라질 수 있습니다. 그것이 바로, 현재 상황에서 경험하는 조건들이 여러분의 자존감을 잃게 만든 이유입니다. 그렇지 않나요? 그 이유가 이제 명확하지 않나요? 여러분의 자존감은 이 세상의 것들에 기반을 두고 있었으며, 모래 위에 지은 집이었습니다. 따라서 바람과 비가 내리면, 세익스피어가 말했듯이 "가혹한 운명의 돌팔매와 화살"(the slings and arrows of outrageous fortune)을 맞으면, 그것은 쉽게 무너질 수 있습니다.

 그래서 사랑하는 이들이여, 만일 여러분이 진정한 자존감, 이 세상의 조건에 취약하지 않은 자존감을 세우고 싶다면, 세상의 모든 것을 초월하는 자존감을 구축해야 한다는 아주 단순하고도 논리적인 사실을 알 수 있습니다. 그런데 어떻게 하면 이런 자존감을 가질 수 있을까요? 사랑하는 이들이여, 여러분이 더 높은 존재라는 사실에 다시 연결됨으로써 그렇게 할 수 있습니다. 즉 여러분은 물질적인 경험을 하고 있는 영적인 존재라는 말입니다. 흔히 말하듯이, 여러분은 영적인 경험을 하려고 노력하고 있는 물질적인 존재가 아닙니다. 여러분은 이미 영적인 존재입니다. 그래서 그것은 여러분이 아닌 무언가가 되는 문제가 아닙니다. 여러분이 이미 누구이고 무엇인지를 깨닫는 문제입니다. 사랑하는 이들이여, 하지만 여러분이 진실로 누구인지를 깨닫기 위해서는, 자신이 필멸의 인간이라는 현재의 정체감은 실재가 아니라 단지 환영임을 먼저 깨달아야 합니다.

그래서 사랑하는 이들이여, 여러분 현재의 정체감은 실제로 하수처리장으로 흘러가는 오염된 물과 같습니다. 이 생애 동안, 심지어 여러 생애 동안, 여러분 의식의 순수한 물은, 의식의 흐름 속으로 떨어진 온갖 종류의 더럽고 악취 나는 것들에 의해 오염되었습니다. 여러분 마음의 물은 너무 혼탁해져, 그 물을 투과해서 여러분 존재의 더 깊은 부분들을 볼 수가 없게 되었습니다. 따라서 여러분은 오물과 부스러기가 소용돌이치고 있는 표면만 볼 수 있습니다. 하지만, 사랑하는 이들이여, 여러분 의식의 물은 여전히 순수한 물입니다. 그 물 안에 축적된 불순물을 정화하면, 여러분이 진실로 누구인지를 명확하게 볼 수 있게 됩니다.

따라서 사랑하는 이들이여, 그것은 단지 대천사 미카엘의 가르침을 따르는 문제일 뿐입니다. 그의 가르침대로 여러분이 할 수 있는 만큼 작은 한 걸음씩 계속 나아가면, 여러분은 실제로 현재의 상황, 현재의 환경, 현재의 의식 상태를 넘어서게 됩니다. 사랑하는 이들이여, 여러분은 이 세상의 세력들로부터 배우지 않았던 또 다른 사실을 알 수 있습니다. 그것은 여러분의 외부 상황의 모든 것은 마터 빛이 특정한 형태를 취하면서 만들어진다는 사실입니다. 하지만, 사랑하는 이들이여, 그 형태가 여러분 자신의 외부 상황들에 의해서 만들어진 것이 아닙니다. 불운이나 운명, 심지어는 나쁜 카르마에 의해서 만들어진 것도 아닙니다. 그것은 여러분이 자신의 마음속에 가지고 있는 이미지들과 믿음에 의해서 결정이 되었습니다.

내가 이전에 말했듯이, 여러분의 의식의 순수한 흐름은 마치 영사기의 백색광과 같습니다. 그리고 여러분의 마음속에, 잠재의식 수준에서 가지고 있는 믿음과 이미지들과 환영은 마치 영사기의 필름 스트립과 같습니다. 따라서 여러분의 의식하는 마음의 화면과 여러분 외면의 물질적인 상황이라는 화면에 투사되고 있는 것은, 단순히 여러분의 마음에 있는 필름 스트립의 이미지들이 반영되고 있는 것입니다. 따라서 사랑하는 이들이여, 여러분이 마비되었다고 느끼는 이유, 다시는 치유될 수 없거나 자존감을 되찾을 수 없다고 느끼는 이유, 다시는 자신의 순수함을 되찾을 수 없다고 느끼는 이유는, 이 세상이 실제로 작동하는 방식과 정반대 방식으로 작동한다고 믿도록 이 세상의 거짓 교사들과 현재 사회의 기관들에 의해 여러분이 프로그램되어 왔기 때문입니다.

사랑하는 이들이여, 여러분의 마음 상태가 여러분의 외부 상황의 산물이라는 말은 전혀 사실이 아닙니다. 사실 여러분의 외부 상황이야말로 여러분 마음 상태의 산물입니다. 따라서 사랑하는 이들이여, 인류에게 가장 은밀하게 퍼져 있는 환영 중의 하나는, 외면 환경이 변해야만 여러분의 의식 상태가 바뀌게 된다는 착각입니다. 사랑하는 이들이여, 아주 어린 시절부터 여러분이 부모와 교사, 사회의 권위자와 같은 선의의 사람들에 의해 아주 미묘한 거짓말을 믿도록 프로그램되어 왔음이 보이지 않나요? 그 미묘한 거짓말은, 여러분이 행복하기 위해서는 반드시 특정한 외면의 조건들이 충족되어야 한다고 말합니다. 이러한 조건 중 하나는 여러분에게 특정한 물질적인 것들이 필요하다는 것일 수도 있습니다. 그리고 이것은 분명히 여러분에게 무언가를 팔고 싶어하는 누군가가 있기 때문에 일어난다는 것을 알 수 있습니다. 어떤 조건들은 여러분이 특정한 사회에서 살아야만 한다는 것일지도 모릅니다. 다시 말해서, 여러분에게 정치적인 신념 체계를 팔려는 누군가가 있다는 것입니다. 심지어 여러분이 특정한 종교의 일원이 되어야 하고, 그 종교가 규정한 외적인 요건들을 충족시켜야 한다고 믿도록 프로그램되었을 수도 있습니다. 하지만 누군가가 여러분에게 어떤 종교적인 신념 체계를 팔려고 시도하고 있다는 사실을 한 번 더 말하고 싶습니다.

따라서 보다시피, 이 세상에는 여러분을 통제하려는 세력들이 있습니다. 그들은 여러분이 외면의 상황을 통제하지 못하면 자신의 마음을 지휘할 수 없다는 미묘한 거짓말을 믿도록 프로그램함으로써, 여러분을 통제하려고 합니다. 그리고 바로 이런 매우 미묘한 믿음이 여러분을 현재의 위기로 이끌어 왔습니다. 따라서 여러분은 출구가 없는 불가능한 상황에, 마치 딜레마에 빠진 것처럼 느끼게 되었습니다.

사랑하는 이들이여, 이것은 일의 순서가 뒤바뀐 것이며, 여러분은 결코 실제 해결책이 될 수 없는 방식으로 문제를 해결하고자 한다는 것을 볼 수 있습니다. 왜냐하면, 여러분은 결코 외적인 조건의 결과로 행복해질 수는 없기 때문입니다. 사랑하는 이들이여, 이것이 왜 그럴까요? 행복과 마음의 평화, 자존감은 내적인 조건이기 때문입니다. 이들은 감정이고, 마음의 상태입니다. 그렇지 않나요?

따라서, 사랑하는 이들이여, 여러분 내면의 상황이 외부 상황의 산물이라는 말은 논리적으로도 전혀 맞지 않음을 알 수 있습니다. 이것은 여러분을 외부에서 통제하려는 사람들이 여러분에게 주고 있는 아주 교묘한 거짓말입니다. 왜냐하면 만일 그들이 여러분을 이 거짓말을 믿도록 만들 수 있다면, 그들은 여러분의 외부 상황을 통제함으로써 여러분의 내면을 통제할 수 있다는 것을 알기 때문입니다. 그리고 분명히, 이 세상에는 여러분의 외부 상황을 어느 정도 통제할 수 있는 세력들이 많이 있습니다. 그러므로 여러분이 자신의 외부 상황이 여러분의 내면 상황을 통제한다고 믿고 있다면, 음 사랑하는 이들이여, 이 세상의 세력들, 이 세상의 지배자가 여러분을 지배하게 될 것입니다. 이 세상의 지배자가 와서 여러분 안에서 여러분을 통제할 수 있는 무언가를 발견할 수 있을 것이기 때문입니다. 여러분 안의 그 무언가는 사실, 여러분 내면의 상태가 외부 상황의 결과물이라는 그 믿음입니다.

사랑하는 이들이여, 대천사 미카엘도 설명했듯이, 물질세계의 모든 것은 마터 빛에 투사된 특정한 정신적인 이미지의 결과물임은 틀림없는 사실입니다. 마터 빛은 그런 방식으로 특정한 형태를 취하게 되는 것입니다. 따라서 여러분의 개인적인 마음이 집단적인 마음에 열려 있는 한, 여러분의 외부 상황은 전적으로 여러분 개인의 마음과 인류의 집단의식 속에 있는 이미지들의 결과물입니다.

사랑하는 이들이여, 외부에서 여러분의 오라장을 침입해 왔던 힘과 에너지는, 부분적으로는 대중의식, 즉 인류의 집단의식에서 나오는 것입니다. 하지만 이러한 힘과 에너지와 함께 이들이 기반한 이미지와 신념들, 즉 이들을 존재하게 하는 이미지들도 따라옵니다. 그래서 여러분이 대중의식과 집단적인 마음에 열려 있을 때, 여러분은 이러한 이미지들을 받아들이게 됩니다. 여러분은 어둠의 세력과 자신의 에고가 제시하는 에너지와 교묘한 거짓말과 논쟁에 압도당해서, 이러한 이미지들을 변할 수 없으며, 피할 수 없는 실재로 믿고 받아들이게 됩니다.

여러분이 그 이미지들을 마음속으로 가져간 다음, 마음의 필름 스트립을 통해서 빛을 비추면, 그 이미지들에 의해 빛이 채색됩니다. 그래서 여러분은 빛의 스크린인 마터 빛에, 여러분에게 고통을 일으킬 뿐인 환영인 이미지들을 투사합니다. 사랑하는 이들이여, 그 결과 일정 시간이 지나면, 이 이미지들은 실제로 여러분이 무시할 수도, 피할 수도 없어 보이는 물리적인 외면의 환경으로 나타나게 될 것입니다.

하지만 사랑하는 이들이여, 나는 절대적인 진실을 말하고자 합니다. 만일 여러분이 의식적으로 자신의 에너지장과 마음, 심지어는 마음의 무의식적인 수준들에서 실재가 아닌 것을 모두 정화하려는 단호한 노력을 한다면, 여러분은 실제로 자신의 외부 상황을 변화시키게 될 것입니다. 여러분은 현재의 위기를 극복하고 여러분 의식의 흐름을 통해서 명확하게 보기 시작할 것입니다. 이론적이고 지적인 지식이 아니라 직관적이고 신비적인 실제 경험을 통해 마침내 자기 존재의 가장 깊은 곳(recesses)까지 보게 되고, 여러분은 자신이 외적인 정체성, 외면의 자아, 에고 이상의 존재이며, 이 세상을 넘어선다는 것을 확실히 경험하게 됩니다. 여러분은 영적인 존재입니다. 신 안에 여러분의 실재가 있습니다. 그러므로 사랑하는 이들이여, 여러분은 궁극적인 자기 가치와, 자신이 신의 확장체라는 절대적인 앎을 가지고 있습니다. 여러분은 개체화된 신입니다. 그리고 신은 무한히 가치롭고, 무한한 가치를 지니고 있다고 말할 수 있지 않나요?

사랑하는 이들이여, 여러분이 신의 무한한 존재의 확장체이고 따라서 자신이 진실로 신의 무한한 존재가 특정한 정체성으로 현현된 것임을 깨닫게 될 때, 여러분은 예수가 "나와 아버지는 하나이다."(요한 10:30) 라고 말했을 때 예수가 알고 경험했던 궁극적인 자기 가치를 알게 되고 깨닫고 경험하게 될 것입니다. 아, 사랑하는 이들이여, 신 안에서 여러분이 진실로 누구인지를 깨닫는 것보다 더 큰 느낌은 없으며, 더 큰 경험도 없습니다.

사랑하는 이들이여, 여러분이 이 지구상에서 어떤 즐거움과 경험을 해왔든, 그것은 여러분의 상위 존재(Higher Being)와의 하나됨, 여러분의 창조주와 하나됨의 경험에 비하면 아무것도 아니라고 나는 장담합니다. 그것은 여러분 외면의 마음으로는 도저히 상상할 수 없는 느낌입니다. 하지만, 여러분이 매일 한 걸음씩 더 높이 올라가 어둠으로부터 계속 멀어진다면, 결국 돌파구를 찾아 궁극적인 자기 가치의 경험을 일별하게 될 것입니다. 따라서 여러분이 어떤 실수를 하고 어떤 경험을 했든, 그것이 아무리 치욕스럽고 무자비하고 굴욕적이더라도, 사랑하는 이들이여, 그것들은 여러분 존재의 실재와는 아무 관련이 없음을 알게 될 것입니다. 그것들은 저 멀리서 깜빡이고 있는 이미지에 지나지 않는, 일시적인 환영이나 신기루일 뿐입니다.

따라서 여러분이 그것 이상의 존재임을 알고 경험할 때, 사랑하는 이들이여, 여러분은 그것을 내려놓을 수 있습니다. 장담컨대, 여러분이 자신의 실재인 I AM의 실재를 경험할 때, 바로 그때 여러분은 자신을 완전히 용서할 수 있습니다. 여러분과 관련된 모든 사람, 여러분이 상처를 주었을 수 있는 모든 사람, 여러분에게 상처를 주었을 수 있는 모든 사람을 완전히 용서할 수 있습니다. 여러분은 자신을 용서할 수 있고, 그들을 용서할 수 있고, 신을 용서할 수 있고, 심지어 여러분에게 한계와 고통을 경험하게 만든 것에 대해서 마터 빛을 용서할 수 있습니다.

사랑하는 이들이여, 계속 나아가면, 완전한 용서, 완전한 내맡김이라는 완전한 자유로움에 이르는 시점에 이를 것입니다. 그때 여러분은 필멸의 정체감을 포기하고 그것을 죽게 내버려두고, 그런 다음 더 큰 실재인 여러분과 합쳐지게 됩니다. 그리고 자신이 그 더 큰 존재이고, 항상 더 큰 존재였음을 깨닫고, 심지어 여러분이 여전히 육체 안에 있는 동안에도 그 더 큰 존재의 실재를 다시 경험할 수 있게 됩니다. 이제 여러분은 변화되며, 따라서 더 이상 스스로를 자신의 몸이나 외면의 상황과 동일시하지 않게 될 것입니다. 왜냐하면 여러분은 자신이 그 이상의 존재임을 알고 경험할 것이기 때문입니다.

오 사랑하는 이들이여, 이것은 가장 큰 기쁨, 가장 큰 자유, 가장 큰 행복, 가장 큰 자기 존중감이며, 자기의식을 지닌 존재가 경험할 수 있는 가장 큰 자존감입니다. 그리고 사랑하는 이들이여, 나는 여러분도 그런 경험을 하는 것이 가능함을 말하고 보여주려고 왔습니다. 이것이 왜 가능할까요? 여러분이 스스로를 자각하기 때문에 가능합니다. 따라서 여러분은 지금보다 더 잘 인식할 수 있고, 지금의 자아보다 더 큰 자아를 인식할 수 있는 잠재력을 가지고 있습니다. 사랑하는 이들이여, 내가 무슨 말을 하고 있는지 알겠나요? 여기서 더 깊은 실재를 보고 있나요? 여러분이 제한된 자아감으로 고통받고 있다는 바로 그 사실은, 여러분이 자신의 자아감을 확장하고 의식을 확장할 수 있으며, 이미 여러분 자신인 더 큰 자아(the greater self that you already are)를 받아들이고 통합함으로써, 지금의 여러분을 넘어서는 존재가 될 수 있음을 입증하고 있습니다.

그러므로 사랑하는 이들이여, 여러분이 외면의 마음으로 이것을 완전히 받아들일 수 없다고 해도, 나는 여러분에게 한 가지를 기꺼이 시도(TRY)해 보라는 부탁을 하고 싶습니다. 여러분이 누구인지를 내면에서 깨닫는 그 지점을 향해 나아가기 위해 기꺼이 노력하기 바랍니다. 따라서 여러분이 자신의 삶에 대한 통제권을 다시 찾았다고 느끼는 그 지점까지 대천사 미카엘의 로자리를 낭송하고, 그의 구술을 읽을(들을) 때, 사랑하는 이들이여, 내가 설계한 프로그램을 사용하여, 이 구술을 읽고(듣고) 이 구술에 기반한 자존감을 얻기 위한 로자리를 낭송하기 바랍니다. 만일 이것을 적어도 33일간 계속해서 한다면, 여러분은 어떤 변화를 느낄 것입니다. 그리고 그 이후에 프로그램을 계속하되, 이제 하루는 대천사 미카엘의 로자리를 낭송하고, 그다음 날은 나의 로자리를 낭송하세요. 그렇게 함으로 여러분은 신의 알파와 오메가 측면의 진동을 번갈아 가면서 취할 수 있습니다.

사랑하는 이들이여, 여러분이 다른 가르침을 공부하려는 내면의 영감이 느껴질 때까지, 즉 내가 여러분을 위해서 준비해온 다른 많은 로자리를 하기까지 이 수행을 계속한다면, 여러분은 정말로 자신의 삶의 방향을 바꾸게 될 것입니다. 그리고 여러분은 자신의 삶이 상향나선이 되었음을 경험할 것입니다. 그리고 여러분이 이것을 경험할 때, 기꺼이 그렇게 한다면 여러분은 의식적으로 자신의 삶을 계속해서 상향나선에 고정시킬 수 있습니다. 그리고 일단 여러분이 상향나선에 고정되면, 자신이 진정으로 누구인지를 내면에서 깨닫는 지점까지 돌파하는 것은 오직 시간문제일 뿐입니다.

오 사랑하는 이들이여, 여러분은 정말로 이렇게 할 수 있습니다. 그리고 나는 여러분을 위한 그 순결한 비전, 그 무결한 관념을 간직할 것입니다. 예수가 그의 그리스도 의식을 표현하고 상위의 자아감으로 영원히 부활했던 바로 그날까지 내가 그를 위해 매일 무결한 관념을 품고 있었듯이 말입니다. 따라서 로자리를 낭송하세요. 그뿐만 아니라 매일 잊지 말고 나에게 "오 성모 마리아시여, 내가 지금 이해할 수 있는 나 자신을 위한 무결한 관념을 보여주세요."라고 단순히 요청을 하세요.

사랑하는 이들이여, 여러분이 이 요청을 한다면, 여러분이 볼 수 있는 것과 기꺼이 보고자 하는 것을 보여주겠습니다. 그리고 여러분과 내가, 대천사 미카엘과 여러분의 그리스도 자아와 상승 호스트와 함께, 우리 존재의 모든 부분이 우리 모두의 더 큰 존재와 마침내 하나됨을 이룰 때까지, 진실로 계속 집으로 걸어갈 수 있다고 확신합니다. 왜냐하면 사랑하는 이들이여, 영적인 세계에서는 모든 생명이 신이기 때문에 모든 생명이 하나임을 우리는 알고 있기 때문입니다.

따라서 사랑하는 이들이여, 이제, 여러분 각각을 향한 사랑과 물질 세계의 모든 경계를 초월하는 사랑으로 흘러넘치고 있는 신성한 어머니(Divine Mother) 가슴의 무한한 사랑과 무한한 양육과 무한한 위안 안에 여러분을 봉인합니다. 그것은 여러분이 기꺼이 외적인 상황을 넘어서서 내 현존(I AM)으로서의 사랑, 내 현존(I AM)의 조건 없는 사랑, 내가 여러분을 향해 지닌 조건 없는 사랑을 받아들인다면, 여러분이 지금 바로 경험할 수 있는 사랑입니다. 사랑하는 이들이여, 내 사랑이 무조건적이라면, 여러분이 그 사랑을 받기 위해서 지구상의 그 어떤 조건에도 맞출 필요가 없습니다. 그렇지요? 그러므로 그 조건들에 대한 것은 잊어버리고, 내가 여러분을 사랑하고, 대천사 미카엘이 여러분을 사랑하고, 여러분의 아이앰 현존이 여러분을 사랑하고, 여러분의 그리스도 자아가 여러분을 사랑하고, 예수가 여러분을 사랑하고, 여러분의 창조주가 여러분을 사랑하며, 항상 여러분을 사랑해 왔고, 언제나 여러분을 사랑할 것임을 받아들이세요.

사랑하는 이들이여, 내 자신인(I AM) 무한한 사랑, 여러분 자신인 무한한 사랑 안에 봉인되기 바랍니다.

성모 마리아의 자존감 회복을 위한 로자리

안내: 영적인 위기를 위한 도구의 오메가 측면으로서, 대천사 미카엘의 영적인 위기를 극복하기 위한 로자리를 보완하기 위해 설계되었습니다. 여러분이 진정한 자존감(self-esteem)을 회복하도록 도와줍니다.

조건 없는 사랑이신 성부와 성자와 성령, 그리고 빛의 어머니의 이름으로, 아멘.

I AM THAT I AM, 예수 그리스도의 이름으로, 나는 그리스도의 완전한 비전이 구현되도록 이 로자리를 바칩니다…
(여기에 개인적인 요청을 추가하세요)

신은 아버지이자 어머니입니다
신은 아버지이자 어머니시며,
다른 한편이 없이는 완전한 하나가 아닙니다.

균형을 이룬 당신의 통일성은 우리의 근원이며,
당신의 사랑은 우리의 여정을 인도합니다.
당신은 우리에게 풍요로운 삶을 주시며,

모든 투쟁의 감각에서 해방합니다.
우리는 생명의 강으로 뛰어들어,
이 나쁜 꿈에서 깨어납니다.
우리는 진실로 생명이 하나임을 깨달으며,
우리는 승리를 얻습니다.
우리는 성인들이 밟았던 길을 따라,
신에게 되돌아왔습니다.
우리는 지상에서 신의 몸을 이루며,
하늘에서 오는 충만한 축복과 함께,
우리 행성을 사랑의 황금시대 안에서,
다시 태어나게 합니다.
우리는 모든 사람을 해방하여
하나됨이야말로 실재임을 깨닫게 하고,
그 하나됨 안에서
영원토록 완전한 전체가 됩니다.
이제 지구는 진실로 치유되었고,
모든 생명이 신의 완전함 안에 봉인되었습니다.

신은 아버지이자 어머니시며,
우리는 서로 안에서 신을 봅니다.

나는(I AM) 인간 자아를 초월하는 존재입니다
1. 오직 인간 자아만이 부담스럽고, 통제가 안 되고, 무력하고, 정체되고, 마비되었다는 느낌을 가질 수 있습니다. 오직 인간 자아만이 물질세계나 극복할 수 없는 장애나 한계에 대해서 분노나 적의의 느낌을 가질 수 있습니다. 나는(I AM) 인간 자아를 초월하는 존재입니다.

나는 이제 그 이하의 것들을 모두 내려놓고,
영원한 상향의 길을 갑니다.
나는 이제 자신의 신성한 가치를 받아들이며,

장엄한 재탄생을 맞이합니다.

나는 자신의 진정한 정체성을 알며,
내면에 신이 실재하심을 깨닫습니다.
나는 신의 빛에서 나온 존재이며,
그 빛은 내 안에서 영원히 빛납니다.

2. 내가 위기를 겪으며 가장 먼저 잃는 것은 자존감과 자기가치에 대한 느낌입니다. 자존감의 상실이 바로 위기의 본질이며, 내가 위기를 벗어나 올라가지 못하도록 막는 요소입니다. 그러나 오직 인간 자아만이 자존감을 잃을 수 있습니다. 나는(I AM) 인간 자아를 초월하는 존재입니다.

나는 이제 그 이하의 것들을 모두 내려놓고,
영원한 상향의 길을 갑니다.
나는 이제 자신의 신성한 가치를 받아들이며,
장엄한 재탄생을 맞이합니다.

나는 자신의 진정한 정체성을 알며,
내면에 신이 실재하심을 깨닫습니다.
나는 신의 빛에서 나온 존재이며,
그 빛은 내 안에서 영원히 빛납니다.

3. 내 현재 상황을 극복하는 일은 언제나 가능합니다. 오직 인간 자아만이, 내가 이런저런 실수를 했으므로 다시는 자유로워질 수 없고, 순수해질 수도 없으며, 용서받을 수도 없다는 교묘한 거짓말을 믿을 수 있습니다. 나는(I AM) 인간 자아를 초월하는 존재입니다.

나는 이제 그 이하의 것들을 모두 내려놓고,
영원한 상향의 길을 갑니다.

나는 이제 자신의 신성한 가치를 받아들이며,
장엄한 재탄생을 맞이합니다.

나는 자신의 진정한 정체성을 알며,
내면에 신이 실재하심을 깨닫습니다.
나는 신의 빛에서 나온 존재이며,
그 빛은 내 안에서 영원히 빛납니다.

4. 내가 어떤 실수를 했든, 나는 여전히 좋은 사람이고 더 나은 미래를 만들 수 있으며, 현재의 문제를 극복할 수 있습니다. 오직 인간 자아만이, 그러한 문제를 스스로 극복할 수 없다고 믿습니다. 나는(I AM) 인간 자아를 초월하는 존재입니다.

나는 이제 그 이하의 것들을 모두 내려놓고,
영원한 상향의 길을 갑니다.
나는 이제 자신의 신성한 가치를 받아들이며,
장엄한 재탄생을 맞이합니다.

나는 자신의 진정한 정체성을 알며,
내면에 신이 실재하심을 깨닫습니다.
나는 신의 빛에서 나온 존재이며,
그 빛은 내 안에서 영원히 빛납니다.

5. 지구상의 모든 문제에는 해법이 있습니다. 인간 자아에게는 넘을 수 없는 상황처럼 보일지라도, 극복할 방법이 있습니다. 과거에 내가 아무리 큰 실수를 했든, 내 인간 자아가 아무리 불완전하고 불순하게 느껴지든, 지구상에 내가 넘지 못하고 정화되지 못할 상황은 결코 없습니다. 나는(I AM) 인간 자아를 초월하는 존재입니다.

나는 이제 그 이하의 것들을 모두 내려놓고,

영원한 상향의 길을 갑니다.
나는 이제 자신의 신성한 가치를 받아들이며,
장엄한 재탄생을 맞이합니다.

나는 자신의 진정한 정체성을 알며,
내면에 신이 실재하심을 깨닫습니다.
나는 신의 빛에서 나온 존재이며,
그 빛은 내 안에서 영원히 빛납니다.

6. 물질계의 만물은 하나의 기본 질료로 만들어졌으며, 이것이 곧 신성한 어머니의 빛인 마터 빛입니다. 나는 모든 것이 빛인 우주 안에 살고 있습니다. 모든 것이 신의 빛으로, 즉 형상을 취한 마터 빛으로 만들어졌습니다. 형상은 단지 일시적인 현현일 뿐, 근원적인 빛의 속성은 변하지 않습니다. 이 세상의 모든 것은 일시적인 외양일 뿐이며, 빛은 언제나 본래의 순수한 상태로 돌아갈 수 있습니다. 나는(I AM) 인간 자아를 초월하는 존재입니다.

나는 이제 그 이하의 것들을 모두 내려놓고,
영원한 상향의 길을 갑니다.
나는 이제 자신의 신성한 가치를 받아들이며,
장엄한 재탄생을 맞이합니다.

나는 자신의 진정한 정체성을 알며,
내면에 신이 실재하심을 깨닫습니다.
나는 신의 빛에서 나온 존재이며,
그 빛은 내 안에서 영원히 빛납니다.

7. 신의 빛이 없었다면 어떤 창조물도 존재하지 않을 것입니다. 내가 창조되었다는 것은 내가 빛으로 만들어졌다는 의미이며, 나는 빛의 존재, 영적인 존재입니다. 나는 죽을 수밖에 없는 인간 존재가 아니며,

죄밖에 저지를 수 없는 필멸의 죄인으로 창조되지 않았습니다. 나는 원숭이로 창조되지 않았고, 세련되게 진화한 원숭이도 아닙니다. 내 사고는 물리적인 뇌 안에서 일어나는 과정 이상의 것입니다. 나는(I AM) 인간 자아를 초월하는 존재입니다.

나는 이제 그 이하의 것들을 모두 내려놓고,
영원한 상향의 길을 갑니다.
나는 이제 자신의 신성한 가치를 받아들이며,
장엄한 재탄생을 맞이합니다.

나는 자신의 진정한 정체성을 알며,
내면에 신이 실재하심을 깨닫습니다.
나는 신의 빛에서 나온 존재이며,
그 빛은 내 안에서 영원히 빛납니다.

8. 나는 몸을 초월하는 존재이며, 이 지구를 초월하고 물질 우주를 초월하는 존재입니다. 나는 이 세상을 넘어선 영적인 실재, 영적인 정체성을 가지고 있습니다. 나의 진정한 정체성은 이 세상을 초월해 있으므로, 이 세상에서 내가 경험하거나 행한 어떤 것에도 영향을 받지 않습니다. 나는(I AM) 인간 자아를 초월하는 존재입니다.

나는 이제 그 이하의 것들을 모두 내려놓고,
영원한 상향의 길을 갑니다.
나는 이제 자신의 신성한 가치를 받아들이며,
장엄한 재탄생을 맞이합니다.

나는 자신의 진정한 정체성을 알며,
내면에 신이 실재하심을 깨닫습니다.
나는 신의 빛에서 나온 존재이며,
그 빛은 내 안에서 영원히 빛납니다.

9. 내 존재의 중심핵은 항구히 영적인 영역에 속합니다. 그 중심핵에는 신에 속한 내 정체성과 개성에 대한 청사진이 담겨 있습니다. 그 중심핵은 파괴되거나 변형되지 않으며, 심지어 물질계에서 경험한 어떤 것으로도 가릴 수 없습니다. 나는(I AM) 인간 자아를 초월하는 존재입니다.

나는 이제 그 이하의 것들을 모두 내려놓고,
영원한 상향의 길을 갑니다.
나는 이제 자신의 신성한 가치를 받아들이며,
장엄한 재탄생을 맞이합니다.

나는 자신의 진정한 정체성을 알며,
내면에 신이 실재하심을 깨닫습니다.
나는 신의 빛에서 나온 존재이며,
그 빛은 내 안에서 영원히 빛납니다.

1. 목, 태양신경총 차크라

사랑하는 성모 마리아시여, 당신이 들어올리시는
만물 안의 어머니 빛을 찬양합니다.
완전한 균형 속에서 빛이 흐르고,
우리 영혼들은 조화롭게 빛납니다.

성모 마리아시여
평화에 미치지 못하는 모든 생각과 느낌,
모든 낡은 패턴을 이제 놓아버리며,
필멸의 주형을 떠납니다.

생명의 강이여, 영원한 흐름이여,
우리는 살아가겠습니다. 성장하겠습니다.

초월하고, 그 이상이 되겠습니다.
생명의 환희여, 찬미합니다.

성모 마리아의 사랑은 큰 해방을 가져오고,
가슴의 고통은 이제 모두 멈춥니다.
가슴에서 열두 꽃잎의 장미가 활짝 피어나면,
영혼은 자유로이 신랑을 만납니다.

성모 마리아시여
평화에 미치지 못하는 모든 생각과 느낌,
모든 낡은 패턴을 이제 놓아버리며,
필멸의 주형을 떠납니다.

생명의 강이여, 영원한 흐름이여,
우리는 살아가겠습니다. 성장하겠습니다.
초월하고, 그 이상이 되겠습니다.
생명의 환희여, 찬미합니다.

목 차크라는 신비한 푸른색으로 빛나고,
신의 의지는 항상 진리입니다.
사랑 안에서 신의 힘이 방출되어
위에서 그리스도를 통해 흘러옵니다.

성모 마리아시여
평화에 미치지 못하는 모든 생각과 느낌,
모든 낡은 패턴을 이제 놓아버리며,
필멸의 주형을 떠납니다.

생명의 강이여, 영원한 흐름이여,
우리는 살아가겠습니다. 성장하겠습니다.

초월하고, 그 이상이 되겠습니다.
생명의 환희여, 찬미합니다.

두려움과 분노를 놓아버리면,
태양 센터는 평화로워집니다.
이제 신성한 열 개의 꽃잎이 피어나
자줏빛과 황금빛으로 타오릅니다.

성모 마리아시여
평화에 미치지 못하는 모든 생각과 느낌,
모든 낡은 패턴을 이제 놓아버리며,
필멸의 주형을 떠납니다.

생명의 강이여, 영원한 흐름이여,
우리는 살아가겠습니다. 성장하겠습니다.
초월하고, 그 이상이 되겠습니다.
생명의 환희여, 찬미합니다.

어머니 빛이 붓다를 만날 때,
어둠의 힘은 패배하고,
예수님과 우리의 성 저메인과 함께,
다시 황금시대가 도래합니다.

성모 마리아시여
평화에 미치지 못하는 모든 생각과 느낌,
모든 낡은 패턴을 이제 놓아버리며,
필멸의 주형을 떠납니다.

생명의 강이여, 영원한 흐름이여,
우리는 살아가겠습니다. 성장하겠습니다.

초월하고, 그 이상이 되겠습니다.
생명의 환희여, 찬미합니다.

어머니의 부드러운 입맞춤을 느끼며,
나는 영원한 지복 안에 거합니다.
신성한 종소리가 울리는 지고의 공간에서,
조화롭게 떠다닙니다.

성모 마리아시여
평화에 미치지 못하는 모든 생각과 느낌,
모든 낡은 패턴을 이제 놓아버리며,
필멸의 주형을 떠납니다.

생명의 강이여, 영원한 흐름이여,
우리는 살아가겠습니다. 성장하겠습니다.
초월하고, 그 이상이 되겠습니다.
생명의 환희여, 찬미합니다.

Coda:
성모 마리아의 무한한 은총으로,
우리는 시간을 정복하고 공간을 정복합니다.
불성은 만물에 내재하니
우리는 올라가서 부름을 듣습니다
우리는 지상의 그리스도가 되어,
황금시대의 탄생을 가져올 것입니다.

나는 물질적인 조건을 초월하는 존재입니다
1. 내 인간 자아는 현재 상황을 힘들어하거나 부담스럽게 느낄 수 있지만, 내 존재의 상위 부분은 현재 상황에 의해 영향을 받지 않습니다. 내 외부의 상황을 초월한 곳에 더 근원적인 실재가 있습니다. 나

는 그 실재에 연결되어 내 삶에 대해 완전히 다른 관점을 가질 수 있습니다. 나는(I AM) 모든 물질적인 조건을 초월해 있는 존재입니다.

나는 이제 그 이하의 것들을 모두 내려놓고,
영원한 상향의 길을 갑니다.
나는 이제 자신의 신성한 가치를 받아들이며,
장엄한 재탄생을 맞이합니다.

나는 자신의 진정한 정체성을 알며,
내면에 신이 실재하심을 깨닫습니다.
나는 신의 빛에서 나온 존재이며,
그 빛은 내 안에서 영원히 빛납니다.

2. 내가 현재 상황에서 벗어날 출구가 없다고 생각하게 되는 이유는, 자신이 누구인지 알지 못하기 때문입니다. 내가 진정한 나 자신을 깨달으면, 내가 현재 상황 이상의 존재임을 알게 됩니다. 따라서 출구가 있으며 이는 곧, 진정한 영적 존재로서의 나와 다시 연결되는 것입니다. 나는 내 영적인 존재인 아이앰 현존과 다시 연결될 수 있는데, 내 존재의 중심핵은 의식하는 자아(conscious self)이기 때문입니다. 나는(I AM) 모든 물질적인 조건을 초월해 있는 존재입니다.

나는 이제 그 이하의 것들을 모두 내려놓고,
영원한 상향의 길을 갑니다.
나는 이제 자신의 신성한 가치를 받아들이며,
장엄한 재탄생을 맞이합니다.

나는 자신의 진정한 정체성을 알며,
내면에 신이 실재하심을 깨닫습니다.
나는 신의 빛에서 나온 존재이며,
그 빛은 내 안에서 영원히 빛납니다.

3. 내가 고통스러워한다는 사실은 내가 스스로를 의식하는 자각을 가진(self-aware) 존재임을 입증해 줍니다. 나는 스스로를 의식할 수 있으므로, 내 의식하는 자아가 현재 상황을 넘어서고 외면의 마음과 현재의 내 정체감을 넘어서는 존재임을 인식할 수 있습니다. 나는(I AM) 모든 물질적인 조건을 초월해 있는 존재입니다.

나는 이제 그 이하의 것들을 모두 내려놓고,
영원한 상향의 길을 갑니다.
나는 이제 자신의 신성한 가치를 받아들이며,
장엄한 재탄생을 맞이합니다.

나는 자신의 진정한 정체성을 알며,
내면에 신이 실재하심을 깨닫습니다.
나는 신의 빛에서 나온 존재이며,
그 빛은 내 안에서 영원히 빛납니다.

4. 내 의식하는 자아는 내 영적인 존재인 아이앰 현존의 확장체이며, 내 아이앰 현존은 바로 창조주의 확장체입니다. 의식하는 자아는, 이 세계를 경험하고 지상에 신의 나라를 공동창조하는 일을 돕기 위해 물질세계로 내려오도록 설계되었습니다. 나는(I AM) 모든 물질적인 조건을 초월해 있는 존재입니다.

나는 이제 그 이하의 것들을 모두 내려놓고,
영원한 상향의 길을 갑니다.
나는 이제 자신의 신성한 가치를 받아들이며,
장엄한 재탄생을 맞이합니다.

나는 자신의 진정한 정체성을 알며,
내면에 신이 실재하심을 깨닫습니다.
나는 신의 빛에서 나온 존재이며,

그 빛은 내 안에서 영원히 빛납니다.

5. 외면의 마음은 이 목적과 내 진정한 정체성을 잊어버렸습니다. 하지만 나는 진정한 정체성에 다시 연결될 수 있으며, 진정한 자존감의 유일한 근원은 자신에 대한 앎, 자신이 진실로 누구이고 어떤 존재인지에 대한 깨달음입니다. 나는(I AM) 모든 물질적인 조건을 초월해 있는 존재입니다.

나는 이제 그 이하의 것들을 모두 내려놓고,
영원한 상향의 길을 갑니다.
나는 이제 자신의 신성한 가치를 받아들이며,
장엄한 재탄생을 맞이합니다.

나는 자신의 진정한 정체성을 알며,
내면에 신이 실재하심을 깨닫습니다.
나는 신의 빛에서 나온 존재이며,
그 빛은 내 안에서 영원히 빛납니다.

6. 이 세상의 것이나 조건들에 기반을 둔 자존감은 손상되기 쉽고 쉽게 잃어버릴 수 있습니다. 내가 현 상황에서 경험하는 조건들은, 이 세상의 것에 기반을 둔 자존감을 잃게 만듭니다. 나는(I AM) 모든 물질적인 조건을 초월해 있는 존재입니다.

나는 이제 그 이하의 것들을 모두 내려놓고,
영원한 상향의 길을 갑니다.
나는 이제 자신의 신성한 가치를 받아들이며,
장엄한 재탄생을 맞이합니다.

나는 자신의 진정한 정체성을 알며,
내면에 신이 실재하심을 깨닫습니다.

나는 신의 빛에서 나온 존재이며,
그 빛은 내 안에서 영원히 빛납니다.

7. 나는 이 세상 어떤 것도 초월해 있는 자존감에 도달함으로써 물질적인 조건들에 손상되지 않는 자존감을 구축하겠습니다. 나는 영적인 경험을 하려는 물질적인 존재가 아니라, 물질적인 경험을 하려는 영적인 존재라는 내 실재에, 나 자신인 상위 존재에 다시 연결됨으로써 이 자존감을 구축할 수 있습니다. 나는(I AM) 모든 물질적인 조건을 초월해 있는 존재입니다.

나는 이제 그 이하의 것들을 모두 내려놓고,
영원한 상향의 길을 갑니다.
나는 이제 자신의 신성한 가치를 받아들이며,
장엄한 재탄생을 맞이합니다.

나는 자신의 진정한 정체성을 알며,
내면에 신이 실재하심을 깨닫습니다.
나는 신의 빛에서 나온 존재이며,
그 빛은 내 안에서 영원히 빛납니다.

8. 나는 이미 영적인 존재이므로, 따라서 내가 아닌 뭔가가 되려고 하지 않습니다. 나는 내가 누구이고 어떤 존재인지 깨닫고자 합니다. 내가 필멸의 인간이라는 정체감은 비실재이며, 단지 환상임을 깨닫습니다. 나는(I AM) 모든 물질적인 조건을 초월해 있는 존재입니다.

나는 이제 그 이하의 것들을 모두 내려놓고,
영원한 상향의 길을 갑니다.
나는 이제 자신의 신성한 가치를 받아들이며,
장엄한 재탄생을 맞이합니다.

나는 자신의 진정한 정체성을 알며,
내면에 신이 실재하심을 깨닫습니다.
나는 신의 빛에서 나온 존재이며,
그 빛은 내 안에서 영원히 빛납니다.

9. 내 현재의 정체감은 더 이상 내 존재의 더 심원한 부분을 볼 수 없을 만큼 오염된 흙탕물과도 같습니다. 그러나 내 의식의 물은 여전히 순수한 물입니다. 모든 불순물을 정화한다면, 나는 자신의 진정한 본질을 명료하게 보게 될 것입니다. 내 아이앰 현존의 실재를 볼 때까지, 나는 한 번에 가능한 작은 한 걸음씩 계속 나아가겠습니다. 나는(I AM) 모든 물질적인 조건을 초월해 있는 존재입니다.

나는 이제 그 이하의 것들을 모두 내려놓고,
영원한 상향의 길을 갑니다.
나는 이제 자신의 신성한 가치를 받아들이며,
장엄한 재탄생을 맞이합니다.

나는 자신의 진정한 정체성을 알며,
내면에 신이 실재하심을 깨닫습니다.
나는 신의 빛에서 나온 존재이며,
그 빛은 내 안에서 영원히 빛납니다.

2. 제3의 눈, 영혼(단전) 차크라

사랑하는 성모 마리아시여, 당신이 들어올리시는
만물 안의 어머니 빛을 찬양합니다.
완전한 균형 속에서 빛이 흐르고,
우리 영혼들은 조화롭게 빛납니다.

성모 마리아시여

평화에 미치지 못하는 모든 생각과 느낌,
모든 낡은 패턴을 이제 놓아버리며,
필멸의 주형을 떠납니다.

생명의 강이여, 영원한 흐름이여,
우리는 살아가겠습니다. 성장하겠습니다.
초월하고, 그 이상이 되겠습니다.
생명의 환희여, 찬미합니다.

성모 마리아의 사랑은 큰 해방을 가져오고,
가슴의 고통은 이제 모두 멈춥니다.
가슴에서 열두 꽃잎의 장미가 활짝 피어나면,
영혼은 자유로이 신랑을 만납니다.

성모 마리아시여
평화에 미치지 못하는 모든 생각과 느낌,
모든 낡은 패턴을 이제 놓아버리며,
필멸의 주형을 떠납니다.

생명의 강이여, 영원한 흐름이여,
우리는 살아가겠습니다. 성장하겠습니다.
초월하고, 그 이상이 되겠습니다.
생명의 환희여, 찬미합니다.

이마는 에메랄드빛을 내뿜고,
우리는 그리스도의 완전한 비전을 추구합니다.
우리가 신의 완전한 계획을 보게 될 때,
모두를 위한 신의 사랑을 느낍니다.

성모 마리아시여

평화에 미치지 못하는 모든 생각과 느낌,
모든 낡은 패턴을 이제 놓아버리며,
필멸의 주형을 떠납니다.

생명의 강이여, 영원한 흐름이여,
우리는 살아가겠습니다. 성장하겠습니다.
초월하고, 그 이상이 되겠습니다.
생명의 환희여, 찬미합니다.

보라색 불꽃이 밝게 타오를 때,
영혼은 기쁨 안에서 그 빛을 누립니다.
영혼은 신의 순수한 공기를 마시며,
어머니의 보살핌 안에서 큰 자유를 느낍니다.

성모 마리아시여
평화에 미치지 못하는 모든 생각과 느낌,
모든 낡은 패턴을 이제 놓아버리며,
필멸의 주형을 떠납니다.

생명의 강이여, 영원한 흐름이여,
우리는 살아가겠습니다. 성장하겠습니다.
초월하고, 그 이상이 되겠습니다.
생명의 환희여, 찬미합니다.

어머니 빛이 붓다를 만날 때,
어둠의 힘은 패배하고,
예수님과 우리의 성 저메인과 함께,
다시 황금시대가 도래합니다.

성모 마리아시여

평화에 미치지 못하는 모든 생각과 느낌,
모든 낡은 패턴을 이제 놓아버리며,
필멸의 주형을 떠납니다.

생명의 강이여, 영원한 흐름이여,
우리는 살아가겠습니다. 성장하겠습니다.
초월하고, 그 이상이 되겠습니다.
생명의 환희여, 찬미합니다.

어머니의 부드러운 입맞춤을 느끼며,
나는 영원한 지복 안에 거합니다.
신성한 종소리가 울리는 지고의 공간에서,
조화롭게 떠다닙니다.

성모 마리아시여
평화에 미치지 못하는 모든 생각과 느낌,
모든 낡은 패턴을 이제 놓아버리며,
필멸의 주형을 떠납니다.

생명의 강이여, 영원한 흐름이여,
우리는 살아가겠습니다. 성장하겠습니다.
초월하고, 그 이상이 되겠습니다.
생명의 환희여, 찬미합니다.

Coda:
성모 마리아의 무한한 은총으로,
우리는 시간을 정복하고 공간을 정복합니다.
불성은 만물에 내재하니
우리는 올라가서 부름을 듣습니다
우리는 지상의 그리스도가 되어,

황금시대의 탄생을 가져올 것입니다.

나는 신 의식(God's consciousness)의 흐름입니다

1. 내 외면 상황의 모든 것은 마터 빛이 특정한 형상을 취함으로써 창조되었습니다. 그 형상은 내 외부의 조건들에 의해 창조된 것이 아닙니다. 내가 마음속에 지닌 이미지들과 믿음이 그 형상을 결정했습니다. 나는(I AM) 신 의식의 순수한 흐름입니다.

나는 이제 그 이하의 것들을 모두 내려놓고,
영원한 상향의 길을 갑니다.
나는 이제 자신의 신성한 가치를 받아들이며,
장엄한 재탄생을 맞이합니다.

나는 자신의 진정한 정체성을 알며,
내면에 신이 실재하심을 깨닫습니다.
나는 신의 빛에서 나온 존재이며,
그 빛은 내 안에서 영원히 빛납니다.

2. 내 의식의 흐름은 영사기의 흰빛과 같습니다. 내 마음과 잠재의식에 있는 믿음, 이미지, 환상은 영사기 안의 필름과 같습니다. 내 의식하는 마음의 화면과 내 물질적인 상황의 화면 위에 투사된 것은, 단지 내 마음의 필름에 있는 이미지들이 반영된 것입니다. 나는(I AM) 신 의식의 순수한 흐름입니다.

나는 이제 그 이하의 것들을 모두 내려놓고,
영원한 상향의 길을 갑니다.
나는 이제 자신의 신성한 가치를 받아들이며,
장엄한 재탄생을 맞이합니다.

나는 자신의 진정한 정체성을 알며,

내면에 신이 실재하심을 깨닫습니다.
나는 신의 빛에서 나온 존재이며,
그 빛은 내 안에서 영원히 빛납니다.

3. 내 마음 상태는 내 외부 상황의 산물이 아닙니다. 반대로, 내 외부 상황은 내 마음 상태의 산물입니다. 행복해지기 위해서는 반드시 어떤 외부의 조건들이 충족되어야 한다는 말은 거짓말입니다. 행복해지고 마음의 평화를 얻기 위해서 물질적인 것들이나 정치적, 종교적 조건들이 필요하지는 않습니다. 내게 필요한 것은 단지 진정한 정체성에 다시 연결되는 일입니다. 나는(I AM) 신 의식의 순수한 흐름입니다.

나는 이제 그 이하의 것들을 모두 내려놓고,
영원한 상향의 길을 갑니다.
나는 이제 자신의 신성한 가치를 받아들이며,
장엄한 재탄생을 맞이합니다.

나는 자신의 진정한 정체성을 알며,
내면에 신이 실재하심을 깨닫습니다.
나는 신의 빛에서 나온 존재이며,
그 빛은 내 안에서 영원히 빛납니다.

4. 내가 외면의 상황을 통제하지 않는다면 내 마음을 지휘할 수 없다는 교묘한 거짓말을 더 이상 받아들이지 않겠습니다. 바로 이 믿음이 나를 현재의 위기와 딜레마에 빠뜨렸습니다. 나는 결코 외부 조건의 결과로 행복하게 되지는 않습니다. 행복과 마음의 평화와 자기가치(self-worth)는 내적인 조건으로서, 내면의 느낌이자 마음의 상태입니다. 나는(I AM) 신 의식의 순수한 흐름입니다.

나는 이제 그 이하의 것들을 모두 내려놓고,
영원한 상향의 길을 갑니다.

나는 이제 자신의 신성한 가치를 받아들이며,
장엄한 재탄생을 맞이합니다.

나는 자신의 진정한 정체성을 알며,
내면에 신이 실재하심을 깨닫습니다.
나는 신의 빛에서 나온 존재이며,
그 빛은 내 안에서 영원히 빛납니다.

5. 내가 내면의 상황을 통제하기 위해서는 반드시 외면의 상황을 통제해야 한다는 거짓말을 놓아버립니다. 나는 외면의 상황이 내면의 상황을 지배한다는 말을 더 이상 믿지 않습니다. 따라서 이 세상의 세력들, 이 세상의 지배자는 더 이상 나를 통제할 수 없게 됩니다. 이 세상의 지배자가 와도, 나를 통제할 수 있는 어떤 수단도 내 안에서 찾지 못할 것이기 때문입니다. 나는(I AM) 신 의식의 순수한 흐름입니다.

나는 이제 그 이하의 것들을 모두 내려놓고,
영원한 상향의 길을 갑니다.
나는 이제 자신의 신성한 가치를 받아들이며,
장엄한 재탄생을 맞이합니다.

나는 자신의 진정한 정체성을 알며,
내면에 신이 실재하심을 깨닫습니다.
나는 신의 빛에서 나온 존재이며,
그 빛은 내 안에서 영원히 빛납니다.

6. 물질계의 모든 것은 마터 빛 위에 투사된 정신적 이미지들의 산물이며, 이들로 인해 빛은 어떤 형상을 취하게 됩니다. 내 외부 환경은 전적으로 내 개인적인 마음과 인류의 집단의식이 지닌 이미지들이 만들어낸 것입니다. 나는(I AM) 신 의식의 순수한 흐름입니다.

나는 이제 그 이하의 것들을 모두 내려놓고,
영원한 상향의 길을 갑니다.
나는 이제 자신의 신성한 가치를 받아들이며,
장엄한 재탄생을 맞이합니다.

나는 자신의 진정한 정체성을 알며,
내면에 신이 실재하심을 깨닫습니다.
나는 신의 빛에서 나온 존재이며,
그 빛은 내 안에서 영원히 빛납니다.

7. 나의 오라장을 침범했던 외부 세력들과 에너지는 집단의식에서 오고 있습니다. 그들이 들어올 수 있었던 것은 상응하는 이미지들과 믿음이 있었기 때문입니다. 이제 나는 대중의식과 집단적인 마음에 내 마음을 닫습니다. 나는 어둠의 세력들과 내 에고가 제시하는 이러한 이미지와 교묘한 거짓말과 논쟁들을 거부합니다. 나는 더 이상 이러한 이미지를, 변화시킬 수 없거나 피할 수 없는 실재로 받아들이지 않습니다. 나는(I AM) 신 의식의 순수한 흐름입니다.

나는 이제 그 이하의 것들을 모두 내려놓고,
영원한 상향의 길을 갑니다.
나는 이제 자신의 신성한 가치를 받아들이며,
장엄한 재탄생을 맞이합니다.

나는 자신의 진정한 정체성을 알며,
내면에 신이 실재하심을 깨닫습니다.
나는 신의 빛에서 나온 존재이며,
그 빛은 내 안에서 영원히 빛납니다.

8. 나는 내 역장을 정화하고, 마음의 잠재의식층에서 모든 비실재를 제거하기 위해 의식적이고 단호한 노력을 하겠습니다. 그러면 내 외

면의 상황에도 변화가 일어나게 됩니다. 나는 먼저 내 안의 진정한 자아인 신의 나라를 추구함으로써 현재의 위기를 극복하겠습니다. 나는(I AM) 신 의식의 순수한 흐름입니다.

나는 이제 그 이하의 것들을 모두 내려놓고,
영원한 상향의 길을 갑니다.
나는 이제 자신의 신성한 가치를 받아들이며,
장엄한 재탄생을 맞이합니다.

나는 자신의 진정한 정체성을 알며,
내면에 신이 실재하심을 깨닫습니다.
나는 신의 빛에서 나온 존재이며,
그 빛은 내 안에서 영원히 빛납니다.

9. 나는 내 존재의 가장 심원한 부분을 보겠습니다. 내가 외적인 정체성과 외면의 자아와 에고를 초월하고 세상을 초월하는 존재임을 실제로 깨닫는, 직관적인 신비 경험을 하겠습니다. 나는(I AM) 신 의식의 순수한 흐름입니다.

나는 이제 그 이하의 것들을 모두 내려놓고,
영원한 상향의 길을 갑니다.
나는 이제 자신의 신성한 가치를 받아들이며,
장엄한 재탄생을 맞이합니다.

나는 자신의 진정한 정체성을 알며,
내면에 신이 실재하심을 깨닫습니다.
나는 신의 빛에서 나온 존재이며,
그 빛은 내 안에서 영원히 빛납니다.

3. 크라운, 베이스 차크라

사랑하는 성모 마리아시여, 당신이 들어올리시는
만물 안의 어머니 빛을 찬양합니다.
완전한 균형 속에서 빛이 흐르고,
우리 영혼들은 조화롭게 빛납니다.

성모 마리아시여
평화에 미치지 못하는 모든 생각과 느낌,
모든 낡은 패턴을 이제 놓아버리며,
필멸의 주형을 떠납니다.

생명의 강이여, 영원한 흐름이여,
우리는 살아가겠습니다. 성장하겠습니다.
초월하고, 그 이상이 되겠습니다.
생명의 환희여, 찬미합니다.

성모 마리아의 사랑은 큰 해방을 가져오고,
가슴의 고통은 이제 모두 멈춥니다.
가슴에서 열두 꽃잎의 장미가 활짝 피어나면,
영혼은 자유로이 신랑을 만납니다.

성모 마리아시여
평화에 미치지 못하는 모든 생각과 느낌,
모든 낡은 패턴을 이제 놓아버리며,
필멸의 주형을 떠납니다.

생명의 강이여, 영원한 흐름이여,
우리는 살아가겠습니다. 성장하겠습니다.
초월하고, 그 이상이 되겠습니다.
생명의 환희여, 찬미합니다.

크라운 차크라는 황금의 바다와 같고,
천 개의 꽃잎이 지금 피어납니다.
우리는 크라운 차크라 안에서,
하늘의 옷으로 장엄한 붓다를 봅니다.

성모 마리아시여
평화에 미치지 못하는 모든 생각과 느낌,
모든 낡은 패턴을 이제 놓아버리며,
필멸의 주형을 떠납니다.

생명의 강이여, 영원한 흐름이여,
우리는 살아가겠습니다. 성장하겠습니다.
초월하고, 그 이상이 되겠습니다.
생명의 환희여, 찬미합니다.

베이스 차크라는 가장 순수한 흰색이며,
네 개의 꽃잎이 당신의 빛을 방사합니다.
어머니는 가장 순수한 사랑으로
위에 계신 아버지 신께 경배합니다.

성모 마리아시여
평화에 미치지 못하는 모든 생각과 느낌,
모든 낡은 패턴을 이제 놓아버리며,
필멸의 주형을 떠납니다.

생명의 강이여, 영원한 흐름이여,
우리는 살아가겠습니다. 성장하겠습니다.
초월하고, 그 이상이 되겠습니다.
생명의 환희여, 찬미합니다.

어머니 빛이 붓다를 만날 때,
어둠의 힘은 패배하고,
예수님과 우리의 성 저메인과 함께,
다시 황금시대가 도래합니다.

성모 마리아시여
평화에 미치지 못하는 모든 생각과 느낌,
모든 낡은 패턴을 이제 놓아버리며,
필멸의 주형을 떠납니다.

생명의 강이여, 영원한 흐름이여,
우리는 살아가겠습니다. 성장하겠습니다.
초월하고, 그 이상이 되겠습니다.
생명의 환희여, 찬미합니다.

어머니의 부드러운 입맞춤을 느끼며,
나는 영원한 지복 안에 거합니다.
신성한 종소리가 울리는 지고의 공간에서,
조화롭게 떠다닙니다.

성모 마리아시여
평화에 미치지 못하는 모든 생각과 느낌,
모든 낡은 패턴을 이제 놓아버리며,
필멸의 주형을 떠납니다.

생명의 강이여, 영원한 흐름이여,
우리는 살아가겠습니다. 성장하겠습니다.
초월하고, 그 이상이 되겠습니다.
생명의 환희여, 찬미합니다.

Coda:
성모 마리아의 무한한 은총으로,
우리는 시간을 정복하고 공간을 정복합니다.
불성은 만물에 내재하니
우리는 올라가서 부름을 듣습니다
우리는 지상의 그리스도가 되어,
황금시대의 탄생을 가져올 것입니다.

나는(I AM) 창조주가 개체화된 존재입니다
1. 나는 영적인 존재이고, 내 실재는 신 안에 있습니다. 나는 궁극적인 자기가치(self-worth)에 대한 감각을 가지고 있는데, 내가 신의 확장체이고 신의 개체화라는 절대적인 앎이 있기 때문입니다. 신은 무한한 가치를 지니고 계시며 나는 무한한 신의 존재에서 확장되어 나왔으므로 "나는 특정한 정체성으로 구현된 무한한 신의 존재입니다." 나는 "내 아버지와 나는 하나이다."라고 하신 예수님의 경험을 아는 데서 오는, 근원적인 자존감을 가지고 있습니다." 나는(I AM) 창조주가 개체화된 존재입니다.

나는 이제 그 이하의 것들을 모두 내려놓고,
영원한 상향의 길을 갑니다.
나는 이제 자신의 신성한 가치를 받아들이며,
장엄한 재탄생을 맞이합니다.

나는 자신의 진짱한 정체성을 알며,
내면에 신이 실재하심을 깨닫습니다.
나는 신의 빛에서 나온 존재이며,
그 빛은 내 안에서 영원히 빛납니다.

2. 진실로 내가 신 안에서 누구인지를 깨닫는 것보다 더 위대한 경험은 없습니다. 내가 지상에서 누렸던 어떤 즐거움과 경험도, 내 상위

존재와 하나 되고 창조주의 실재와 하나 되는 경험과 비교하면 아무 것도 아닙니다. 나는(I AM) 창조주가 개체화된 존재입니다.

나는 이제 그 이하의 것들을 모두 내려놓고,
영원한 상향의 길을 갑니다.
나는 이제 자신의 신성한 가치를 받아들이며,
장엄한 재탄생을 맞이합니다.

나는 자신의 진정한 정체성을 알며,
내면에 신이 실재하심을 깨닫습니다.
나는 신의 빛에서 나온 존재이며,
그 빛은 내 안에서 영원히 빛납니다.

3. 매일 한 걸음씩 어둠에서 멀어지다 보면, 나는 어둠을 마침내 돌파해 버리고 궁극적인 자신의 가치를 한순간이나마 보게 될 것입니다. 내가 무슨 실수나 경험을 했든 상관없이, 그들은 내 실재가 아닙니다. 그들은 일시적인 환영이며, 나는 그 모두를 놓아버립니다. 나는(I AM) 창조주가 개체화된 존재입니다.

나는 이제 그 이하의 것들을 모두 내려놓고,
영원한 상향의 길을 갑니다.
나는 이제 자신의 신성한 가치를 받아들이며,
장엄한 재탄생을 맞이합니다.

나는 자신의 진정한 정체성을 알며,
내면에 신이 실재하심을 깨닫습니다.
나는 신의 빛에서 나온 존재이며,
그 빛은 내 안에서 영원히 빛납니다.

4. 나는 내 실재(I AM)를 알기 때문에, 나 자신을 완전히 용서할 수

있습니다. 내가 상처를 준 모든 사람과, 나에게 상처를 준 모든 사람을 나는 완전히 용서할 수 있습니다. 나는 자신을 용서하고, 타인들을 용서하고, 신을 용서하며, 제한과 고통의 경험을 제공해 준 마터 빛마저 용서합니다. 나는(I AM) 창조주가 개체화된 존재입니다.

나는 이제 그 이하의 것들을 모두 내려놓고,
영원한 상향의 길을 갑니다.
나는 이제 자신의 신성한 가치를 받아들이며,
장엄한 재탄생을 맞이합니다.

나는 자신의 진정한 정체성을 알며,
내면에 신이 실재하심을 깨닫습니다.
나는 신의 빛에서 나온 존재이며,
그 빛은 내 안에서 영원히 빛납니다.

5. 나는 전적으로 놓아버리고, 전적으로 용서하고, 모든 것을 내맡기는 지점으로 이동하겠습니다. 나는 필멸의 정체감을 놓아버리고 그것을 죽게 내버려두며, 더 위대한 실재인 아이앰 속으로 합류합니다. 나는 더 위대한 그 존재이고, 언제나 그 존재였으며, 심지어 내가 육체에 머무는 동안에도 그 위대한 실재를 체험하는 상태로 돌아갈 수 있음을 깨닫습니다. 나는 변형되었고 내가 그 이상의 존재임을 알기 때문에, 이제부터는 육체나 내 외면의 상황과 나 자신을 동일시하지 않겠습니다. 나는(I AM) 창조주가 개체화된 존재입니다.

나는 이제 그 이하의 것들을 모두 내려놓고,
영원한 상향의 길을 갑니다.
나는 이제 자신의 신성한 가치를 받아들이며,
장엄한 재탄생을 맞이합니다.

나는 자신의 진정한 정체성을 알며,

내면에 신이 실재하심을 깨닫습니다.
나는 신의 빛에서 나온 존재이며,
그 빛은 내 안에서 영원히 빛납니다.

6. 내 상위 존재와 하나됨으로써, 나는 스스로를 자각하는 존재가 누릴 수 있는 최상의 기쁨, 최상의 자유, 최상의 행복, 최상의 자긍심, 최상의 자존감을 경험합니다. 내가 자기의식을 지닌 존재이므로 이런 경험이 가능합니다. 나는 바로 지금 의식하고 있는 자아를 초월하는 더 위대한 자아를 자각할 수 있는 잠재력을 가지고 있습니다. 나는(I AM) 창조주가 개체화된 존재입니다.

나는 이제 그 이하의 것들을 모두 내려놓고,
영원한 상향의 길을 갑니다.
나는 이제 자신의 신성한 가치를 받아들이며,
장엄한 재탄생을 맞이합니다.

나는 자신의 진정한 정체성을 알며,
내면에 신이 실재하심을 깨닫습니다.
나는 신의 빛에서 나온 존재이며,
그 빛은 내 안에서 영원히 빛납니다.

7. 나는 내 의식을 확장할 수 있고 이미 나 자신인 더 위대한 자아와 합쳐짐으로써, 바로 지금의 나를 초월하는 존재가 될 수 있습니다. 나는 내면에서 진정한 나를 깨닫는 지점을 향해 가기 위해 시도하고 노력하겠습니다. 이런 작업을 계속해 가면 진실로 내 삶은 상향나선으로 들어가게 될 것입니다. 진정한 내가 누구인지를 아는 내적인 깨달음으로 돌파해 가는 일은 단지 시간문제일 뿐입니다. 나는(I AM) 창조주가 개체화된 존재입니다.

나는 이제 그 이하의 것들을 모두 내려놓고,

영원한 상향의 길을 갑니다.
나는 이제 자신의 신성한 가치를 받아들이며,
장엄한 재탄생을 맞이합니다.

나는 자신의 진정한 정체성을 알며,
내면에 신이 실재하심을 깨닫습니다.
나는 신의 빛에서 나온 존재이며,
그 빛은 내 안에서 영원히 빛납니다.

8. 성모 마리아께서 나를 위해 무결한 비전, 무결한 관념을 품고 계시기에 이 일이 가능함을 받아들입니다. 내가 그리스도 의식을 실현하고 더 높은 자아감으로 영원히 부활하는 날까지, 성모 마리아께서는 나를 위한 무결한 비전, 무결한 관념을 유지하실 것입니다. 그러므로 나는 말합니다. "성모 마리아시여, 저를 위한 무결한 관념을 보여주시어, 이제 제가 깨달을 수 있게 하소서." 나는(I AM) 창조주가 개체화된 존재입니다.

나는 이제 그 이하의 것들을 모두 내려놓고,
영원한 상향의 길을 갑니다.
나는 이제 자신의 신성한 가치를 받아들이며,
장엄한 재탄생을 맞이합니다.

나는 자신의 진정한 정체성을 알며,
내면에 신이 실재하심을 깨닫습니다.
나는 신의 빛에서 나온 존재이며,
그 빛은 내 안에서 영원히 빛납니다.

9. 나는 최상의 비전을 진실하게 품고 대천사 미카엘과 내 그리스도 자아와 모든 상승 호스트와 함께 집을 향해 걸어가겠습니다. 그래서 우리 존재의 모든 부분이, 우리 모두인 위대한 전체와 하나됨을 성취

하게 될 때까지 나아가겠습니다. 영적인 세계의 모든 존재는, 모든 생명이 신이기에 모든 생명은 하나라는 실상을 알고 있습니다. 나는(I AM) 창조주가 개체화된 존재입니다.

나는 이제 그 이하의 것들을 모두 내려놓고,
영원한 상향의 길을 갑니다.
나는 이제 자신의 신성한 가치를 받아들이며,
장엄한 재탄생을 맞이합니다.

나는 자신의 진정한 정체성을 알며,
내면에 신이 실재하심을 깨닫습니다.
나는 신의 빛에서 나온 존재이며,
그 빛은 내 안에서 영원히 빛납니다.

4. 통합

사랑하는 성모 마리아시여, 당신이 들어올리시는
만물 안의 어머니 빛을 찬양합니다.
완전한 균형 속에서 빛이 흐르고,
우리 영혼들은 조화롭게 빛납니다.

성모 마리아시여
평화에 미치지 못하는 모든 생각과 느낌,
모든 낡은 패턴을 이제 놓아버리며,
필멸의 주형을 떠납니다.

생명의 강이여, 영원한 흐름이여,
우리는 살아가겠습니다. 성장하겠습니다.
초월하고, 그 이상이 되겠습니다.
생명의 환희여, 찬미합니다.

성모 마리아의 사랑은 큰 해방을 가져오고,
가슴의 고통은 이제 모두 멈춥니다.
가슴에서 열두 꽃잎의 장미가 활짝 피어나면,
영혼은 자유로이 신랑을 만납니다.

성모 마리아시여
평화에 미치지 못하는 모든 생각과 느낌,
모든 낡은 패턴을 이제 놓아버리며,
필멸의 주형을 떠납니다.

생명의 강이여, 영원한 흐름이여,
우리는 살아가겠습니다. 성장하겠습니다.
초월하고, 그 이상이 되겠습니다.
생명의 환희여, 찬미합니다.

목 차크라는 신비한 푸른색으로 빛나고,
신의 의지는 항상 진리입니다.
사랑 안에서 신의 힘이 방출되어
위에서 그리스도를 통해 흘러옵니다.

성모 마리아시여
평화에 미치지 못하는 모든 생각과 느낌,
모든 낡은 패턴을 이제 놓아버리며,
필멸의 주형을 떠납니다.

생명의 강이여, 영원한 흐름이여,
우리는 살아가겠습니다. 성장하겠습니다.
초월하고, 그 이상이 되겠습니다.
생명의 환희여, 찬미합니다.

두려움과 분노를 놓아버리면,
태양 센터는 평화로워집니다.
이제 신성한 열 개의 꽃잎이 피어나
자줏빛과 황금빛으로 타오릅니다.

성모 마리아시여
평화에 미치지 못하는 모든 생각과 느낌,
모든 낡은 패턴을 이제 놓아버리며,
필멸의 주형을 떠납니다.

생명의 강이여, 영원한 흐름이여,
우리는 살아가겠습니다. 성장하겠습니다.
초월하고, 그 이상이 되겠습니다.
생명의 환희여, 찬미합니다.

성모 마리아의 사랑은 큰 해방을 가져오고,
가슴의 고통은 이제 모두 멈춥니다.
가슴에서 열두 꽃잎의 장미가 활짝 피어나면,
영혼은 자유로이 신랑을 만납니다.

성모 마리아시여
평화에 미치지 못하는 모든 생각과 느낌,
모든 낡은 패턴을 이제 놓아버리며,
필멸의 주형을 떠납니다.

생명의 강이여, 영원한 흐름이여,
우리는 살아가겠습니다. 성장하겠습니다.
초월하고, 그 이상이 되겠습니다.
생명의 환희여, 찬미합니다.

이마는 에메랄드빛을 내뿜고,
우리는 그리스도의 완전한 비전을 추구합니다.
우리가 신의 완전한 계획을 보게 될 때,
모두를 위한 신의 사랑을 느낍니다.

성모 마리아시여
평화에 미치지 못하는 모든 생각과 느낌,
모든 낡은 패턴을 이제 놓아버리며,
필멸의 주형을 떠납니다.

생명의 강이여, 영원한 흐름이여,
우리는 살아가겠습니다. 성장하겠습니다.
초월하고, 그 이상이 되겠습니다.
생명의 환희여, 찬미합니다.

보라색 불꽃이 밝게 타오를 때,
영혼은 기쁨 안에서 그 빛을 누립니다.
영혼은 신의 순수한 공기를 마시며,
어머니의 보살핌 안에서 큰 자유를 느낍니다.

성모 마리아시여
평화에 미치지 못하는 모든 생각과 느낌,
모든 낡은 패턴을 이제 놓아버리며,
필멸의 수형을 떠납니다.

생명의 강이여, 영원한 흐름이여,
우리는 살아가겠습니다. 성장하겠습니다.
초월하고, 그 이상이 되겠습니다.
생명의 환희여, 찬미합니다.

성모 마리아의 사랑은 큰 해방을 가져오고,
가슴의 고통은 이제 모두 멈춥니다.
가슴에서 열두 꽃잎의 장미가 활짝 피어나면,
영혼은 자유로이 신랑을 만납니다.

성모 마리아시여
평화에 미치지 못하는 모든 생각과 느낌,
모든 낡은 패턴을 이제 놓아버리며,
필멸의 주형을 떠납니다.

생명의 강이여, 영원한 흐름이여,
우리는 살아가겠습니다. 성장하겠습니다.
초월하고, 그 이상이 되겠습니다.
생명의 환희여, 찬미합니다.

크라운 차크라는 황금의 바다와 같고,
천 개의 꽃잎이 지금 피어납니다.
우리는 크라운 차크라 안에서,
하늘의 옷으로 장엄한 붓다를 봅니다.

성모 마리아시여
평화에 미치지 못하는 모든 생각과 느낌,
모든 낡은 패턴을 이제 놓아버리며,
필멸의 주형을 떠납니다.

생명의 강이여, 영원한 흐름이여,
우리는 살아가겠습니다. 성장하겠습니다.
초월하고, 그 이상이 되겠습니다.
생명의 환희여, 찬미합니다.

베이스 차크라는 가장 순수한 흰색이며,
네 개의 꽃잎이 당신의 빛을 방사합니다.
어머니는 가장 순수한 사랑으로
위에 계신 아버지 신께 경배합니다.

성모 마리아시여
평화에 미치지 못하는 모든 생각과 느낌,
모든 낡은 패턴을 이제 놓아버리며,
필멸의 주형을 떠납니다.

생명의 강이여, 영원한 흐름이여,
우리는 살아가겠습니다. 성장하겠습니다.
초월하고, 그 이상이 되겠습니다.
생명의 환희여, 찬미합니다.

어머니 빛이 붓다를 만날 때,
어둠의 힘은 패배하고,
예수님과 우리의 성 저메인과 함께,
다시 황금시대가 도래합니다.

성모 마리아시여
평화에 미치지 못하는 모든 생각과 느낌,
모든 낡은 패턴을 이제 놓아버리며,
필멸의 주형을 떠납니다.

생명의 강이여, 영원한 흐름이여,
우리는 살아가겠습니다. 성장하겠습니다.
초월하고, 그 이상이 되겠습니다.
생명의 환희여, 찬미합니다.

어머니의 부드러운 입맞춤을 느끼며,
나는 영원한 지복 안에 거합니다.
신성한 종소리가 울리는 지고의 공간에서,
조화롭게 떠다닙니다.

성모 마리아시여
평화에 미치지 못하는 모든 생각과 느낌,
모든 낡은 패턴을 이제 놓아버리며,
필멸의 주형을 떠납니다.

생명의 강이여, 영원한 흐름이여,
우리는 살아가겠습니다. 성장하겠습니다.
초월하고, 그 이상이 되겠습니다.
생명의 환희여, 찬미합니다.

Coda:
성모 마리아의 무한한 은총으로,
우리는 시간을 정복하고 공간을 정복합니다.
불성은 만물에 내재하니
우리는 올라가서 부름을 듣습니다
우리는 지상의 그리스도가 되어,
황금시대의 탄생을 가져올 것입니다.

지구는 주님의 것이며 주님의 사랑으로 충만합니다. (3X) 아멘.

조건 없는 사랑이신 성부와 성자와 성령, 그리고 빛의 어머니의 이름으로, 아멘.

봉인
나는 무한한 사랑과 무한한 양육과 신성한 어머니 가슴의 무한한 평안함 안에 봉인되었습니다. 신성한 어머니의 가슴은 나를 향한 친밀한 사랑과 물질계의 모든 경계를 초월하는 사랑으로 넘쳐흐릅니다. 나는 바로 지금 그 사랑을 경험하고 있습니다. 왜냐하면, 내가 기꺼이 외부의 조건들 너머를 보고자 하며, 성모 마리아의 조건 없는 사랑, 나를 위해 지니신 그 조건 없는 사랑을 받아들이는 까닭입니다.

그 사랑에 조건이 없으므로 내가 사랑을 받기 위해 지상의 어떤 조건에 맞춰 살 필요가 없음을 받아들입니다. 따라서 나는 모든 조건을 놓아버리고, 성모 마리아께서 나를 사랑하심과 대천사 미카엘께서 나를 사랑하심과 내 아이앰 현존이 나를 사랑하심과 내 그리스도 자아가 나를 사랑하심과 예수께서 나를 사랑하심을 받아들입니다. 내 창조주께서도 항상 나를 사랑해 오셨고, 지금도 사랑하시고, 앞으로도 늘 나를 사랑하심을 받아들입니다. 나는 성모 마리아이신 무한한 사랑과 I AM인 무한한 사랑 안에 봉인됩니다. 아멘.

▶ 아이앰 출판사 연락처
· 이 책의 오류 및 아래 내용과 관련된 문의 사항은 메일로 해주세요.
· biosoft@naver.com (리얼셀프)

▶ 그리스도 의식 카페 안내
  용어집: cafe.naver.com/christhood/2411 (그리스도 의식을 추구하며 카페)
  이 책에 나오지 않는 용어는 카페의 용어집을 참조하거나 카페에서 검색을 하면 다양한 정보를 얻을 수 있습니다. 카페 회원 가입시 상승 마스터 가르침과 관련된 개인적인 질문·답변도 가능합니다.

▶ 온라인, 오프라인 모임 및 행사 안내
· **공부 모임**: 서울, 분당, 대전, 대구, 부산 등에서 매달 온/오프라인 모임
  (공부를 하기 위한 진지한 목적으로는 누구나 참여 가능함)

· **온라인 기원문 낭송**: 카페에서 매주 1~2회 저녁에 공동 기원문 낭송

· **성모 마리아 500 세계 기원**: 매월 마지막 일요일 개최
  (오후 3시~7시 또는 8시~12시. 전 세계적으로 같은 시간에 진행)

· **상승 마스터 국제 컨퍼런스 및 웨비나**: 한국에서 매년 또는 정기적 개최
  (한국, 유럽, 러시아, 미국 등에서 매년 개최함)

· 더 상세한 내용은 네이버 카페 공지사항을 참조하시기 바랍니다.
  (cafe.naver.com/christhood)

▶ 자아통달 과정

상승 마스터들은 2012년부터 매년 한 광선에 해당하는 자아통달 시리즈의 책을 킴 마이클즈를 통해서 전해주었습니다. 이 과정은 책만 구입하면 별도의 비용이 들지 않고 개인적으로 누구나 수행할 수 있습니다. 처음 수행하는 분은 비영리 단체인 '그리스도 의식을 추구하며' 카페에서 진행과 관련하여 도움을 받을 수 있습니다.

· 단계별로 아래의 책을 구입 후 개인적으로 수행을 해도 됩니다.
  (카페에서 번역서 구입 가능. 일부 책은 yes24 등의 전국 온라인 서점에서 구입 가능)
· 초기에는 온/오프라인 모임과 카페의 '자아통달' 메뉴에서 도움을 받을 수 있습니다.
· 각 과정은 책을 읽고 기원문을 낭송하는 방식으로 진행됩니다.
· 수행 시간은 매일 약 20분~40분 내외입니다.

자아통달 시리즈 책 (킴 마이클즈 저)
(카페에서 한글판 서적 및 전자책 구입 가능)

한글 서적 명	시리즈
'영원한 나'를 찾아가는 여정	1
내면의 창조적인 힘 (1광선)	3
'신성한 지혜'를 찾아가는 여정 (2광선)	4
'조건 없는 사랑'을 찾아가는 여정 (3광선)	5
'영적인 순수함'을 찾아가는 여정 (4광선)	6
'초월적인 비전'을 찾아가는 여정 (5광선)	7
'내면의 평화'를 찾아가는 여정 (6광선)	8
'영원한 자유'를 찾아가는 여정 (7광선)	9
생명의 강과 함께 흐르기 (8광선) (내면의 영체들을 초월하기)	2

주의 사항: 상승 마스터 가르침을 처음 접하면, 몇 권의 책을 읽고, 기원문을 일정 기간 낭송하면서 자신에게 적합한지 살펴본 후에 이 과정을 시작하세요. 이 과정 전체를 마치려면 약 2년의 기간이 소요됩니다.

▶그리스도 의식 과정

　이 과정은 '그리스도 의식에 이르는 열쇠(Master Keys to Personal Christhood)'책으로 진행하며, 2008년 킴 마이클즈가 예수님께서 준 메시지를 책으로 출판했습니다. (카페에서 번역서 구입 가능)

　이 과정은 예수님과 스승-제자 관계가 되어 그리스도 의식으로 올라가는 과정입니다. 2,000년 전에 예수님께서 제자들에게 모든 것을 말해주셨다는 얘기들 읽었으리라 봅니다. 이 시대에 다시 예수님이 직접 그리스도가 되는 길을 갈 제자를 모집하고 있습니다.
　예수님도 육화 중에 이 과정을 동일하게 밟았다고 합니다. 특히 다른 메시지에 언급되듯이, 예수님이 이 과정을 시작할 당시에 이미 높은 의식 수준을 달성해 있었지만, 처음부터 단계를 밟아서 올라갔다고 합니다. 마찬가지로, 여기 온 모든 분들도 자신의 의식 수준을 내세우지 말고 바닥부터 차근차근 올라가시기 바랍니다.

　모두 17개의 열쇠가 있으며 열쇠마다 기원문을 낭송하고 메시지의 일부를 읽는 과정을 33일간 실천하라고 제안하고 있습니다. 각 열쇠에 메시지가 있습니다. 메시지를 전체 읽고 나서 기원문을 하시면 됩니다. 그리고 33일간 기원문을 하기 전에 메시지 중 일부를 읽고 생활하면서 숙고하는 과정으로 진행됩니다. 예수님께서 마음속으로 어떤 아이디어와 가르침을 주십니다.

• 책을 보면서 카페의 '그리스도 의식 과정' 메뉴 또는 오프라인 모임에서 도움을 받을 수 있습니다.
• 단계별로 책의 내용을 일부 읽고, 로자리 또는 기원문을 매일 약 40분 내외 낭송합니다. 단계별 33일간 매일 계속합니다.
• 총 17단계이며, 책에 나오는 예수님의 가르침에 따라서 진행됩니다.

주의 사항: 상승 마스터 가르침을 처음 접하면, 몇 권의 책을 읽고, 기원문을 일정 기간 낭송하면서 자신에게 적합한지 살펴본 후에 이 과정을 시작하세요. 이 과정 전체를 마치려면 약 2년의 기간이 소요됩니다.

▶ 힐링 과정

'예수와 함께했던 나의 생애들' 책은 지구에 육화한 어느 존재의 수많은 전생 이야기를 통해 지구 문명과 예수 그리스도의 사명과 악의 기원에 대해 깊은 통찰을 제시하는 자서전적 소설입니다.

'힐링 트라우마' 책은 소설 '예수와 함께했던 나의 생애들'과 짝을 이루는 수행서(workbook)입니다. 그 소설은 많은 영적인 사람이 자원자나 아바타로 지구에 오게 되었다는 개념을 소개합니다. 우리는 그때 지구에서 겪은 경험의 결과로 깊은 영적인 트라우마를 받았습니다.

아래의 책들은 이러한 개념에 대한 더 많은 가르침을 포함하고 있습니다. 또한, 여러분이 그 트라우마들을 치유하고, 이 행성에서의 삶의 태도에서 모든 부정성을 극복할 수 있도록 도울 수 있는, 실제적인 도구들을 포함하고 있습니다. 이 책을 활용하기 전에 우선 '예수와 함께했던 나의 생애들' 소설을 읽어볼 것을 권합니다. 그 소설이 여러분이 치유 과정을 시작하도록 도울 수 있는 중요한 가르침을 많이 포함하고 있기 때문입니다.

· 단계별로 아래의 책을 구입 후 개인적으로 수행을 해도 됩니다.
　(카페에서 번역서 구입 가능. 일부 책은 yes24 등의 전국 온라인 서점에서 구입 가능)
· 초기에는 오프라인 모임, '힐링 과정' 메뉴에서 도움을 받을 수 있습니다.
· 책을 읽고 기원문을 낭송하는 방식으로 진행됩니다.

아바타 시리즈 책 (킴 마이클즈 저)
(카페에서 한글판 서적 구입 가능)

한글 서적 명	시리즈
예수와 함께했던 나의 생애들	1
힐링 트라우마	2
신성한 계획 완성하기	3
최상의 영적인 잠재력 구현하기	4
지구에서 평화롭게 존재하기	5